FRANZ JOSEF VOLL

SCHWEINE BANDE!

FRANZ JOSEF VOLL
MIT LEO G. LINDER

SCHWEINE BANDE!

DER FLEISCHREPORT

Ein Metzgermeister über die
Praktiken seiner Zunft

LUDWIG

Die in diesem Buch geschilderten Fälle entsprechen den Tatsachen, soweit sie dem Autor bekannt sind. Die genannten Personen und Orte wurden zum Schutz der Persönlichkeitsrechte anonymisiert.

FSC
www.fsc.org
MIX
Papier aus verantwortungsvollen Quellen
FSC® C083411

Verlagsgruppe Random House FSC® N001967

Originalausgabe 04/2017

Neumarkter Straße 28, 81673 München
Redaktion: Ute Daenschel
Umschlaggestaltung: Eisele Grafik·Design, München,
unter Verwendung eines Fotos von © Rainer Gollmer / Plainpicture
Satz: Schaber Datentechnik, Austria
Druck und Bindung: CPI books, Leck
Printed in Germany

ISBN: 978-3-453-28087-8

www.ludwig-verlag.de

Inhalt

I. Worum geht's?

Wenn es Sonntag wurde, pflegte mein Vater die Hände zu falten. »Ein kurzes Gebet«, sagte er dann, senkte den Kopf und fuhr fort: »O Herr, ich danke dir, dass du die Luft erfunden hast, die meine Brötchen so groß macht.« Das war nur halb im Scherz gesprochen.

Wir besaßen fünf große Eiscafés im Ruhrgebiet mit angeschlossener Konditorei, und es ging uns nicht schlecht. Ich aber kam mit vierzehn Jahren bei einem Metzger in die Lehre, und da machte ich die Entdeckung: Was für den Bäcker die Luft im Brötchen, ist für den Metzger das Wasser in Fleisch und Wurst.

Das war seit alten Zeiten so, und bis heute gilt: Wasser ist billiger als das billigste Fett. Aber es blieb nicht beim Wasser. Ungeahntes geschah, und es übertraf den traditionellen Einfallsreichtum des kleinen Metzgers bei Weitem: Während ich mich vom Lehrling hocharbeitete und nach und nach die Branche aus sämtlichen Blickwinkeln kennenlernte, vollbrachte die Lebensmittelindustrie wahre Wunder, und so kam der Stabilisator in die Welt, das Veggiefett, das Separatorenfleisch und vieles Erstaunliche mehr. Nichts davon gehört ins Essen, aber es wird uns vorgesetzt, und wir essen es. Bisher soll keiner dran gestorben sein.

Doch ich will nicht vorgreifen; es ist eine längere Geschichte – eine üble Geschichte, eine schauerliche Geschichte, eine Erfolgsgeschichte, je nach Perspektive. Und ich kann sie erzählen, denn ich bin von Anfang an dabei gewesen. Anders gesagt: In diesem Buch können Sie nachlesen, warum sich hierzulande ein Lebensmittelskandal an den anderen reiht, warum eine hoffnungslos überforderte Lebensmittelüberwachung dagegen machtlos ist, warum es also mit dem Fälschen und Betrügen immer so weitergehen wird, bis die Wurst auf unserem Tisch alles enthält, Vorstellbares und Unvorstellbares, bloß kein Fleisch.

Es sei denn, wir wachen auf. Wir Käufer. Wir Konsumenten.

2. Geheimsache Wurst

Geht es Ihnen genauso?

Ich stehe im Supermarkt und staune über die Unmenge an Produkten, die hier angeboten wird. Faszinierend. Die Regale scheinen Kilometer lang zu sein. Die Etiketten könnten bunter und munterer und verheißungsvoller nicht sein. Kauf mich, raunen sie mir im Vorbeigehen zu, ich bin etwas Besonderes …

Ein Regal sticht mir ins Auge. Es ist bestimmt acht Meter lang und fast bis zur Decke mit Wiener Würstchen gefüllt. Anscheinend gibt es Wiener Würstchen in Hunderten von Sorten. Wie soll man da seine Lieblingssorte herausfinden? Gibt es überhaupt Unterschiede, oder schmecken sie alle ziemlich gleich? Und was unterscheidet Dosenwürste von Würstchen im Glas? Man müsste sie alle probieren …

Ein hoffnungsloses Unterfangen. Aus meiner beruflichen Erfahrung weiß ich aber: Die Geschmacksunterschiede sind minimal. Trotzdem muss es Unterschiede geben, denn die Industrie produziert keine Würstchen einfach so, auf gut Glück und ins Blaue hinein. Nur, worin bestehen diese Unterschiede?

Ein Blick auf die Zutatenliste sollte Klarheit schaffen. Das sagt zumindest der Gesetzgeber, das sagen auch die Konzerne, und schließlich will ich als Kunde doch wissen, was drin ist in der Wurst und ob ich sie bedenkenlos essen kann. Will ich das wirklich? Fragt man Kunden im Supermarkt, erhält man durchweg zur Antwort: »Da werde ich mit dem Einkauf ja nie fertig, wenn ich das alles lesen soll. Außerdem – wer blickt denn bei diesen E-Nummern oder Ausdrücken wie Hefeextrakt noch durch?« Also wieder nichts mit der Klarheit. Auch die Zutatenliste ist keine Hilfe, folglich verlässt sich die große Mehrheit der Käufer darauf, dass nichts im Regal steht, was sie krank machen könnte, greift einfach hinein und hofft, dass es schmeckt. Wenn ja, bleiben die allermeisten der Einfachheit halber bei ihrer einmal getroffenen Wahl; das ist urdeutsch und statistisch erwiesen. Doch hinterher, auf der Straße, kommt der eine oder andere vielleicht ins Grübeln. Da dämmert ihm womöglich, dass er über etwas so Fundamentales wie sein Essen gar nichts mehr weiß.

Wohl wahr. Wir haben keine Ahnung, woraus die Würstchen in unserer Einkaufstasche bestehen. Wir wissen nicht, wie sie zustande gekommen sind. Bei verpackter Wurst wissen wir nicht einmal, woher sie stammt und wer sie gemacht hat – es sei denn, wir hätten sämtliche EU-Registriernummern im Kopf, denn die wären für den Verbraucher der einzige Hinweis auf die Herkunft einer Wurst. Haben wir aber vermutlich nicht im Kopf, und so bleiben diese kleinen Wiener Würstchen für uns ein großes Geheimnis. Nur, warum so viel Geheimniskrämerei? Und nicht nur auf dem Etikett. Warum zum Beispiel sind Wurstfabriken und Schlachthöfe besser gesichert als Atomkraftwerke?

Aus Gründen der Hygiene, sagen die Konzerne. Zum Schutz vor militanten Tierschützern, sagen die Schlachthöfe. Wirklich? Oder haben sie etwas zu verbergen? Die Konzerne sollten doch wissen, dass es in Deutschland gute Tradition ist, dem Fleischer zu misstrauen – mein Vater machte da keine Ausnahme, der kannte seine Pappenheimer und spekulierte: »Wenn der Metzger Fleischwurst macht, fegt er vorher die Wurstküche durch« – womit er nicht ganz falsch lag. Heute aber gibt es noch ganz andere Gründe, misstrauisch zu werden. Heute häufen sich die kriminellen Handlungen in der Fleischbranche. Kaum ein Monat vergeht, ohne dass irgendwo in Deutschland irgendwer irgendwem Gammelfleisch angedreht hätte. Da gäbe es also genug zu klären, aufzudecken und offenzulegen – zumal die EHEC-Krise gezeigt hat, dass Lebensmittelvergiftungen sich durchaus tödlich auswirken können. Mittlerweile glaubt jeder Zweite in Deutschland, dass sich im gesamten Bereich der Lebensmittelherstellung etwas ändern müsste.

Aber die Politik mauert. Die Politiker stellen sich dumm. Bundeswirtschaftsminister Gabriel beispielsweise antwortete in einem Interview der *Welt* vom 12. 4. 2013 auf die Frage, ob eine strengere Regulierung der Fleischindustrie sinnvoll wäre:

»Nichts gegen schärfere Kontrollen – sie können durchaus helfen, das Maß an Betrug bei Lebensmitteln einzudämmern. Allein, sie sind kein Allheilmittel. Und ob eine neue europäische Superbehörde wirklich ein Befreiungsschlag wäre, darf getrost bezweifelt werden.«

Bezweifelt werden – wieso? Lebt Herr Gabriel wirklich im Tal der Ahnungslosen, was die buchstäblich grenzenlosen Möglichkeiten der Fleischindustrie angeht? Oder weiß er sehr wohl, was hinter den Kulissen abläuft? In diesem Fall müsste man von Zynismus sprechen.

Doch anstelle der Industrie wird der Verbraucher ins Visier genommen. Im selben Artikel schreibt die *Welt* weiter:

»… auch der SPD-Parteichef sollte wissen, dass eines der Urübel unser übermäßiger Fleischkonsum und die Gier nach Fleisch zu Schnäppchenpreisen ist. Das bereitet das Feld für Betrügereien aller Art. Wer also qualitativ besseres Fleisch will, kommt um die Erkenntnis kaum herum, dass dieses dann auch teurer sein muss.«

Man staunt. So einfach ist das also. Wir zahlen etwas mehr, und schon geben sich Pfuscher und Betrüger geschlagen … Da kennt die *Welt* allerdings die Betrüger schlecht.

Überlegen wir doch mal: Die Produzenten lassen dem Käufer gar keine Wahl; die sogenannten Schnäppchenpreise werden ihm vorgesetzt, sie werden ihm regelrecht unter die Nase gerieben – kein Wunder, dass er zugreift. Und dann: Auf die Preispolitik einer so mächtigen Industrie wie der Fleischindustrie haben wir als Verbraucher nicht den geringsten Einfluss. Wer sagt denn, dass höhere Preise automatisch zu besseren Produkten führen würden? Dass die Konzerne den Mehrbetrag nicht vielmehr kalt lächelnd dem eigenen Gewinn zuschlagen würden? Im Übrigen: Wer mehr zahlt, bekommt darum kein besseres Fleisch. 2015 wies Dr. Ulrich Nehring in einem Fernsehinterview auf den entscheidenden Punkt hin. Er leitet das hoch angesehene Institut Nehring für Lebensmittelkontrolle in Braunschweig, und an die Befürworter von Bio-Fleisch gewandt sagte er:

»Fleisch, das ökologisch-dynamisch gewonnen worden ist, ist kein besseres Fleisch. Das lässt sich analytisch beweisen. Was Sie verändern, sind die Haltungsbedingungen der Tiere. Wir reden also nur über Tierschutz.«

Damit kommt eine ganz andere Frage ins Spiel, eine Gewissensfrage: Wie sehr liegt uns der Tierschutz am Herzen, was wollen wir uns eine tiergerechtere Haltung kosten lassen? Moral schmilzt schnell dahin, wenn man dafür zur Kasse gebeten wird. Und ganz davon abgesehen – wer garantiert uns, dass der Zusatzerlös tatsächlich in den Tierschutz investiert wird? Fließt der Aufpreis womöglich doch wieder in die Taschen der Industrie? Wenn Sie mich fragen: mit ziemlicher Sicherheit. Die Unternehmen haben nämlich keinerlei Interesse daran, ihre reibungslos ablaufende Produktion in irgendeiner Form zu stören.

Sie sehen, nicht nur die Herkunft unserer Wiener Würstchen liegt im Dunkeln. Der ganzen Branche haftet der Ruch von Kumpanei, Geheimniskrämerei und undurchschaubarer Machenschaften an, und – welche Rolle spielt dabei eigentlich die Politik? Lassen Sie mich erzählen, wie alles anfing und wie wir dort gelandet sind, wo wir uns heute befinden. Ich war 46 Jahre lang dabei, ich hatte 46 Jahre Zeit, hinter sämtliche Kulissen der Lebensmittelindustrie zu blicken. Beginnen wir mit dem schmächtigen Bürschchen Franz Voll, der als Vierzehnjähriger beschließt, Metzger zu werden, und dem jetzt der erste Tag in einer Fleischerei bevorsteht. Es ist der Sommer 1969.

3. Gott segne das ehrbare Handwerk

Metzger? Das war doch eine sichere Sache. Fleisch würden die Leute immer kaufen. In meiner Heimatstadt Essen gab es 400 Metzgereien; drei Metzgereien in einer einzigen Straße war keine Seltenheit. Im besten Ansehen standen die Fleischer zwar nicht, und auf der Berufsschule bekam ich zu hören: »Ein Metzger muss stark, doof und wasserdicht sein«, aber man verdiente gut. Von dem, was eine Metzgerei abwarf, konnte man bequem eine Familie ernähren, und das zählte damals.

Außerdem kam ich selbst aus einem Handwerksbetrieb, war mental also perfekt auf die Metzgerlaufbahn eingestellt. Mein Vater hatte uns Kinder von klein auf rangenommen, und die fünfzig Pfennig für Tarzan- oder Tibor-Hefte gab es nur, wenn wir vorher schwarze Bleche gesäubert hatten. »Fünfzig Pfennig?«, hieß es, wenn wir mal wieder vor ihm standen und die Hand aufhielten. »Na klar. Siehst du den Stapel Schwarzbleche? Los. Sauber machen!« Und wir schrubbten. Hinterher gingen wir zu ihm ins Büro, meldeten Vollzug und nahmen die fünfzig Pfennig in Empfang. »Damit ihr lernt, dass Geld von Arbeit kommt.« Das nenne ich eine wirklichkeitsnahe Erziehung. Nach dieser Grundausbildung sollte ich es im Handwerk zu etwas bringen.

Im Übrigen herrschte in der Zunft der schönste Optimismus. Dass aus den 400 Metzgereien Essens im Lauf der nächsten vierzig Jahre dreißig werden würden, war damals vollkommen unvorstellbar. Die Betriebe bildeten aus, als würden sie dafür bezahlt. In der Fleischerfachschule auf dem Gelände des Essener Schlachthofs wurden Metzger und Verkäuferinnen in drei Jahrgängen à zwei Klassen ausgebildet, insgesamt 150 Lehrlinge. Die Fleischerinnung finanzierte das, und die Betriebe beteiligten sich daran – herrliche Zustände! Damit Sie sich eine Vorstellung von diesem ungetrübten Idyll machen können, nur so viel:

Die Lehrmädchen wurden alle zu Fleischereifachverkäuferinnen ausgebildet. Das war ein *Beruf!* Wie schmerzlich habe ich später als Lebensmittelkontrolleur diese Fachverkäuferinnen vermisst. So jemand hinter der Fleischtheke ist eine Wohltat. Die Fachverkäuferin kennt nicht nur den Unterschied zwischen Mortadella, Fleischwurst und Bierschinken, sie versteht sich auch auf Hygiene und den Umgang mit den Produkten, sie kann Kunden beraten – welches Fleisch gehört zu welchem Gericht? – und bei Bedarf mit Engelszungen reden – zur Not könnte sie einem Kunden sogar ein Eisbein bei 35 Grad im Schatten aufschwätzen, wenn es den normalen Menschen keineswegs nach Eisbein verlangt.

Und nicht nur das: Sie beherrscht auch die Kunst, das Angebot des Tages mit einem Stück Kreide in schön geschwungenen Buchstaben auf die Schaufensterscheibe zu malen! Das ist nämlich tatsächlich eine Kunst. Eine Schrift, die nach oben oder unten ausbricht oder gegen Ende immer kleiner wird, sieht zum Weglaufen aus, aber Schaufensterscheibenbeschriften lernten die Verkäuferinnen damals ebenfalls in der Berufsschule. Es wurden ja auch die Preisschilder noch mit der Hand geschrieben, mit einer breiten Feder, und auch diese Preisschilder waren kleine Kunstwerke … Heute sind Fleischereifachverkäuferinnen eine seltene Erscheinung geworden, es gibt sie so gut wie nicht mehr.

Kurzum: Ob Lehrmädchen oder Lehrling – wer die Lehrzeit hinter sich gebracht hatte, der konnte was und war stolz darauf. Ja, tatsächlich. Die traditionsbewussten Metzger waren regelrecht verliebt in ihre Ware. Mit meinem Chef habe ich diesbezüglich rührende Szenen erlebt: Eine angegammelte Wurst hätte er lieber in die Tonne geworfen, als mit dem Preis runterzugehen – »Nee, für die paar Groschen gebe ich meine Wurst nicht ab. Die hat es nicht verdient, verhökert zu werden!« In diesem Punkt verstand er keinen Spaß. Wurst war eben noch kein standardisiertes, anonymes Produkt, die Geschmacksvielfalt war enorm, und wer unserer Leberwurst trotzdem nicht viel abgewinnen konnte, der ging halt hundert Meter weiter, in die nächste Metzgerei, wo sie tatsächlich anders schmeckte. Normalerweise aber schwor der Kunde auf »seine« Metzgerei. Da kannte er den Meister persönlich und war sicher, nicht enttäuscht und nicht betrogen zu werden. Na ja. Wir werden sehen … Zurück zu mir. Begleiten Sie mich vorläufig durch meinen ersten Arbeitstag in der Fleischerei Schmitz in Essen und alle weiteren Tage der ersten Woche.

Morgens um sechs Uhr geht es an diesem Sommertag des Jahres 1969 los. 200 DM im Monat sind als Lehrlingsgehalt ausgemacht, abzüglich der Verkostung im Betrieb; achtzig Mark in bar werde ich ausgezahlt bekommen. (Ich muss wahnsinnig viel gegessen haben, aber wie gesagt, ich war noch recht schmächtig.) Mich erwartet eine Fleischerei wie viele andere in Essen; sie existiert in der dritten Generation und ist in einem Zehnfamilienhaus untergebracht, das der Familie Schmitz gehört. Im Erdgeschoss auf der linken Seite befindet sich der Laden und auf der rechten Seite eine Gaststätte – für meinen Meister ein glückliches Zusammentreffen.

Jetzt zum Personal. In der Wurstküche arbeiten: unser Chef, wie jeder Metzger in dieser Zeit cholerisch, übergewichtig und weitgehend kahlköpfig, dann ein Geselle namens Günther, 1,60 m im Quadrat, und ich. Im Laden arbeiten: die Chefin, der anzusehen ist, dass die Familie etwas erreicht hat, sowie eine ihrer Töchter, nämlich Corinna, die den neuen Lehrling als Leibeigenen betrachten wird. (Warum soll es mir besser gehen als meinem Chef? Wie alle angeheirateten Meister steht er unter dem Pantoffel. Nach außen darf er den Meister geben, aber zu melden hat er nichts, die Chefin ist der Chef. Sie wird auch dafür sorgen, dass ihre Tochter wiederum einen Fleischermeister heiratet; Corinna probiert also an mir schon mal ihre künftigen Herrscherallüren aus.)

Und jetzt die Örtlichkeit. An den Laden schließt sich die Kochküche an, wo auch gemeinsam gefrühstückt wird. Von dort geht es in die Wurstküche, und dahinter liegt das Kühlhaus. Im Keller befinden sich der Pökelraum, das Lager für Därme und Gewürze, dann der Spänebunker für die Räucherkammer und schließlich unser Umkleideraum, bereits mit Dusche. Diese Räumlichkeiten reichen aus, um 5,1 Tonnen Rindfleisch, 5,6 Tonnen Schweinefleisch und 1,6 Tonnen Kalbfleisch im Jahr zu verarbeiten und zu verkaufen – eine

Menge, die im Supermarkt heutzutage locker in einer Woche über den Ladentisch geht. Ebenfalls im Unterschied zu heute kann die Familie Schmitz von ihrem Umsatz ziemlich gut leben, und die Angestellten werden ordentlich bezahlt.

Wir frühstücken, und ich erhalte die erste Instruktion. Sie betrifft die Begrüßung, die unter Metzgern keineswegs »guten Morgen« lautet, sondern: »Gott segne das ehrbare Handwerk.« Das sagt man grundsätzlich, wann immer man eine Fleischerei betritt, und als Antwort erhält man dann ebenso generell: »Gott segne es.« Die zweite Instruktion betrifft das Betriebsgeheimnis. Wurstmachen, so werde ich belehrt, sei ein streng gehütetes Geheimnis, es geschehe nach uralten Rezepten, und nie dürfe ein Unbefugter erfahren, was in dieser oder jener Wurst steckt. Mein Mund ist also versiegelt. Das wird mich mitunter in Gewissensnöte bringen – man will ja auch mal von seiner Lehre erzählen –, aber andererseits ist es prickelnd, einer Verschwörerbande anzugehören.

Erster Arbeitstag (Montag). Im Laden

Meine erste Handlung, nachdem ich mich in eine blau-weiß gestreifte Jacke, eine weiße Stoffschürze und Gummistiefel geworfen und auf diese Art in einen Metzger verwandelt habe, besteht darin, einen Zehnlitereimer mit warmem Wasser auf den Tisch der Wurstküche zu stellen. Es gibt dort nämlich kein Handwaschbecken, und an gelegentlichem Händewaschen kommt man als Metzger nicht vorbei. Dieser Eimer steht täglich von morgens bis abends an seiner Stelle, das

Wasser wird allerdings ausgetauscht, sobald es trüb und kalt geworden ist.

Danach beginnt die Arbeit. Ich werde aufgefordert, mitzulaufen und die Augen offen zu halten und, klar, mit anzufassen.

Als Erstes wird der leere Laden bestückt, mit der Ware, die im Kühlhaus übernachtet hat. Diese Arbeit übernehmen die Männer, um den Frauen die Schlepperei zu ersparen. Außerdem ist es Günthers Aufgabe, jedes Stück Fleisch in Augenschein zu nehmen – taugt es noch für die Auslagen, oder sollten wir es besser in der Wurstküche liegen lassen?

Im Kühlhaus wird es ernst. Ich werde mit Anweisungen überschüttet:

»Wenn ein Metzger das Kühlhaus betritt, schließt er sofort die Tür hinter sich, damit keine Kälte entweicht. Dann bleibt er kurz stehen, lässt die Kälte auf sich wirken und atmet tief durch die Nase ein. Ein guter Metzger braucht kein Thermometer. Der spürt, ob die Temperatur im Kühlhaus stimmt. Ein guter Metzger kann sich auch auf seine Nase verlassen. Der riecht rechtzeitig, ob etwas im Kühlhaus hängt, das schleunigst verarbeitet werden muss. Das übst du jetzt jeden Tag, klar?«

»Ja.«

»Und, was riechst du?«

Keine Ahnung. Eine derartige Menge von Düften habe ich noch nie erlebt, dazu die kalte Luft … Ich zucke mit den Schultern.

»Riechst du das nicht? In der Ecke dahinten hängt was, das wir gleich mal rausholen. Das muss bald verarbeitet werden.«

Günther zeigt mir das Corpus delicti. Es sieht ziemlich dunkel aus, und unter die Nase gehalten, riecht es auch. Ich finde sogar, es stinkt. Günther winkt ab.

»Stinken ist was ganz anderes. Das hier riecht. Du bist noch ungeübt. Vielleicht auch ein bisschen empfindlich. Komm, fass mal an. Merkst du, wie es klebt?«

Ich merke es – und lerne so, dass es kein schlechtes Fleisch gibt. Es gibt nur Fleisch, das irgendwie, so oder anders, demnächst verarbeitet werden muss.

Wir tragen alles in den Laden, soweit es den Farb- und Geruchstest besteht. Was durchfällt, bleibt in der Wurstküche.

»Füll einen Eimer mit kaltem Wasser«, weist Günther mich an, »und gib 800 Gramm Pökelsalz rein. Der Salzbottich ist der mit dem roten Deckel.«

Da wandert jetzt alles rein, was nicht mehr schön aussieht, nämlich die dunklen Stellen am Fleisch. Die werden abgeschnitten, damit das Fleisch wieder frisch wirkt, und ins Wasserbad geworfen. Was geschieht mit ihnen?

»Das kommt später alles in die Wurst.«

Doch zunächst muss der Schmackes abgewaschen werden. Das ist die übel riechende Schmiere, die sich durch Keime auf dem Fleisch bildet. Schmackes ist die Vorstufe von Gammel – dieses Wort ist zwar schon in Gebrauch, die Sache selbst aber kommt bei uns nicht vor, denn Gammel muss weggeworfen werden, und Wegwerfen wäre die ultimative Kapitulation vor den Herausforderungen des Metzgerdaseins, kommt also nicht in Betracht. Übrigens stammt das Wort Schmackes aus dem Jiddischen, dessen sich die Metzger seit Urzeiten als Geheimsprache bedienen. Jiddisch besteht zu einem Viertel aus hebräischen Wörtern; da kann man ziemlich sicher sein, dass es keiner versteht, auch der Lebensmittelkontrolleur nicht. (Hätten Sie denn gewusst, dass »Maim« Wasser bedeutet?)

Fassen wir also kurz zusammen: Bei der Fleischerei Schmitz gibt es vier Qualitätskategorien: 1. Absolut frisch, kommt in den Laden. 2. Geht so, muss aber spätestens bis Mittwoch verkauft sein (mit anderen Worten: Die Fleischereifachverkäuferinnen, in unserem Fall die Chefin und Corinna, werden mit Engelszungen reden müssen). 3. Auweia – aber in Knoblauch und Öl eingelegt ist es dem Kunden noch zuzumuten. 4. Geht wirklich nicht mehr, bleibt deshalb hinten und landet in der Wurst.

Das heißt: Im Sprachschatz des Metzgers existiert das Wort »verdorben« nicht. Ein Fleischer verwertet völlig unaufgeregt alles. In Zukunft werde ich immer wieder schmieriges Fleisch abwaschen, auf Gittern im Kühlhaus lagern und warten, bis es getrocknet ist. Meist haftet der Schmackes tatsächlich nur an der Oberfläche, und einmal abgewaschen, ist das Fleisch wieder durchaus präsentabel. Ausschlaggebend für die Entscheidung, ob etwas in den Laden oder aber in die Wurst geht, ist in erster Linie der Geruch. Wenn selbst Öl und Knoblauch versagen, bleibt nur noch der bittere Weg in die Wurst.

Und wenn ein Stück Fleisch gar nicht mehr zum Verkauf taugt, muss ich es klein schneiden. Im Kühlhaus steht ein Becken mit Pökelsalz, in dem die Fleischabschnitte für die Wurstproduktion gesammelt werden; diese Streifen werden dann untergemengt, und schon sind sie gerettet. Das Fleisch, das bereits längere Zeit im Becken liegt, hat eine schwarzgraue Färbung angenommen, aber »das kommt vom Pökelsalz«, sagt

Günther, und wirklich: Im Kern sind alle Teile schön rot. (Die Gewürzfirmen erfanden später ein Mittelchen, das man dem Wasser beigab, in dem das Fleisch abgewaschen wurde. Nicht nur, dass der Schmackes verschwand, auch die rote Fleischfarbe kehrte zurück, und zwar für Tage. Dieses Mittelchen trug den einprägsamen Namen Bomsi Super, und von dem ersten Probebeutel war unser Meister hellauf begeistert. Heute heißt es etwas weniger euphorisch Bombal, erfreut sich als Frischmacher aber weiterhin größter Beliebtheit. Vor allem in Hackfleischprodukten wie frischer Bratwurst ist es enthalten.)

Gut, der Ausdruck »Betriebsgeheimnis« füllt sich jedenfalls langsam mit Leben, und weiter geht's. Günther holt mit meiner Hilfe vier Schweineschultern aus dem Kühlhaus. »Mehr nicht«, sagt er. »Heute ist es warm, da wird das Fleisch schnell grau.« Wir schneiden die Schultern klein, um den Fleischwolf damit zu füttern, und Günther erklärt unterdessen:

»Jetzt wiegen wir Gewürz ab. Mach das nie nach Gefühl! Abwiegen ist sicherer. Und ganz wichtig: beim Fleischgewicht anderthalb Kilo draufschlagen. Warum? Das wirst du gleich sehen.«

Er wiegt Salz, Pfeffer und Muskat ab, bestreut damit das Fleisch und schaltet den Wolf ein. Ich darf die Stücke in den Einlauf stecken. Das durchgedrehte Material fällt in die Mengrolle, die wie eine Badewanne auf Rädern aussieht. Am Ende soll ich das Gewolfte durchmengen, aber halt! – noch nicht. Der Meister persönlich taucht in diesem Moment auf und übergießt das durchgedrehte Fleisch mit anderthalb Litern Wasser aus einer Kanne. »Jetzt kannst du mengen«, sagt er und fügt grinsend hinzu: »Immer, wenn du Mett machst, denk daran: Meine Frau braucht eine neue Pelzjacke.« Aha. Ich menge wie der Teufel, und siehe da: Nach zehn Minuten ist das Wasser weg, eingezogen, jedenfalls verschwunden – das Mett hingegen hat sich wundersam vermehrt. Mir dämmert, weshalb wir Gewürze für anderthalb Kilo mehr abgewogen haben. Als ich mich später in der Berufsschule umhöre, erfahre ich: Alle anderen Metzgereien handhaben die Mettproduktion in der gleichen Weise.

So, der Tag kann beginnen, der Laden öffnet. Und wir Männer fahren im VW-Bus zum Schlachthof, denn Montag ist Schlachttag.

Erster Arbeitstag. Im Schlachthof

Im Jahr 1969 haben die Schlachthöfe an eigenem Personal noch wenig zu bieten. Der Schlachter ist tatsächlich noch ein Schlachter, und auch die Fleischerei Schmitz schlachtet selbst. Das heißt, natürlich nicht der Meister, aber Geselle und Lehrling. Und jetzt werde ich mich outen. Ich kann keiner Fliege etwas zuleide tun, ich trage Spinnen behutsam eigenhändig aus dem Haus – aber ein Schwein zu schlachten, ein Rind zu zerlegen, das macht mir wenig aus, das hat mich von Anfang an keine nennenswerte Überwindung gekostet, auch wenn ich's gewöhnungsbedürftig fand. Später habe ich mich auf den Schlachttag sogar gefreut, weil ich meine Kollegen aus anderen Fleischereien wiedersah und das Schlachten ein wenig Dramatik ins Metzgerleben brachte – stundenlang in der Wurstmasse rühren kann nämlich recht langweilig sein. Und damit zurück zu unserem VW-Bus, in dem wir gerade am Schlachthof vorfahren, mein Meister, Günther und ich.

Was heute kaum noch vorstellbar ist: Dem öffentlichen Schlachthof der Stadt Essen ist ein Lebendviehmarkt angeschlossen. Was nichts anderes bedeutet, als dass mein Meister den Bauern kennt, der uns das Schlachtvieh liefert, und die Tiere in Augenschein genommen hat, die geschlachtet werden sollen. Wir haben es also mit einer durchgehenden persönlichen Beziehung zu tun – in der Berufswelt eines Metzgermeisters dieser Zeit reicht das Geflecht der Anteilnahme und Sorgfalt vom lebenden Tier bis zur Wurst, bis zum Kotelett; daher wohl auch seine Warenverliebtheit. Es herrschen also Zustände, denen man heute nachweinen könnte, aber der Metzger von damals ist weniger begeistert: Das ganze Vorgeplänkel mit dem Bauern und seiner Kuh kostet ja wertvolle Zeit.

Aus Gründen der Seuchenprävention ist der Viehhof vom Schlachthof getrennt. Hunderte von Rindern stehen dort, und irgendwo mittendrin unser Bauer mit unserem Bullen; der Kauf ist bereits gestern getätigt worden, am Sonntag, jetzt müssen wir die beiden in dem Gewühl nur noch finden. Ah, da sind sie. Das also ist unser Bulle, der mit der Marktnummer 921, kunstvoll mit einer Schere ins Fell geschnitten. Der Veterinär der Stadt begutachtet das Tier, und jetzt kommt der spannende Teil.

Junge Bullen sind übermütig. Außerdem bringen sie 600 bis 800 Kilo auf die Waage, und der Tunnel vom Viehhof zum Schlachthof ist nicht nur schlecht beleuchtet, der ist ab Mittag auch total zugeschissen, also rutschig – aus gutem Grund gibt es hier alle zwanzig Meter eine vorspringende

Stahlwand, hinter der man sich vor den Hörnern eines Bullen in Sicherheit bringen kann, sofern man sie rechtzeitig erreicht. Andererseits deutet nichts darauf hin, dass Gefahr in der Luft liegt, so entspannt wie die Gesellen anderer Metzgereien schwätzend und scherzend da durchspazieren, ihre Tiere achtlos am kurzen Hanfstrick hinter sich herziehend. Nur: Der Schein trügt.

»Das Dümmste, was du machen kannst«, sagt Günther, »wäre, den Strick um die Hand zu wickeln. Das ist lebensgefährlich. Wenn der Bulle losrennt, fliegst du hinterher und brichst dir alle Knochen. Und geh nur ja niemals neben dem Bullen, schon gar nicht zwischen ihm und der Wand – der drückt dich tot. Lauf immer vor oder hinter dem Tier, und wenn das Vieh ausrastet und Gas gibt, lass den Strick los und bring dich in Sicherheit. Wenn jemand im Tunnel ›Vorsicht!‹ ruft, genauso – frag nicht lange, renn los und verschanz dich hinter einer Schutzwand.«

Das kann ja heiter werden. Wenn ich mich umschaue, sehe ich überhaupt wenige Bullen, die uneingeschränkt kooperieren.

»In dem Fall verschaff dir Respekt«, sagt Günther. »Ein bisschen schlagen, ein bisschen treten, das hilft meistens. Und wenn der Kollege partout nicht zur Vernunft kommen will, lässt du ihn eben mit Karacho gegen die Schutzwand laufen, das beruhigt.«

Gut, wir erreichen heil das Gatter, wo die Tiere angebunden ihrer Schlachtung entgegensehen. Aber wenn ich heute daran denke … Diese Rindertreiberei war wirklich lebensgefährlich. Arglos, wie man damals war, hat man einem Bullen frohgemut einen Strick um den Hals gelegt, ein Tuch vor die

Augen gebunden und geglaubt, man könnte ein solches Tier beherrschen. Wenn ein Bulle auf dumme Gedanken gekommen wäre, hätte ich mit meinen 43 Kilo schlecht ausgesehen … Im Übrigen – aus heutiger Sicht wirkt es schon krass, was wir uns gegenüber den Tieren alles herausgenommen haben. Aber so wurde es uns beigebracht, und jeder fand es in Ordnung. Um es auf den Punkt zu bringen: Das Tier am anderen Ende des Stricks war für uns kein Lebewesen, sondern ein Berg Fleisch, der sich noch für kurze Zeit bewegte.

Als dann der Tierschutz aufkam, waren die Metzger entgeistert. »Soll ich am Ende meine Geige mitbringen und denen vorm Schlachten was vorfiedeln, vielleicht ›Schlafe, mein Prinzchen, schlaf ein‹?« – so oder ähnlich lauteten die Kommentare. Wir hielten die Tierschützer schlicht und ergreifend für Spinner – aus berufsbedingter Blindheit, aber auch aus einem sehr einfachen Grund: Bei einer hohen Schlachtzahl bleibt gar keine Zeit, einem unwilligen Tier gut zuzureden. Immerhin gab es einen anderen guten Grund, die Tiere nicht zu arg zu malträtieren, denn die edlen Fleischteile liegen an der Oberfläche, und Blutergüsse in diesen Muskelpartien waren tunlichst zu vermeiden.

Unterdessen habe ich zum ersten Mal im Leben eine Rinderschlachthalle betreten. Die Gerüche, die mir entgegenschlagen, sind buchstäblich umwerfend – zurückzuführen auf eine Kombination aus Rinderkot, Blut und andere, mir nicht weiter bekannte Substanzen. Genauso verwirrend ist die Geräuschkulisse. Es ist, als würde man in ein aufgewühltes Meer aus Tönen stürzen – Menschen schreien, Rinder brüllen, Kräne rasseln, Schüsse knallen, ein Höllenlärm. Ich finde dies alles, wie gesagt, gewöhnungsbedürftig, aber Günther scheint es nicht zu stören. Seelenruhig erklärt er mir unsere Vorgehensweise:

»Zuerst wird dem Tier ein Stahlbolzen in den Kopf geschossen; das machen wir nicht selbst, das macht der Schießer. Das Tier fällt dann um und fängt manchmal an zu strampeln. Unsere Aufgabe ist es, die Kette mit dem Haken am rechten Hinterbein anzubringen. Bei einem Tier, das um sich tritt, ist das nicht so einfach – da fliegt die Kette schon mal meterweit durch die Luft; das machst du also erst, wenn du sicherer geworden bist, sonst landest du am ersten Arbeitstag schon im Krankenhaus. Dann wird das Tier am Kran hochgezogen. Wenn es hängt, steche ich es ab. Du bleibst außer Reichweite der Beine, sonst – Krankenhaus. Danach ziehen wir ihm das Fell ab und nehmen es aus; aber dabei guckst du nur zu. Schließlich hacke ich das Tier durch, und wir sind fertig. Alles klar?«

Mannomann. Ja, alles klar. Unser Bulle ist dran.

Der Bulle fällt, der Bulle wird hochgezogen, Günther sticht, das Blut läuft heraus. Aufgefangen wird es nicht, Rinderblut eignet sich nicht für Wurst. Beim nächsten Arbeitsgang helfe ich mit. Das Fell wird an den Beinen angeschnitten, bis zum Schwanz aufgetrennt, und dann hängen wir uns beide mit unserem ganzen Gewicht hinein und ziehen es runter. Was mich dabei irritiert: Einige Muskelpartien zucken, wenn man sie berührt. Anschließend schneidet Günther den Tierkörper auf, entnimmt Därme und Mägen und so weiter, zerhackt den Rest in zwei Teile, und damit ist die Arbeit im Wesentlichen getan – aus unserem Bullen ist Braten geworden, der jetzt einstweilen im Kühlhaus des Schlachthofs verbleibt. Die Anspannung fällt von mir ab, ich atme auf.

Vom Schießen bis zum Kühlhaus haben wir anderthalb Stunden gebraucht, und das war's im Rinderschlachthaus – mehr als ein Rind auf einmal schlachten wir nie, weil das eine Tier uns für die Woche reicht. Während wir geackert haben, hat unser Meister übrigens am Münchhausentisch in der Schlachthofkneipe gesessen, das eine oder andere Bierchen getrunken und den Kollegen von seinem Umsatz und weiteren glücklichen Fügungen für die Fleischerei Schmitz vorgeschwärmt – in der Erwartung, dass die anderen vor Neid erblassen. Die Bezeichnung »Münchhausentisch« ist unter Gesellen allgemein üblich; warum, dürfte klar sein. Er wird auch noch eine Weile weiter schwärmen dürfen, denn fertig sind wir noch nicht; als Nächstes sind die Schweine dran.

Auch diese Schweine hat unser Chef lebend gekauft und folglich persönlich ausgesucht. Im Prinzip ist das Prozedere nun dasselbe wie zuvor, aber Schweine sind eben keine Rinder: zwar ebenfalls kräftig und, wenn sie losrennen, genauso wenig zu halten, aber doch wesentlich kleiner, längst nicht so Respekt einflößend, weshalb sie vorher noch mehr zu ertragen haben – manche Metzger treten und schlagen, als wollten sie ihren Wochenfrust an den armen Tieren auslassen.

Nun ist es so: Schweine werden am Fließband geschlachtet, das geht ziemlich zügig. Weil wir aber alle keine Profis sind, würden Günther und ich allein nicht nachkommen, deshalb tun wir uns mit drei oder vier Gesellen aus anderen Metzgereien zusammen und arbeiten im Team. Meine Aufgabe ist es, dem abgestochenen Schwein die Blutkanne unterzuhalten. »Pass auf, dass dir kein Tier in die Kanne kotzt«, sagt Günther, »wir brauchen jeden Tropfen Blut für die Wurst …« – aber da ist es schon geschehen. Am ersten Tag geht halt manches daneben, und jetzt kann ich die dickeren Brocken mit der Hand rausfischen, bevor ich den Gerinnungshemmer Fibrin unterrühre, ebenfalls mit der Hand. Komisches Gefühl, bis zur Achsel mit dem Arm in Blut zu stecken … (Dass wir bei dieser Gelegenheit mit unseren Händen unzählige Keime ins Blut eintragen, bedenkt zu dieser Zeit keiner. Erst Anfang 2000 kommt man auf die Idee, beim Abstechen Hohlmesser mit einem angeschlossenen Schlauch zu verwenden, durch den das Blut direkt aus dem Tierkörper abgesaugt wird.)

Das Tier wird ausgenommen, und nun folgt der heikelste Teil, das Spalten des Schweinekörpers. Dieses Aufhacken will gelernt sein, da ist äußerste Präzision angesagt, denn wenn man nicht trifft, wenn man stattdessen links oder rechts in die Koteletts haut und die Rippenknochen zertrümmert, tobt der Chef – wir wiegen bei Koteletts die Knochen ja mit, da darf also keiner rausfallen, sonst kommt es zum größten anzunehmenden Unglück: einem finanziellen Verlust für die Fleischerei Schmitz.

Nach vier Stunden sind wir durch, fünfzig Schweine haben wir geschafft. Aus heutiger Sicht ist das keine eindrucksvolle Leistung – in modernen Schlachtanlagen werden fünfzig Schweine in fünfzehn Minuten oder weniger abgefertigt –, aber wir sind mit uns zufrieden, und nun ab mit den noch warmen Tierkörpern in unseren VW-Bus. Während wir auf die Därme warten, kommt unser Meister, ebenfalls mit sich zufrieden, aus der Schlachthofkneipe zurück, und wenig später treten wir die Heimreise an. Schweine werden nach dem

Schlachten gleich mitgenommen. In ganz Essen gibt es keinen Fleischer, der ein komplettes Rind in seinem Kühlhaus unterbringen könnte, aber Schweinehälften passen allemal rein, und weil die wenigsten Transporter über eine Kühlung verfügen, muss es jetzt schnell gehen.

Im Laufe der nächsten Monate sollte ich mitbekommen, dass es Metzger gab, die eine andere Strategie verfolgten als wir. Das war hochinteressant: Sie warteten einfach ab. Sie hatten keine Tiere gekauft und sahen auch am Schlachttag gelassen zu, wie ein Tier nach dem anderen wegging, um kurz vor Schließung des Lebendviehmarkts dann die letzten verbliebenen Tiere für wenig Geld aufzukaufen. Dieselben Metzger konnte man dabei beobachten, wie sie aufsammelten und mitnahmen, was andere liegen gelassen hatten, Fleischstücke, die in den Dreck gefallen waren oder aus anderen Gründen von den übrigen Metzgern verschmäht worden waren. Und noch schöner: Sie dachten nicht einmal daran, Eiterbeulen großzügig wegzuschneiden, so wie wir es taten, nein, die wurden bloß aufgestochen und ausgespült, und beim Abtransport hockten die Lehrlinge mit ihren kotverschmierten Gummistiefeln hinten auf den Schweinen, weil ihr Meister auch am Auto gespart hatte – in dem kleinen Zweisitzer war vorn einfach kein Platz für sie. Die anderen Metzger schüttelten über diese Kollegen die Köpfe, aber Tatsache ist: Den schwarzen Schafen gehörten damals schon die größten Metzgereien Essens. Reibach um jeden Preis – das Einzige, was zählt, ist Geld! – hatten sie sich auf die Fahnen geschrieben und waren den traditionellen Metzgern damit in ihrer Mentalität um Jahre voraus. Für Günther zum Beispiel stand außer Frage: »Wer die beste Wurst macht, hat das beste Geschäft.« Er sagte das mit Überzeugung, und dieses sympathisch altmodische Denken herrschte damals noch vor …

Für einen ersten Arbeitstag sollte das reichen, aber mein Meister denkt anders und lässt uns nach unserer Rückkehr Rohwurst machen. Das geht relativ schnell, dafür braucht man keinen Kochkessel, und bevor die Ladentür hinter mir ins Schloss fällt, habe ich noch größere Mengen gewolftes Schweinefleisch mit Pfeffer, Paprika, Muskat und Salz gewürzt und in Schweinedärme gefüllt. Die werden jetzt geräuchert oder luftgetrocknet, und in zwei Wochen kommen sie als Mettwurst, Zwiebelmettwurst und Streichmettwurst in den Laden. So, geschafft! Das war's für heute.

Der Rest der Woche. Im Laden

»Gott segne das ehrbare Handwerk!« »Gott segne es.« Der zweite Arbeitstag bricht an. Es ist Dienstag, und Dienstag ist Brühwursttag. Die Woche in der Metzgerei ist straff und nach unabänderlichen Gesetzen durchorganisiert. So macht man es, so und nicht anders, weil man es immer so gemacht hat, inklusive der Schummeleien, und sich nicht vorstellen kann, es anders zu machen. Die Metzgerei ist ein Bollwerk der Tradition. Der Fortschritt – was immer das sein könnte – muss draußen bleiben wie die Vierbeiner der Kunden. Einstweilen. Bis auf Weiteres.

Jetzt zu den Brühwürsten: Darunter fallen alle Würste, die bei einer Temperatur von 72 Grad gegart werden, also etwa Fleischwurst, Aufschnitt und Grillwürstchen. Diese Produkte werden uns später in völlig anderer Zusammensetzung wiederbegegnen, deshalb sollten Sie wissen, wie so etwas im Jahr 1969 hergestellt wird. Hier unser Rezept für die Grundmasse:

20 kg Rindfleisch, das beim Aussortieren im Lauf der letzten Woche zusammengekommen ist
20 kg frischer Speck
20 kg mittelfettes Schweinefleisch, die Hälfte davon aussortiertes Fleisch, die Hälfte frisch
25 kg Eis, also bestes Essener Leitungswasser
5 kg alte, angetrocknete Wurstscheiben, im Laden über die Woche hinweg in einem Eimer gesammelt

An Gewürzen kommt – genauestens abgewogen – Pökelsalz, Pfeffer, Kardamom, Piment, Paprika und ordentlich Maggi dazu. Und außerdem Phosphat und Glutamat – das Glutamat natürlich als Geschmacksverstärker, und das Phosphat wegen seiner unschätzbaren Eigenschaft, besagtes Essener Leitungswasser an Fleischeiweiß zu binden. Das Phosphat in der Wurst muss gekennzeichnet werden, das machen wir aber nie, das braucht keiner zu wissen – Betriebsgeheimnis.

Und damit kommen wir zum Herzstück der Wurstküche, dem Kutter. Eigentlich ist es ein Cutter, aber die Metzger sprechen es nie englisch aus; für sie ist es ein Kutter, und dabei bleibt es. Dieser Kutter ist eine Maschine, die mithilfe rotierender Messer in einer Drehschüssel Fleischstücke in kleinste Partikel zerschneidet, und dort wird nun nacheinander alles hineingegeben: erst das Rindfleisch, das Salz und das Phosphat, dann das Eis, danach das Schweinefleisch und schließlich der ganze Rest. Am Ende hat man eine helle, sehr feine Masse, die gut an den Händen klebt – die Grundmasse eben, Ausgangsmaterial für die verschiedensten Wurstsorten.

Interessant sind natürlich die 25 kg Eis. Eine ziemliche Menge, und im Prinzip nicht anrüchig. Denn das Wurstbrät darf beim Kuttern nicht zu warm werden, sonst ist die ganze Charge verdorben, und – das muss man sich vorstellen – wir arbeiten ohne Thermometer. Gekuttert wird nach Erfahrung und Gefühl, und das Eiswasser soll die Verarbeitungstemperatur senken. So weit ist das Verfahren also legal, allerdings wird viel mehr Wasser als nötig zugegeben, weil – nun, Sie wissen ja schon – die Chefin eine neue Pelzjacke braucht. Das Wässern der Wurst ist ein regelrechter Sport – montags auf dem Schlachthof prahlen die Gesellen der Essener Fleischereien um die Wette mit den Eismengen, die sie in ihrer Brühwurst untergebracht haben.

Am Ende dieses Tages ist aus der Grundmasse Fleischwurst, Mortadella, Bierschinken und Bierwurst geworden, je nachdem, ob sie pur verarbeitet wurde oder Pistazien untergemengt wurden oder grobe Fleischstücke hineinkamen oder Mettwurstmasse. Gleiche Grundmasse, andere Form, andere Kräuter oder andere Zutaten, und schon ergeben sich die unterschiedlichsten Sorten – so viel habe ich heute gelernt.

Mittwochmorgen. »Gott segne ...« Mittwoch ist Kochwursttag, das heißt: Heute werden alle Zugaben vorher gekocht; nur die Leber für die Leberwurst wird frisch verarbeitet. Dennoch zählt die Leberwurst wie Blutwurst und Sülze zu den Kochwürsten.

Am wenigsten Arbeit macht die Blutwurst. Man rührt aus Blut, Brühe und gekochten Schwarten einen Brei zusammen, der so zäh und klebrig ist, dass man Ziegelsteine damit aneinander leimen könnte, wirft dann alles hinein, was man unbedingt loswerden muss und was selbst in der Fleischwurst auffallen würde, und kocht es. So gesehen ist die Blutwurst für den Metzger eine dankbare Wurst: Hier merkt wirklich keiner, was drin ist, weil der Blutgeschmack jeden anderen überdeckt. Da schmeckt man nichts sonst heraus.

Auch die Sülze stellt keine Herausforderung dar. Gelatine, Essig, Gurkenwürfel, Fleisch und Gewürze – mehr braucht man dafür nicht. Zu jener Zeit macht noch niemand Gemüsesülze, obwohl man für unverkäufliches Gemüse in keiner anderen Erscheinungsform höhere Preise erzielt. Aber die Leberwurst hat's in sich, da müssen jetzt die Experten ran; ich stehe nur dabei und reiche an.

In den Kutter wandern diesmal erhebliche Mengen gekochtes Schweinefett, deutlich weniger gekochtes Schweinekopffleisch sowie frische Schweineleber, die etwa zehn Prozent der Zutaten ausmacht. Dem Ganzen schicken wir ein ordentliches Quantum Brühe hinterher, jedenfalls mehr als die erforderliche Menge, plus die geheime Naturgewürzmischung meines Meisters plus einen Emulgator wie Phosphat, den jeder verwenden muss, der Wasser mit Fett verbinden will. Die festen Bestandteile werden im Kutter so lange zerkleinert, bis ein pastoser, leicht rötlicher Brei entsteht, der allerdings noch keinen Zusammenhalt hat und deswegen mit der Schöpfkelle in die Füllmaschine gegeben wird. Beim Kochen verwandelt sich dann der weiche, wässrige Inhalt unserer Leberwürste durch die Hitze und unter der segensreichen

Mitwirkung des Emulgators in eine streichfähige, mittelfeste Masse – Leberwurst. Übrigens: Bis zu diesem Tag habe ich geglaubt, Kalbsleberwurst würde Kalbsleber enthalten. Stimmt aber nicht. Kalbsleber ist viel zu teuer. Die Kalbsleberwurst verdient sich ihren Namen auf andere Weise – sie enthält zehn Prozent Kalbfleisch und tut schon damit dem Gesetz Genüge.

Donnerstag … Donnerstag ist Zerlegetag. Jetzt rückt nämlich das Wochenende näher, der Sonntag, der bei deutschen Familien im Zeichen des Bratens steht, jetzt muss sich auch die Fleischerei Schmitz für den Ansturm am Freitag und Samstag wappnen, und deshalb werden heute die edlen Fleischstücke für den Laden vorbereitet. Heute geht es also nicht um die Wurst, heute geht's ums Fleisch, und das ist spannend. Welches Teil vom Rind eignet sich für Rouladen? Welches für Steak oder Gulasch oder als Suppenfleisch? Was kann man aus Schweinefleisch alles machen – und wozu taugt ein bestimmtes Stück in keinem Fall, weil es dafür zum Beispiel zu zäh ist? Das ist jetzt schon die hohe Schule. Jeder angehende Metzger lernt, allein an der Muskelfaserstruktur zu erkennen, um welches Stück Fleisch von welchem Tier es sich handelt, und übt das so lange, bis ein Blick reicht, um Bescheid zu wissen. Bei der Gesellenprüfung später wurden uns auf einem Tablett kleine Fleischstücke serviert, sie waren nicht größer als Streichholzschachteln. Diesen winzigen Proben mussten wir ansehen, ob sie zu Hackfleisch verarbeitet werden dürfen oder nicht, und das schaffte nach drei Jahren Metzgerlehre jeder.

Apropos Hackfleisch. Rinderhack, Tartar, Schweinemett und Bratwürste werden natürlich alle Morgen frisch hergestellt. Es gibt ja schon die Hackfleischverordnung. Sie regelt, wer Hackfleisch herstellen darf, welches Fleisch dafür zugelassen ist und wie lange man es aufheben darf (sehr wichtig, weil Verstöße gegen einige ihrer Paragrafen als Straftat geahndet werden). Also wird die ganze Woche über zusätzlich frisches Hackfleisch produziert.

So, der Freitag kann kommen. Über die nächsten beiden Arbeitstage gibt es nicht mehr viel zu sagen – das sind die Hauptverkaufstage, da stehen alle im Laden, wobei Günther und ich allerdings die meiste Zeit zwischen Kühlhaus und Laden hin und her rennen, um Nachschub herbeizuschaffen. Und Montag dann wieder Schlachthof …

4. Die Pelzjacke der Metzgersgattin

Fast fünfzig Jahre liegt sie zurück, meine erste Woche in der Fleischerei Schmitz. Wenn man die damaligen, geradezu idyllischen Verhältnisse mit den hochtechnisierten, erst durch die Wissenschaft ermöglichten Produktionsformen vergleicht, die heute in der Fleischindustrie üblich sind, liegt ein gefühltes Jahrtausend dazwischen. Da drängt sich die Frage auf: War früher alles besser?

Ich würde mit einem vorsichtigen Ja antworten. Einem Ja mit Einschränkungen. Es war besser, aber es war im Prinzip nicht anders – darauf werde ich am Ende des Kapitels ausführlicher eingehen. Lassen Sie mich zunächst anhand von zwei Beispielen noch einmal zurückblicken auf diese letzten Jahre vor dem großen Dammbruch, der die alte Metzgerwelt fast vollständig mit sich fort und in den Untergang riss.

Die Älteren unter Ihnen werden sich an Metzgereien erinnern, wo oben, über den Köpfen des Personals, echte Schinken und Salamis an der Wand hingen, und zwar das ganze Jahr über. Was für ein Aroma verbreitete sich da im Laden! Nur im Sommer mussten die Schinken täglich kontrolliert werden, weil es vorkam, dass eine Fliege in den Spalten der Schinken unbemerkt ihre Eier ablegte. Die mussten natürlich entfernt werden, bevor aus den Eiern Maden wurden – kam man zu spät, blieb nichts anderes übrig als das betroffene Stück herauszuschneiden. So weit schaffte es eine Fliege bei uns aber selten. Hatte sich tatsächlich mal ein Brummer in unsere Wurstküche oder den Laden eingeschlichen, wurde alles stehen und liegen gelassen, und jeder ging auf die Jagd. Wie gesagt: Schon der kleinste Verlust war für den Metzger ein Albtraum.

Diese Schinken gehörten zu den Luxuserzeugnissen einer Metzgerei. Selbstverständlich stellte jeder Metzger seinen eigenen Schinken her, allerdings nicht im strengen Wochenrhythmus der Würste, sondern nach Bedarf, in unregelmäßigen Abständen. Und auch in diesem Bereich wurde geschummelt, aber mit einem präzisen Gefühl für die Grenzen des Unerlaubten. Der Maßstab für solche Betrügereien war eben nicht der neue Maserati für den Chef, sondern bloß die neue Pelzjacke für die Chefin – auch die Wünsche waren in dieser Welt noch von bescheidenen Dimensionen, auch die Begehrlichkeiten eher kleinformatig. So wurde der Kochschinken beispielsweise mit der Pökelspritze fast bis zum Platzen mit gewürztem Wasser aufgeblasen und das Wasser vorher kräftig mit Maria-Hilf (nämlich Phosphat) angereichert, damit es nicht wieder auslief. Solche geringfügigen Manipulationen merkte der Kunde nicht, das ging also; wo jedoch der gute Ruf des Hauses auf dem Spiel stand, verfuhr man mit größter Gewissenhaftigkeit.

Der rohe Schinken etwa musste ein Wunderwerk werden, entsprechend sorgfältig ging man vor. Sechs Wochen verbrachte das Fleisch, mit Pökelsalz bedeckt, im Steintrog, bis sich aus Fleischsaft und Salz eine Naturlake gebildet hatte, die dann mit Wacholderbeeren, Lorbeer und ein wenig Zucker angereichert wurde. Diese Naturlake sorgte für einen unvergleichlichen Geschmack. Anschließend wurde der Schinken gewässert, um das Salz herauszuziehen, dann mit Bindfäden umwickelt, auf Rauchstöcke gehängt und getrocknet oder geräuchert. Diesen Schinken konnte man hinterher bei jeder Raumtemperatur lagern oder im Laden aufhängen. Er war ungemein beliebt.

Genauso ernsthaft und ehrgeizig verfuhren wir bei der Herstellung unserer Salami. Die macht ja heute kaum noch jemand selbst, aber wir produzierten sie noch alle sechs bis acht Wochen, und zwar nach einer Methode, die heute undenkbar ist – und ein schönes Anschauungsbeispiel für sinnlosen Fortschritt.

Entscheidend für das Gelingen einer Salami war seinerzeit, die Fleischmasse mit den Händen gründlich durchzumengen, wegen der Reifekeime. Das verarbeitete Fleisch muss nämlich durch Bakterien reifen, das heißt, es wird leicht anverdorben, damit es aneinanderklebt und die Salami beim Schneiden später nicht in ihre Einzelteile zerfällt. Nun hat jeder Mensch an seinen Händen zehn bis fünfzehn Milliarden Keime pro Quadratzentimeter; das ist normal, diese Keime sind allgegenwärtig, und die allermeisten, 99,9 Prozent, sind harmlos. Solange der Metzger also mit den eigenen Händen durchmengen durfte, wanderten diese Keime einfach auf dem natürlichsten Weg ins Fleisch. Heute ist daran nicht mehr zu denken. Heute ist das Durchmengen mit der Hand aus Hygienegründen verboten, und die nach wie vor erforderlichen Keime kommen aus einem Tütchen. Mit anderen Worten: Die Bakterien, die wir früher an den Händen hatten, muss der Metzger heute eigens kaufen und vergleichsweise teuer bezahlen.

Was ist damit gewonnen? Gar nichts, im Gegenteil. Durch das alte Verfahren gewöhnten sich die Kunden nämlich an die Keimflora ihres Metzgers und legten sich auf diese Weise ein robustes Immunsystem zu, heute hingegen kennt unser Immunsystem bestimmte Keime nicht mehr, und wir bekommen leichter Durchfall. Diese Gefahr war bei der alten Verarbeitung nicht gegeben.

Überhaupt – wenn ich an die Unbekümmertheit in Sachen Hygiene damals denke … Und diese Verhältnisse hatten durchaus etwas für sich! So wurden die fertigen Salamis beispielsweise zum Trocknen an ein Gestänge über dem Küchentisch gehängt, und dann tropften sie tagelang in unser Frühstück. Warum ausgerechnet dort? Zum einen, weil es schon immer so gemacht worden war. Zum anderen, weil eine Salami nicht zu schnell trocknen darf, sonst bilden sich Hohlräume, und auch keine kühle Luft verträgt – da war die warme Küchenluft mit ihrem Kochdunst und dem Zigarrenrauch des Chefs schlichtweg ideal! Schließlich galt immer noch: Wer die beste Wurst macht, hat das beste Geschäft, und unsere Salami war eine echte Dauerwurst, die konnte hinterher monatelang ohne Kühlung im Laden hängen und dabei an Geschmack nur gewinnen … Also noch einmal gefragt: War früher alles besser?

Die Skrupel waren größer. Von der Gewissenlosigkeit der Industrie waren die Metzger wirklich Lichtjahre entfernt. Nicht, weil sie moralisch besonders hochstehend gewesen wären, auch nicht, weil Redlichkeit eben das Kennzeichen jener vergangenen Tage gewesen wäre, sondern weil ein Metzger mit allem in seiner Welt noch in direktem Kontakt stand – mit den Kunden sowieso, aber auch mit den Tieren. Für die Metzger war Fleisch noch Fleisch, also ein Lebensmittel, mithin etwas, dem eine selbstverständliche Wertschätzung entgegengebracht wurde, ein gewisser Respekt. Noch kostbarer war natürlich der Kunde. Man kannte seine Kundschaft ja und wollte sie um keinen Preis verprellen, man hatte, mit anderen Worten, einen Ruf zu verlieren.

Und etwas Drittes kommt hinzu: Alles, was in einer Fleischerei angeboten wurde, war selbst gemacht und damit ein Ausweis der Tüchtigkeit ihres Inhabers. Eine exzellente Qualität durfte der Metzger auf sein eigenes Konto verbuchen, das förderte einen gewissen Stolz und dieser wiederum das Qualitätsbewusstsein – das im Übrigen auch seine Kunden damals noch auszeichnete; der Anspruch war folglich auf beiden Seiten der Ladentheke hoch. Und als letzter Grund für seine Skrupel kam die Berufsehre hinzu – bestimmte Schweinereien machte man einfach nicht, dafür war man sich dann doch zu schade. Was diese Billigmetzger auf dem Schlachthof trieben, denen die Gier aus den Knopflöchern schaute, das ging zu weit.

Andererseits – wenn ehrliche Arbeit nur ein Zehnfamilienhaus abwarf, aber keine neue Pelzjacke, musste man sich etwas einfallen lassen. Geld verdienen wollten sie ja alle, da waren sie sogar ziemlich ungeniert scharf drauf, also ging man mit sich selbst einen Kompromiss ein und beschloss, mit halbwegs ehrlicher Arbeit so viel Geld wie möglich zu verdienen. Und bevor man diesen Kompromiss anrüchig findet, sollte man sich einmal in die Lage eines Metzgers versetzen.

Das Berufsleben eines Metzgers ist ein Wettlauf gegen die Zeit. Rindfleisch setzt ihn weniger unter Druck, damit hat es keine Eile, weil Rindfleisch abhängen muss. In Vakuum verpackt verträgt es locker sechs Monate, durchläuft in dieser Zeit eine Reifung und ist am Ende schön zart. Schweinefleisch aber reift nicht, es wird in kürzester Zeit gammelig, weil es von Natur aus zu viel Wasser enthält, und nun greift das gnadenlose Gesetz der Natur: In dem Moment, in dem das Herz aufhört zu schlagen, beginnt die Zersetzung. In der Natur bleibt nichts übrig, und wenn die Geier das Fleisch nicht holen, dann zersetzt es sich eben selbst, dann holen es die eigenen Bakterien. Das heißt in unserem Fall: Das eben geschlachtete Schwein hat den Metzger vielleicht 200 Euro gekostet. Diese 200 Euro muss er in jedem Fall vervierfachen, um über die Runden zu kommen. Jetzt weiß er, dass seine Ware mit jedem Tag an Wert verliert, weil sie mit jedem neuen Tag ein bisschen mehr vergammelt. Ihm bleibt also nur eine sehr begrenzte Zeit, seine Ware umzuschlagen und einen Verdienst einzufahren. Metzger beschreiten krumme Pfade also schlicht und ergreifend schon darum, weil ihnen die Zeit davonläuft.

Dieser Umstand hat die Mentalität aller Metzgergenerationen seit Adam und Eva geprägt, und deshalb haben Metzger ein ganz eigenes Verständnis von Gammel. Was nicht verkauft wird, geht in die Wurst – ein Metzger wirft nichts weg! –, wobei der Kunde seinem Metzger kaum einen größeren Gefallen tun kann, als feine Streichwurst zu kaufen, denn dort lässt sich so ziemlich alles unauffällig unterbringen; in einer groben Wurst ist das schwieriger. Die grobe Leberwurst wird deswegen auch nie so intensiv beworben wie die feine – an der feinen verdient der Metzger einfach mehr.

Ja, und dann ist da noch die Pelzjacke, bisher allerdings nur als Wunschvorstellung – daher das Wasser, daher das Phosphat. Beides fällt unter Betriebsgeheimnis, und wenn in der Fleischerei Schmitz der Lebensmittelkontrolleur auftrat und fragte: »Habt ihr Phosphat benutzt?«, dann lautete die Antwort selbstredend: »Natürlich nicht.« Phosphat war sozusagen die Einstiegsdroge, Phosphat eröffnete den Reigen der Chemikalien, die heutzutage gang und gäbe sind.

Kurzum: Geschummelt wurde schon in der guten, alten Zeit, aber gewissermaßen mit einem Augenzwinkern. Die Meister empfanden ihre Tricks nämlich nie als Betrug, sondern als die pfiffige Variante einer uralten Tradition. So hatte es der Opa schon gemacht, und wenn der Enkel bei einer Zeigerwaage den Waageteller anfeuchtete oder grundsätzlich zwanzig bis dreißig Gramm mehr drauflegte, dann war das keineswegs hinterhältig, sondern ehrwürdige, lang geübte Handwerkskunst. Eine solche Einstellung erleichtert die Sache mit der Ehrlichkeit natürlich.

Im Übrigen: Es ging damals nicht ums große Geld. Das große Geld ist etwas ganz anderes. Seit es in der Lebensmittelindustrie nur noch und ausschließlich um riesige Summen geht, ist die Skrupellosigkeit ins Gigantische gewachsen. In der Welt des großen Geldes sind Begriffe wie »ehrlich« oder auch »halbwegs ehrlich« vollkommen unbekannt. Es gibt sie einfach nicht, wie wir noch sehen werden. Das ist der entscheidende Unterschied zwischen damals und heute.

Wahr ist allerdings auch, dass es heute weniger Gammel gibt, dank neuer Kühltechniken, aber auch dank einer schärferen Gesetzgebung – welche die Metzger oft als Eingriff in ihre Freiheit verstanden haben. Und Tatsache ist auch: So hygienisch wie die Industrie zu produzieren ist für den selbstständigen kleinen Metzger kaum möglich. Ob es nötig ist, ist eine andere Frage.

Um aber ein letztes Mal auf meine Lehrzeit zurückzukommen …

In den drei Jahren bei meinem Meister hatte ich mir ein Wissen angeeignet, das mit den Jahren mehr und mehr zur Seltenheit wurde. Während meiner späteren Tätigkeit als Lebensmittelkontrolleur fiel mir das auf. Da standen Metzgermeister vor mir, deutlich jünger als ich, die konnten das Fleisch nicht mehr »lesen«, nicht mehr »interpretieren«, also mit einem Blick bewerten und zuordnen. Ich habe mir dann eine Schürze umgebunden, mich noch einmal in einen Metzger zurückverwandelt und ihnen demonstriert, was für uns noch selbstverständlich gewesen war. Sie bekamen große Augen – »Wie haben Sie denn das jetzt gemacht?« Aber man kann es nicht erklären, es ist Übung. Ein Blick, und für mich stand fest: Dieses Fleisch taugt nur noch für die Bratwurst … Ein zweiter Blick auf ein anderes Stück Fleisch – gleich aussehend, aber von einem anderen Schwein –, und mir war klar: Dies hier gehört in die Fleischwurst. Schönen Gruß an die Fleischerei Schmitz …

Die Gesellenprüfung bestand ich. Wie sah nun meine bisherige Erfahrungsbilanz aus? Um sie in drei Punkten zusammenzufassen: 1. Fleisch verdirbt selbst bei guter Kühlung. Mit anderen Worten: Der Geruch leicht angegammelten

Fleisches störte mich nicht mehr. Dass Schmackes abgewaschen werden kann, war mir in Fleisch und Blut übergegangen, das machte ich längst automatisch. 2. Alles, was im Laden verkauft wird, stellen wir selbst her. Eine standardisierte Fleisch- und Wurstauswahl gibt es nicht, weshalb unsere Wurst von Fall zu Fall im Geschmack variierte. 3. Wasser sichert das Einkommen meines Chefs und somit auch meinen Arbeitsplatz.

Jetzt hätte ich auf die traditionelle Wanderschaft gehen können. Aber dieser segensreiche Brauch war schon so gut wie ausgestorben, und auch ich habe mich einstweilen nicht aus Essen wegbewegt. Eigentlich schade. Als Geselle kennt man ja nur die Regeln, nach denen der eigene Meister arbeitet. Will ich eine bessere Wurst herstellen, strebe ich einen noch delikateren Geschmack an, müsste ich andere Weltgegenden und andere Meister kennenlernen, so wie sich Köche gern durch ganz Europa kochen. Früher hatte es die Metzgergesellen in die Schweiz, nach Frankreich oder nach Polen gezogen – Länder, deren Fleisch- und Wurstprodukte einen guten Ruf genossen, wo man mit anderen Gewürzen, anderen Techniken und anderen Rezepten Bekanntschaft machte.

Allein durch den Geschmack kommt man nämlich nicht hinter die Zusammensetzung einer Wurst. Auch nach dem zehnten Bissen weiß man noch nicht, was genau drin ist. Im Grunde genommen war die Wanderung also die reinste Betriebsspionage. Man verdingte sich in der Fremde, um dem Meister dort auf die Schliche zu kommen. Allerdings haben sich die Meister früher gar nicht ungern in die Karten blicken lassen, weil sie stolz auf ihr Geheimwissen waren. Eine derartige Horizonterweiterung bringt einem Berufsstand natürlich großen Gewinn, aber dadurch ließ sich schon zu meiner Zeit keiner mehr verlocken. Mit den 70er-Jahren brach die Zeit der fix und fertigen Mischgewürze an und des standardisierten Geschmacks. Das war der Anfang vom Ende.

5. Der große Dammbruch

Hinterher ist man immer schlauer. In der Rückschau wird plötzlich alles klar, und man fragt sich: Warum haben wir das damals nicht gesehen? Was hat uns Metzger dazu gebracht, in dem nun folgenden Jahrzehnt praktisch Selbstmord zu begehen? Mit freundlicher Unterstützung der Industrie, wohl wahr, aber – unvermeidlich war er doch nicht, der schleichende Tod der traditionellen Fleischereien!? Ja, im Nachhinein betrachtet … Bevor ich mich also den neuen Akteuren im Lebensmittelbereich zuwende, den Großkonzernen in Handel und Industrie, will ich mit Ihnen die einzelnen Stationen dieses Untergangs besichtigen. Es ist eine Geschichte von ungleichen Gegnern und einer turbulenten Zeit, in der es mit scheinbar fest verwurzelten Überzeugungen dahinging und neue Wertmaßstäbe die alten verdrängten.

Das Siechtum der Fleischereien wies immer die gleichen Merkmale auf. Erst wurde die Ware im Laden weniger, vor allem die ausgestellte Ware, dann wurden die Verkäuferinnen weniger, und irgendwann stand nur noch die Ehefrau hinter der Theke. Nicht mehr lange, und die Ware im Laden wirkte leicht angetrocknet; das war das letzte Stadium, weil sich jetzt kaum noch Kunden im Laden blicken ließen, und damit war der Tag nicht mehr fern, am dem die Rollläden für immer runtergelassen werden würden. Wenn der Laden Eigentum war, rettete sich der Meister vielleicht noch so eben in die Rente …

Genau dieses Schauspiel boten die Metzgereien in den 70er-Jahren immer häufiger. Die Fleischerei Schmitz gehörte bereits der Vergangenheit an. Eigentlich hatte mein Meister mich übernehmen wollen, doch dann wurde genau gegenüber mit dem Bau eines großen Kaufhauses begonnen, und da nun ein Parkhaus benötigt wurde, kaufte der Betreiber des Kaufhauses die Häuser auf der gegenüberliegenden Straßenseite auf. Die Anwohner wurden großzügig entschädigt, und auch mein Meister fand das Angebot verlockend; er verkaufte und setzte sich zur Ruhe.

Ich wechselte zur Fleischerei Hartmann. Hier wehte schon ein anderer Wind. Hartmann war größer, hatte auch mehr Personal und belieferte sogar etliche Großküchen – die Kantine der Bundesbahndirektion, die Kantine der Mechaniker und Gleisarbeiter, dazu einige Altersheime und Kindergärten. Das war nicht nur ein gutes Zusatzgeschäft – Kantinen zu beliefern war wie ein Sechser im Lotto. Die Kantinen zahlten zwar weniger als die Kunden im Laden, ließen sich dafür aber klaglos alles andrehen, was im Laden nicht mehr verkäuflich, also angegammelt und im Grunde hinüber war – Kantinenessen war und ist Resteverwertung. Genau genommen bestand Hartmann also aus zwei unterschiedlichen Betrieben, denn der Lieferbetrieb produzierte völlig andere Ware als der Ladenbetrieb; Kantinenware war grundsätzlich alt, wässrig und fett.

Keinem fiel das auf. Den Kantinen nicht, weil das Fleisch dort nicht wie bei Ladenkunden üblich im Kühlschrank zwischengelagert, sondern sofort verarbeitet wurde, und den Lebensmittelkontrolleuren nicht, weil sie Kantinen gar nicht auf ihrem Schirm hatten. Die Küchenleiter der Kantinen wiederum waren schon deshalb glücklich, weil wir ihnen die günstigsten Preise machten, und in der Branche selbst wurden Fleischereien wie Hartmann sowieso vorbehaltlos beneidet; auf dem Schlachthof bekam ich zu hören: »Mensch, ihr habt Kantinen, da gibt es bei euch ja keine Probleme mit den Antiquitäten.« Mit anderen Worten: Jedem war gedient.

Und wir tricksten. Allzu fettes Hackfleisch wurde mit Blut vermischt, sodass es schön mager wirkte, und in die Würste kamen Extraportionen Wasser oder Brühe. Ich erinnere mich an eine einzige Reklamation: In der Bundesbahndirektion hatte das Fett, das beim Anschneiden der Leber- und Blutwürste einer Schlachtplatte herausspritzte, etliche Hemden und Krawatten getroffen. Klar, dass wir die Reinigungskosten übernahmen. Den Koch beruhigten wir mit der Erklärung, spritzende Würste seien bei Schlachtplatten normal, und der Mann gab sich mit dieser Auskunft zufrieden.

Es ist merkwürdig. Mit der räumlichen Entfernung scheint die Hemmschwelle zu sinken. Skrupel funktionieren offenbar nur auf kurze Distanz. Sobald der Kunde sich in einen anonymen Konsumenten verwandelt, sind die alten Spielregeln außer Kraft gesetzt, und plötzlich gelten zweierlei Maß: im Laden das Maß des ehrbaren Metzgers, draußen das des gerissenen Geschäftsmanns. Ein Ruf ist zwar immer noch zu verlieren, aber nur im direkten Kontakt mit dem Kunden beruht dieser Ruf wie bisher auf Qualität, im Verkehr mit den Kantinen hingegen zählt nur noch der Preis, das – scheinbar – günstige Angebot.

Natürlich ahnten wir nicht, dass damit eine Entwicklung mit unabsehbaren Folgen in Gang gekommen war. Dass wir auf eine Zeit zusteuerten, in der es überhaupt nicht mehr um die Wurst, sondern nur noch um den Preis und den Gewinn gehen würde. Die Symptome der Gier immerhin waren bei meinem neuen Meister unübersehbar; so konnte man ihn doch tatsächlich beim Durchwühlen der Knochenecke im Schlachthof antreffen.

Zum besseren Verständnis sei vorweggeschickt: Bevor wir einen Knochen wegwarfen, kratzten wir in der Metzgerei mit dem Messer die letzten Reste Fleisch ab; anschließend landete er dort, wo alle ihre Knochen entsorgten, nämlich hinter einem halbhohen Mäuerchen auf dem Schlachthofgelände, der sogenannten Knochenecke. Dort stank es erbärmlich, dort wimmelte es von Fliegen, aber Metzgermeister Hartmann ließ sich davon nicht aufhalten. Nicht nur, dass er uns unsere eigenen fortgeworfenen Knochen zurückbrachte, wenn auch nur winzigste Fleischpartikel noch daran hafteten, sie vor unseren Augen absäbelte und »Schaut euch das an!« brüllte, »das ist in zehn Jahren ein ganzes Rind! Ihr macht mich arm!« – nein, viel schlimmer: Er schleppte auch die Knochen anderer Metzgereien an, falls er Fleischreste daran entdeckt hatte ... Wir waren fassungslos. Wie konnte man sich aus diesem Gammel überhaupt etwas herausfischen – das war ja die unappetitlichste Stelle des ganzen Schlachthofs! – und in die eigene, saubere Fleischerei bringen? Aber da kannte Meister Hartmann keine Hemmungen. »Guckt mal, was ich gefunden habe«, sagte er, »diese Leute müssen ja Geld wie Heu haben ...«, dann kippte er uns ein ganzes Becken voll mit Knochen auf den Tisch, und wir durften kratzen.

Bühnenreife Gier – aber auch so war eben Geld zu verdienen. Irgendwie lag hier schon das Knochenmehl in der Luft, das sich heute im sogenannten Separatorenfleisch befindet. Separatorenfleisch wird uns noch ausführlich beschäftigen, an dieser Stelle nur so viel: In der Fleischerei Hartmann war schon ein moralischer Zersetzungsprozess zu beobachten. Aber das war nur der Anfang und nicht einmal entscheidend. Der Tod auf Raten kam für die Traditionsmetzgereien von außen, und er hatte viele Gesichter. Aber seinen ersten Auftritt hatte er in Gestalt eines Gewürzvertreters.

Oh, er war uns willkommen. Er hatte einen Beutel mit fertiger Gewürzmischung für Fleisch und Wurst dabei; so was hatten wir noch nie gesehen. Sieben Gramm davon auf ein Kilo Fleisch, und man konnte sich die Viertelstunde Abwiegen im Gewürzraum sparen, das war fantastisch. Sonderbarerweise aber redete dieser Mensch nicht groß über seine Gewürze, umso häufiger führte er das Wort »Ertragssteigerung« im Mund. »Wenn ihr eure Wurst mit unserer Mischung würzt«, erklärte er uns, »könnt ihr drei Liter Wasser mehr reinschütten. Unsere Mischung sorgt dafür, dass sich selbst diese Wassermenge noch mit dem Fleischeiweiß verbindet.« Da musste Chemie im Spiel sein, und tatsächlich: Seine Gewürzmischung enthielt nicht nur Phosphat, da steckte praktischerweise auch gleich ein Rötungsmittel drin. Damit war der Metzger auf einen Schlag mehrere Sorgen los. Nie wieder abwiegen, sagte er sich, und noch mehr Wasser in die Wurst, also weniger Arbeit, höherer Gewinn. Der Fortschritt würde in die Fleischereien Einzug halten! Die Metzger griffen zu.

Und jetzt hörte es gar nicht mehr auf mit den neuen Mittelchen und den neuen Maschinen. Immer häufiger stellten die Fleischerfachzeitschriften neue Produktionsweisen vor und sprachen technische Empfehlungen aus. Wir wurden sogar auf Lehrgänge geschickt, um uns mit der modernen Art der Wurstproduktion vertraut zu machen. Dort lernten wir zum Beispiel die Vakuummaschine kennen – auch sie eine segensreiche Erfindung, denn in Vakuumbeutel eingeschweißtes Schweinefleisch hält mindestens drei Monate, Rindfleisch sage und schreibe ein halbes Jahr – kein Sauerstoff, keine Verderbnis! –, und noch besser: Das Fleisch bewahrt seine Feuchtigkeit. Bislang war es bei uns im Kühlraum ausgetrocknet und geschrumpft, in Zukunft würde es erst in der Pfanne des Kunden trocknen und schrumpfen – uns war das nur recht. Zwanzig Prozent hatte der Gewichtsverlust früher betragen, nun konnte der Metzger diese zwanzig Prozent draufrechnen, als völlig mühelosen Gewinn.

Vorbei die Zeit, als man ins Kühlhaus laufen und erschnuppern musste, was die Grenze der Haltbarkeit erreicht hatte. Vorbei auch die Zeit, in der man sich im Kühlhaus gebückt bewegen musste, weil überall tropfendes Fleisch von der Decke hing – eingeschweißtes Fleisch lässt sich stapeln, und kaum war eine Vakuummaschine angeschafft, wurden dort simple Holzregale aufgestellt; jetzt musste der Lehrling nicht mehr im Kühlhaus herumkriechen und mit langem Arm nach der Roulade am Haken tasten, jetzt konnten sich die Verkäuferinnen ihr Fleisch selbst bequem aus dem Regal holen.

Ein Ende der Fortschrittsflut war nicht abzusehen. Vakuumverpackt, so lernten wir, reift die Salami schneller. Statt zwanzig bis dreißig Prozent ihres Gewichts verliert sie beim Trocknungsprozess jetzt nur noch vier – das macht eine Ertragssteigerung von rund zwanzig Prozent. Sie sieht dann nicht mehr so aus wie früher? Auch für diesen Fall gibt es ein Pülverchen. Sie ist dann zu weich, um sie in dünne Scheiben zu schneiden, sie schmeckt auch nicht mehr so gut? Der Kunde wird sich schon dran gewöhnen – Schnellreifung machen doch alle, Schnellreifung ist heute Standard.

Kurz und gut, mit der fertigen, chemisch aufgepeppten Gewürzmischung, mit der Vakuumverpackung, mit neuen Maschinen sowie allerlei Rot- und Frischmachern begann die kreativste Phase des Metzgerhandwerks seit Erfindung der Wurst. Alle Rezepturen wurden überarbeitet, nach dem Motto: Noch mehr Wasser, noch mehr Fett, und nicht vergessen: Je feiner die Masse, desto schwieriger lassen sich ihre Bestandteile im Labor hinterher nachweisen. Also her mit der Kolloidmühle – die verwandelt Wurstmasse in den sämigsten Brei der Welt, und bloß nicht lange nachgedacht; solange der Kunde kauft, liegen wir richtig …

Es war eine Kettenreaktion. Ausgelöst von der Industrie. Sie konnte auf den Markt bringen, was sie wollte, die Metzger empfanden es als Geschenk des Himmels. Erleichtern, beschleunigen, vereinfachen, verschleiern – alles zielte auf Ertragssteigerung, nichts auf Verbesserung oder wenigstens Erhalt der Produktqualität; das war, das ist die Logik der Industrie, und dieser Logik unterwarfen sich die Metzger nun mit unfassbarer Vertrauensseligkeit. Stets wurde nur bis zur Kassenschublade gedacht, doch während die Metzger eine goldene Zukunft voraussahen, war ihr Schicksal bereits besiegelt. Es war wie bei einem Teufelspakt: In Wirklichkeit brachte jeder neue Fortschritt die Metzgereien ihrem Aussterben ein Stück näher.

Und dann fiel sogar die Fleischerinnung den Metzgern in den Rücken und ebnete ihrerseits der Industrie den Weg.

Ich erinnere mich noch an jenen Tag des Jahres 1973, als mein Chef mit gekaufter Sülze vom Schlachthof zurückkam. Ein Metzgermeister mit einer fremden Wurst? Das war eigentlich ein Unding, doch bestens gelaunt redete er gegen meinen Widerwillen an: »Nee, Franz, probier mal. Die verkaufen sie jetzt im Innungsladen, die ist lecker. Und vor allen Dingen: Für den Preis könnten wir sie niemals selbst machen!« Ich probierte, und sie schmeckte, wie Sülze halt schmeckt. Trotzdem … Aber mein Meister war derartig begeistert, dass er von Stund an keine eigene Sülze mehr herstellte. Da hatte sich die Innung also Sülze in der Fabrik besorgt und verkaufte sie jetzt den kleinen Metzgern und sägte auf diese Weise an dem Ast, auf dem sie saß!

Mit der Dauerwurst war es das Gleiche. Bisher hatten viele Metzger ihre großen Dauerwürste im Großrauch der Innung räuchern lassen, weil die eigenen Räucherkammern für diese langen Würste zu klein waren. Die Fleischereien in Essen sammelten also ihre Würste, schoben sie in den Rauch und holten sie später wieder ab, wobei es zu netten kleinen Szenen kam, weil man bei dieser Gelegenheit die Ergebnisse miteinander verglich – »Ah, meine Wurst ist schöner als deine«, oder: »Mist, deine sieht diesmal besser aus.« Bisweilen kam es dabei zu Farbausreißern, dann hatte der Kunde eine blassere Wurst im Einkaufsnetz, aber das hat nie jemanden gestört, es war eben alles handgemacht.

Und plötzlich hieß es seitens der Innung: Schluss damit. Schluss mit dem Hin- und Herlaufen, wir haben hier eine eigene Dauerwurst … Industriell hergestellt natürlich, aus irgendeinem Werk, aber die Metzger waren glücklich und griffen zu. »Mit dem Scheiß-Räuchern gebe ich mich gar nicht mehr ab«, beschloss einer nach dem anderen und kaufte von da an die Fabriksalami der Innung – zur Freude der Industrie, die sich in ihrer Strategie bestätigt fühlen durfte: Wenn wir nur billig genug produzieren, stellen die Metzger ihre eigene Produktion nach und nach ganz ein und kaufen am Ende alles von uns.

So kam es auch. Der Anteil der zugekauften Ware stieg kontinuierlich an. 1975 stammten bereits 25 Prozent unseres Sortiments nicht mehr aus eigener Herstellung. Andere Betriebe machten außer Mett und Bratwurst überhaupt nichts mehr selbst; draußen stand zwar immer noch »Fachgeschäft« dran, doch in der Fleischtheke lag überwiegend Industrieware. Es war ja so bequem: Aufschlag gleich Ertrag, und keine Lohnkosten, kein Risiko.

In letzterem Punkt allerdings hatte man sich getäuscht.

Wir hätten Verdacht schöpfen müssen, als mit einem Mal Kunden in unserer Metzgerei auftauchten, die Leberwurst der Firma Zimbo (Zimmermann in Bochum) verlangten. Wir waren perplex. Weil die Fabrikwurst besser als unsere hausgemachte schmeckte? In erster Linie wohl, weil sie im Fernsehen Werbung dafür gesehen hatten. In zweiter Linie aber auch deshalb, weil sich alles im Geschmack immer ähnlicher wurde – der Metzger ihres Vertrauens benutzte ja mittlerweile dieselbe Gewürzmischung, dieselben Zusatzstoffe und Pülverchen wie die Industrie, ganz abgesehen davon, dass Supermarkt und Handwerk vielfach genau dieselben Industrieprodukte anboten, und anstatt wenigstens bei komplizierten Waren wie Schachbrettpastete zuzugeben, dass sie nicht aus eigener Herstellung stammten, logen wir die Leute an. Der Qualitätsvorsprung der Handwerksbetriebe schwand auf diese Weise dahin, und im gleichen Maß ging der Umsatz zurück – warum sollte man noch den Weg in die Fleischerei auf sich nehmen, wenn es im Supermarkt schon alles gab, ähnlich im Geschmack, nur billiger?

Mit anderen Worten: Die Metzger hatten sich sozusagen ins eigene Fleisch geschnitten, und in der Industrie knallten die Sektkorken. Ihre Strategen hatten auf Gier und Bequemlichkeit gesetzt, zwei sehr verlässliche menschliche Eigenschaften, und einen leichten Sieg eingefahren – begünstigt allerdings durch eine sonderbare Mentalität. Es war nämlich allgemein so, dass ein Metzger dem anderen nicht das Schwarze unter den Fingernägeln gönnte. Bei keinem anderen Berufsstand dürfte die Missgunst so ausgeprägt gewesen sein.

6. Tod auf Raten

In der Fleischerei Hartmann spielten sich jeden Montagmorgen die gleichen Szenen ab. Nachdem die Angebote mit flüssiger Kreide auf die Schaufensterscheibe geschrieben worden waren, zogen sich alle zum Frühstück zurück, mit Ausnahme einer Verkäuferin, die im Laden bleiben musste, um die Fleischerei Franzen gleich gegenüber im Auge zu behalten. Es dauerte nie lange, und unsere Spionin rief: »Er schreibt!« Alles stürzte daraufhin in den Laden, und wehe, Franzen machte dieselben Angebote wie wir, verlangte aber fünf Pfennig weniger fürs Kilo! Dann tobte der Chef – und ging mit den eigenen Preisen seinerseits zehn Pfennig runter. Franzen wiederum reagierte prompt mit der nächsten Preissenkung, ebenfalls um zehn Pfennig, und dieses Spielchen konnte sich den ganzen Vormittag hinziehen. Wieso man sich abends nicht kurz zusammensetze und die Preise abspreche, fragte ich meinen Meister einmal. »Mit diesem Arsch rede ich nicht«, war die Antwort.

Und dabei ging es gar nicht darum, Kunden anzulocken! Noch kamen die Kunden ja nicht wegen des Schnäppchens, sondern wegen der Wurst. Nein, da wollte einer den anderen zur Weißglut reizen! Bei den Fleischern war es eben gute

Tradition, dem anderen nichts zu gönnen. Preissenkungen hatten damals sowieso noch nichts mit dem Verdrängungswettbewerb der heutigen Zeit zu tun. Auch wenn der Kunde glauben mochte, solche Aktionen gälten ihm – in Wirklichkeit trugen da zwei verfeindete Metzger bloß ihre Animositäten aus.

Mit anderen Worten: Man war einander alles andere als grün. Nicht nur, dass jeder blind seinen eigenen Vorteil im Auge hatte – untereinander in lächerliche Kleinkriege verstrickt, blieb den Metzgern der wahre Sachverhalt verborgen, nämlich dass es um ihren Kopf ging. Allerdings setzten die Vertreter der Industrie auch alles daran, sich bei ihnen als die besten Freunde des Handwerks einzuschmeicheln. Wollte man den Metzgern das Leben denn nicht schöner machen? Nicht nur der einzelne Metzger, die ganze Innung tappte in diese Falle. Wie heißt es beim Schach? Bedenke den übernächsten Zug deines Gegners. Warum bietet er dir seinen Turm an? Wohl kaum, weil er ihn loswerden will, sondern weil ihm dieses Opfer erlaubt, zwei Züge später deinem König Schach zu bieten … Aber so weit dachte niemand. Blind für die Strategie der Industrie, entwickelte die Innung keinen Plan, wie sich das Handwerk gegen die übermächtige Konkurrenz behaupten könnte. Es war tragisch. Denn nun holte die Industrie zum Rundumschlag aus.

Als Erstes setzte sie bei der Fleischerinnung durch, dass den Metzgern das große F über der Ladentür fortgenommen wurde, das bis dahin den Fachgeschäften vorbehalten gewesen war. Mit dem neuen Gütesiegel CMA (Centrale Marketing-Gesellschaft der Agrarwirtschaft) durften sich nun alle schmücken, und Industrie und Handel jubelten – endlich konnten sie sich als Fleischereien aufspielen und den Metzgern offen Konkurrenz machen! Prompt wurde – als zweite Maßnahme im Kampf um die Vorherrschaft – das Sonderangebot geboren.

Sonderangebot? Dergleichen wäre den Metzgern nie in den Sinn gekommen. Ihr Angebot, auf die Schaufensterscheibe gemalt, war nie ein Sonderangebot gewesen. Ins Angebot kamen Sachen, die schleunigst wegmussten, die frische Leber, die frischen Nieren, das frische Herz und das Eisbein, das im Hochsommer kein Mensch haben wollte. Aber bei seinen Angeboten ging der Metzger keinen Pfennig im Preis herunter, da war dann eben die Überzeugungskraft der Fleischereifachverkäuferin gefragt. Und nun fiel es Karstadt ein, die Schweineleber, die bei uns 3,99 DM kostete, für 1,58 DM anzubieten …

Das war eine Kriegserklärung. Der offenkundige Versuch der aufstrebenden Supermärkte, die Fachgeschäfte vollständig aus dem Markt zu verdrängen. Wenn die Metzger bisher gehofft hatten, von der Industrie als Partner akzeptiert zu werden, sahen sie sich spätestens jetzt getäuscht. Tatsächlich hatten Handel und Industrie hinter verschlossenen Türen längst beschlossen, den Markt unter sich aufzuteilen. Seither wurden die Metzgereien mit allen Mitteln bekämpft – klar, dass die nächste Attacke nicht lange auf sich warten ließ, und sie fiel besonders heftig aus, weil die Industrie sich diesmal einen ahnungslosen, aber mächtigen Verbündeten ins Boot geholt hatte: die Politik.

Politiker sinnen bekanntlich unentwegt über Wohltaten nach, die sie dem Volk zugutekommen lassen könnten, oder anders gesagt: In der Rolle des Wohltäters fühlt sich ein Politiker am wohlsten. Diesen Umstand machte sich die Industrie zunutze, als sie ihre Lobbyisten auf die Politiker ansetzte, um ihnen *ein* Wort ins Ohr zu flüstern: Hygiene. Bestand in den herkömmlichen Fleischereien nicht eine akute Vergiftungsgefahr? Wäre es nicht an der Zeit, mehr für den Gesundheitsschutz der Verbraucher zu tun? Bislang waren zwar keine nennenswerten Fälle von Lebensmittelvergiftung durch Fleisch und Wurst bekannt geworden, aber es reichte aus, dieses Szenario an die Wand zu malen, und die Politiker gingen dankbar darauf ein. Der Schlachtruf der 70er-Jahre hieß von nun an: Hygiene! Und in diesem Punkt waren die Metzgereien tatsächlich nicht nur angreifbar, sondern tödlich verwundbar.

Nicht, weil es dort besonders schmuddelig zugegangen wäre. Wir hatten immer sauber gearbeitet, auch wenn die Därme mal im Handwaschwasser ausgespült wurden. Aber wir konnten nicht keimfrei werden – eine Fleischerei ist kein Operationssaal –, und die Keimsätze pro Quadratzentimeter, die die Industrie jetzt ins Spiel brachte, waren nicht zu schaffen. Das heißt, für uns nicht zu schaffen. Für die Industrie schon. Die Industrie ist in der Lage, fast keimfrei zu produzieren.

Und jetzt ging es los. Egal ob sinnvoll oder unsinnig, die Lobbyisten der Industrie suchten und fanden in den Politikern willige Erfüllungsgehilfen. Handwaschbecken aus Edelstahl mussten her, das Stück zu tausend Mark und mehr, und zwar mit Fußschalter, Knieschalter oder Lichtschranke, denn plötzlich galt es als unhygienisch, einen Wasserhahn mit der Hand zu berühren. Und Kunststoffplatten mussten her, was erneut mit horrenden Kosten verbunden war – bei Hartmann zum Beispiel waren gleich fünfzehn der neuen, teuren Platten fällig. Bisher hatten wir auf uralten Eichenholzplatten gearbeitet, die nach der Arbeit gründlich abgeschrubbt wurden; aus Sicht der Politiker war die Verkeimungsgefahr damit aber nicht gebannt. Die neuen Plastikplatten jedoch stanken nicht nur nach Chemie, sie nahmen nach kurzer Zeit auch eine abstoßend bräunliche Färbung an, und beim Schneiden von Gulasch etwa lösten sich sogar feine Kunststoffsplitter von diesen Platten ab, sodass wir unsere Prachtstücke nach einer Weile nur noch für den Lebensmittelkontrolleur herausholten, ansonsten aber weiterhin die alten Holzplatten benutzten.

Und dann der Höhepunkt des absurden Theaters. Als Nächstes versuchte die Industrie, den Holzklotz aus dem Laden zu verbannen, auf dem die großen Fleischstücke geschnitten werden. Die Kunststoffklötze, die sie stattdessen anbot, erwiesen sich aber als gänzlich ungeeignet, sodass der Gesetzgeber gezwungenermaßen zu einer salomonischen Lösung griff: Alles im Laden muss aus Plastik sein, nur der Hackklotz aus Holz, der wird als ungefährlich eingestuft und darf bleiben. Ausgerechnet dieser Hackklotz wurde allerdings nie gereinigt, sondern lediglich mit einer Metallbürste abgekratzt …

Das Perfide an dem Unternehmen Hygiene war: Ausschließlich die Arbeitsmaterialien wurden aufs Korn genommen. Es ging um Edelstahl und Kunststoff und Fliesen und eine Kühlung für die Fahrzeuge und für den einzelnen Metzger um enorme Investitionen – aber zu keiner Zeit ging es um das Produkt, die Wurst, das Fleisch, den Schinken. Keiner fragte nach Geschmack und Qualität. Wenn nämlich dieser Punkt im Gedankenaustausch zwischen Industrie und Politik zur Sprache gekommen wäre, hätten die Vertreter der Industrie kleinlaut den Saal verlassen müssen – und die Politiker innerlich abgewinkt: Mit Geschmack und Warenqualität würde sich beim Wahlvolk kaum punkten lassen. Im Übrigen: Der ganze Aufwand führte nie zu einer spürbaren Hebung der Volksgesundheit. Heute wissen wir, dass eine ordentliche Portion Keime sogar gut für die Gesundheit ist, von Ebola-Erregern einmal abgesehen. Letztlich war das Ganze also vor allem eine raffiniert verschleierte Kriegslist der Industrie.

Ich will an diesem Punkt innehalten und die Entwicklung bis hierhin zusammenfassen. Sie erinnern sich noch an das Jahr 1969 und meine erste Woche in der Fleischerei Schmitz. Inzwischen sind zehn Jahre vergangen, und kaum ein Stein ist auf dem anderen geblieben. Die Schummeleien von damals nehmen sich schon jetzt wie Kavaliersdelikte aus. Chemie und Technik haben Einzug gehalten, und Fleisch ist auf dem besten Weg, sich vom Lebensmittel in eine Art Werkstoff zu verwandeln, jedenfalls etwas, mit dem beliebig experimentiert werden darf, das gefügig gemacht werden kann.

Die Metzger selbst wären nie auf diese Idee gekommen. Andererseits sind sie nur zu bereitwillig den Einflüsterungen der Industrie erlegen, und auch ihre Verbände haben deren Spiel mitgespielt. Gier und Bequemlichkeit waren stärker als das, was wir bis dahin an den Metzgermeistern geschätzt haben: ihre etwas sentimentale, geradezu irrationale Warenverliebtheit, ihr Festhalten an ihrer Berufsehre, ihren Stolz auf ihr Können. Jetzt stecken sie in der Klemme. Durften sie sich zu Anfang des Jahrzehnts noch als umworbene Kunden der Industrie fühlen, stehen sie nun unter Dauerbeschuss. In dieser Lage wird ihre Schwäche offenbar.

Sie haben das in sie gesetzte Vertrauen verspielt. Dank abgepackter Mischgewürze und diverser Pulver schmeckt die Wurst mittlerweile landauf, landab ähnlich oder gleich. Betriebsgeheimnis im guten Sinne ist fast nichts mehr, Betriebsgeheimnis im schlechten Sinne fast alles. Vorbei die Zeiten, da jeder Kunde auf seinen Metzger schwor. Früher war es eine Katastrophe gewesen, wenn der eigene Metzger in Urlaub ging und den Laden für drei Wochen schloss, weil man in dieser Zeit seine Lieblingswurst nicht bekam – mittlerweile ist es keine Katastrophe mehr. Und da es kaum noch zwingende Gründe gibt, bei einem speziellen Metzger zu kaufen, nimmt man jetzt den, für den man nicht die Straßenseite zu wechseln braucht. Sofern die Sonne scheint. Bei Regen oder Kälte fährt man mit dem Auto einkaufen, und in diesem Fall stellt sich nur noch die Frage: Wer kann mit Parkplätzen aufwarten? Natürlich sind das die Großen wie Kaiser's, Coop oder Rewe – die haben die Parkplätze, die haben eine Fleischtheke, die haben auch die Sonderangebote. Und im Verein mit der Politik zieht die Industrie die Schrauben immer weiter an – die neue Hygieneverordnung ist nur ein Zwischenspiel. Bei vielen Metzgern liegen die Nerven inzwischen blank, nicht wenige geben auf. Es ist noch nicht das Ende, aber der Anfang vom Ende.

Auch ich gehörte zu denen, die aufgaben. Ich hatte genug vom Handwerk und wechselte die Seiten. Ich ging zu Karstadt, wo Günther, der ehemalige Geselle bei Schmitz, in der Zwischenzeit als Meister die Fleischabteilung übernommen hatte. Wir waren uns zufällig in der Stadt begegnet, und was er über Lohn und Arbeitszeiten bei Karstadt erzählt hatte, gefiel mir.

7. Umsatz! Umsatz! Umsatz!

Wir betreten jetzt eine völlig andere Welt. Eine Welt aus Zahlen. Alles, was Sie bei uns an Waren in der Theke und in den Regalen zu sehen glauben, sind in Wirklichkeit keine Steaks und keine Wiener Würstchen, es sind Zahlen. Zahlen mit dem Anhängsel DM oder später Euro. Sie sind nämlich in eine Geldmaschine geraten. Das Einzige, worum sich hier alles dreht, ist Geld. Mit anderen Worten: Ich war mit meinem Wechsel zu Karstadt zwar dem Milieu der dahinsiechenden Fleischereien entronnen, aber vom Regen in die Traufe gekommen. Ganz neue Dimensionen der Manipulation eröffneten sich hier. Unsere Fleischtheke war eine regelrechte Wundertüte, aber wie bei den meisten Wundern ging es auch hier nicht mit rechten Dingen zu. Sehen Sie selbst.

Bei Karstadt wurde überwiegend Fleisch verkauft. Was wir in der Frühe noch selbst machten, waren Mett und Bratwurst und Grillwürstchen, letztere wahre Kunstwerke mit mindestens dreißig Prozent Wasseranteil. Unsere Frikadellen hätte man als Hefeteilchen verkaufen müssen. Und diesmal verhielt es sich mit den selbst hergestellten Waren genau umgekehrt wie in der Metzgerei: Dass wir etwas selbst produziert hatten, war tunlichst zu verschweigen. Jedenfalls gegenüber der Lebensmittelkontrolle. Hier ein Schnellkurs im Täuschen:

Zusätzlich zu unseren dubiosen Eigenkreationen kauften wir Grillwürstchen bei den verschiedensten Firmen ein. Fiel eine Eigenkreation bei einer Probe im Labor unangenehm auf, reichten wir bei der Nachkontrolle dem Prüfer die Lieferpapiere eines unserer Grillwurst-Lieferanten und beeilten uns zu erklären: »Natürlich lässt sich nicht genau nachvollziehen, wer die beanstandete Wurst geliefert hat. Womöglich sind da auch Waren vermischt worden …« – das Ganze mit einem entschuldigenden Lächeln. Der Kontrolleur nahm folglich eine zweite Probe, doch das war kein Problem, darauf waren wir vorbereitet und hatten seit Tagen ausschließlich zugekaufte Grillwürstchen in der Auslage. Ging die zweite Probe im Labor ohne Beanstandung durch, einigte man sich auf den – vom Gesetz sogar vorgesehenen! – »einmaligen Ausrutscher«, und damit war die Sache erledigt. »Bei denen muss wohl in der Produktion was schiefgelaufen sein«, ließ sich der Kontrolleur dann in versöhnlichem Tonfall vernehmen. »Aber da diese Firma seit Jahren unauffällig ist, verfolgen wir den Fall nicht weiter.«

Ich muss dazu sagen: Er hatte gar keine Chance, uns auf die Schliche zu kommen. Er hätte schon danebenstehen müssen, wenn wir unsere Grillwürste machten. Das wiederum war vollkommen ausgeschlossen, denn die einträglichsten Schweinereien gingen bei uns sicherheitshalber nach sechzehn Uhr oder am Samstag über die Bühne, und da war unser Kontrolleur bereits im Feierabend oder im Wochenende. Wir hatten ja unsere Erfahrungen mit diesen Leuten. Die Lebensmittelkontrolle gab es seit 1969, und wir wussten längst, wie leicht

Kontrolleure hinters Licht zu führen waren. Woran das lag? An der mangelhaften Qualifikation der Kontrolleure, aber auch an dem verwaschenen, zahnlosen Reglement, an das sie sich halten mussten; doch dazu später mehr.

Ich kam jedenfalls aus dem Staunen nicht heraus. Hatte ich den ganzen Komplex der Fleischerzeugung und Fleischverarbeitung bisher mit den Augen eines Metzgers gesehen, lernte ich jetzt, denselben Komplex mit den Augen des Zauberlehrlings zu betrachten. Das heißt, ich musste das kleine Einmaleins der wundersamen Geldvermehrung erlernen, also vor allem begreifen: Hier war weder Tradition noch ein besonderes Können noch gar Liebe zum Produkt gefragt, sondern Einfallsreichtum, wobei ein ansatzweise krimineller Ehrgeiz durchaus nicht hinderlich war. Machen Sie sich also im Weiteren auf ein Feuerwerk von Ideen gefasst. Los geht's.

Am Montagmorgen kommt eine Packung mit drei Nackenkoteletts in den Selbstbedienungstresen. Am Dienstagmorgen werden diese drei Koteletts, da noch nicht verkauft, umgepackt, mit neuem Etikett versehen und in den Tresen zurückgelegt. Am Mittwochmorgen, da immer noch nicht verkauft, wirken sie im Vergleich zu den anderen schon recht blass; also werden sie mit Paprika eingerieben und erneut zurückgelegt. Wenn man Pech hat, liegen sie am Freitagmorgen immer noch da, und jetzt hilft auch kein Paprika mehr. Demzufolge werden sie mit Zwiebeln und Knoblauch in Öl eingelegt, um den muffigen Geruch zu überdecken, und zum Holzfällersteak deklariert ein fünftes Mal in den Tresen gegeben. Wenn Gott im Himmel nun ein Einsehen hat, findet sich endlich ein Kunde, der sich ihrer erbarmt. Wenn nicht, wandern die ehemaligen Nackenkoteletts am Montag in die Grillwurst. So weit, so nicht ganz neu.

Neu ist der Trick mit den Namen. Es ist ganz einfach: neuer Name gleich neues Produkt. So hatten wir zum Beispiel oftmals jede Menge Hackfleisch vom Vortag übrig, weil sämtliche Waren bis Ladenschluss um achtzehn Uhr dreißig vorrätig gehalten werden mussten. Nach dem Gesetz hätte es anderntags entsorgt werden müssen. Was machten wir? Wir verfielen auf die Idee, das alte Hackfleisch mit Salz, Pfeffer und Paprika zu würzen, zu zehn Zentimeter langen Röllchen auszuwalzen und das Ergebnis Çevapcici zu nennen. Als wir das Etikett drucken wollten, stellte sich heraus: Keiner von uns wusste, wie man Cevapcici schreibt – wie man Cevapcici macht, wussten wir sowieso nicht –, also wurde ein Geselle rasch ins nächste jugoslawische Restaurant geschickt, um einen Blick in die Speisekarte zu werfen. Ich erinnere mich noch gut – als er atemlos zurückkam, brüllte er schon von Weitem: »Das schreibt sich Tschee-Wapp-Kiki!«

Aha. Unsere Kunden rissen sie uns aus den Händen. Als wir mehr Cevapcici verkauften, als altes Hackfleisch übrig blieb, griffen wir zu Paniermehl. Hätten die Kunden gewusst, wie echte Cevapcici schmecken, hätten sie einen Bogen um unsere gemacht, aber so … Von unserem Erfolg beflügelt, schnitten wir altes Schweinefleisch in dünne Streifen, legten sie zusammen mit Gewürzen, Kräutern und Knoblauch in Öl ein und nannten das Ganze Gyros. Unser Gyros hatte mit Gyros nicht das Geringste gemein, war aber der Renner. Wir nannten dieses Verfahren, unsinnigen Produkten klangvolle Namen zu verleihen: aufwerten.

Ab jetzt werteten wir alles auf.

Wir erfanden das Minutensteak. Wir erklärten grobfasriges Suppenfleisch zum Rip-Eye-Steak. Wir machten mit großem Erfolg auf Amerikanisch und mit noch größerem auf Französisch. Die Regieanweisungen dafür hätten vom Kasperletheater stammen können. Während der äußerst beliebten Französischen Woche bei Karstadt etwa liefen die Verkäuferinnen mit Schürzen in den Landesfarben Frankreichs herum, überall steckten kleine französische Fähnchen drin, Rindfleisch aus Deutschland hieß vorübergehend Boeuf à la Mode, und alle übrigen, ganz gewöhnlichen Fleischprodukte trugen ebenfalls französische Namen – mehr brauchte man für eine Französische Woche nicht.

Kurzum, wir erfanden das Fleisch neu. Wir gaukelten den Kunden vor, dass wir die neuen Kreativen sind. Wir verteilten Fantasienamen an Produkte, die der Kunde auch daheim hätte selbst herstellen können, mit einem Viertel unserer Fantasie und für die Hälfte des Geldes. Aber sie kauften lieber bei uns. Wir machten Umsatz ohne Ende. Und ganz nebenbei taten wir etwas Wegweisendes. Wir zogen uns den unkritischen Verbraucher heran. Wir züchteten sozusagen den Konsumenten der Neuzeit.

Vielleicht hatten wir es nicht richtig begriffen, aber wir ahnten es: Unsere Kunden kamen im Grunde gar nicht mehr in der Absicht zu uns, etwas zu kaufen – die Zeit der Anschaffungen war in den späten 70er-Jahren vorbei. Sie wollten noch nicht einmal mehr etwas Bestimmtes essen. Sie wollten etwas erleben. Sie fieberten nach kleinen, exotischen Erfahrungen. Darauf zielte bereits die ganze Werbung, darauf zielten auch unsere Kreationen und Motto-Wochen ab. Was wir verkauften, war also gar keine Ware mehr. Es war ein neues, prickelndes Lebensgefühl. Es war – obwohl das damals noch keiner so gesagt hätte – Lifestyle. Und das bekamen sie bei uns. Unsere Abteilung, gar nicht mal besonders groß, machte mit dieser Masche an *einem* Tag durchschnittlich 25.000 DM Umsatz. Mein Lehrmeister hatte für diese Summe noch einen ganzen Monat gebraucht.

Nebenbei: Schon bei Hartmann war uns aufgefallen, dass das Geschmacksgedächtnis unserer Kunden nachließ; wir konnten nämlich die Qualität der Wurst nach und nach herunterfahren, ohne dass es zum Aufstand kam. Unsere Leberwurst zum Beispiel hatten wir früher mit richtigem Fleisch, richtiger Leber und richtigen Zwiebeln gemacht – natürlich auch mit einer Kelle Brühe, zum Verdienen. Dann nahmen wir immer weniger Fleisch und immer mehr Fett. Am Ende enthielt unsere Leberwurst dermaßen viel Fett, dass wir sie gleich nach dem Kochen, solange sie noch warm und weich war, erst einmal massieren mussten, um zu verhindern, dass sich das ganze Fett gut sichtbar innen an der Darmwand festsetzte. Da standen wir also stundenlang neben dem Kessel und massierten Leberwürste, in der Hoffnung, das Fett durch fleißiges Kneten schön in der Wurst zu verteilen und auf diese Weise zum Verschwinden zu bringen. Noch ließ sich das Auge nicht so leicht betrügen wie der Geschmackssinn.

Doch zurück zu Karstadt, wo wir die Kunst des Täuschens und Betrügens immer weiter verfeinerten – vermutlich nicht ohne Billigung von oben.

So verfügten wir beispielsweise über drei Arten von Aufklebern. Auf dem ersten stand »Sonderangebot«, auf dem zweiten »Zum Grillen geeignet«, auf dem dritten »Preisvorteil bei Großpackung«, und alle waren sie rot; die Aufkleber für Sonderangebote und Grillware waren obendrein identisch. Wenn wir »Sonderangebot« auf eine Packung klebten, wurde sie uns sowieso fast aus den Händen gerissen. Wenn »Zum Grillen geeignet« draufstand, hatte das aber beinahe dieselbe Wirkung. Und wenn samstags mittags vor dem Wochenende die Theken immer noch gut gefüllt waren, ging ich mit einer Rolle Aufkleber umher und deklarierte alle Packungen unterschiedslos zu Sonderangeboten, ohne den Preis im Mindesten zu verändern. Das half immer. Niemals hat jemand nachgerechnet oder nachgefragt.

Der größte Betrug aber waren unsere Großpackungen mit Preisvorteil – deren Kilopreis war nämlich stets höher als bei normalen Größen. Das heißt, Betrug war es eigentlich gar nicht, es war bloß Irreführung, denn den Preisvorteil gab es ja wirklich, nur dass er bei uns, bei Karstadt, nicht beim Kunden lag. Jenen Käufern, denen der Widerspruch auffiel, schrieben wir kurzerhand mit Kugelschreiber einen niedrigeren Preis auf die Packung, damit hatte sich die Sache, aber aufmerksame Kunden waren die absoluten Ausnahmen. Alle anderen ließen sich täuschen und trugen damit freundlicherweise dazu bei, das einzige Ziel zu erreichen, das wir mit all unserer Kreativität verfolgten, nämlich: In jedem Monat den Umsatz des Vorjahres um mindestens fünf Prozent zu übertreffen. So lautete die Vorgabe.

Und damit sind wir beim Geld – dem Thema, dem sich alle anderen Belange der Fleischabteilung unterzuordnen hatten.

Umsatzsteigerung war das Gebot der Stunde. Umsatz aber war angeblich nur über Masse, nicht über Qualität zu erreichen, und um auf Masse zu kommen, musste der Verbraucher getäuscht werden. Folglich zogen wir alle Register. Wir wogen die Verpackung mit. Wir pumpten immer mehr Wasser ins Mett. Wir verarbeiteten halb verdorbenes Rindfleisch zu Sauerbraten. Unsere Essiglake war chemisch so eingestellt, dass ein Stück Fleisch theoretisch sechs Monate darin schwimmen konnte, ohne sauer zu werden. Wir erfanden Fantasienamen, um uns von der Konkurrenz abzusetzen. Annoncierte Rewe Koteletts in der Zeitung, mussten wir uns eine andere Bezeichnung dafür einfallen lassen, damit kein Preisvergleich möglich war. Der Verbrauchertäuschung waren keine Grenzen gesetzt. Und als alles nichts mehr half, als die verlangten fünf Prozent Ertragssteigerung auf die herkömmliche Weise nicht mehr zu schaffen waren, erfand Karstadt die 99 hinter dem Komma. Also 3,99 DM statt 3,95 DM. Das fiel nicht auf und bescherte uns im Monat einen zusätzlichen Umsatz von 3.500 DM – Reingewinn, für den wir keinen Finger rühren mussten. Und als auch das nicht mehr reichte …

Es war im Jahr 1979, als unsere Vertreterin im Personalrat empört von einer Sitzung zurückkam. Sie stellte sich in der Fleischabteilung auf und verkündete: »Der Personalchef hat mir heute gesagt, dass ich überflüssig bin. Dass er die Funktion braucht, nicht den Menschen, und wenn eine ungelernte Kraft dasselbe kann wie ich, dann nimmt er die ungelernte, weil sie billiger ist!« Ungelernte Kräfte? Die können doch keine Schweinerippe von Schweinebauch unterscheiden …, dachte ich. Aber auch darauf hatte die Geschäftsführung eine Antwort: »Dann wird halt alles in Plastik verpackt und draufgeschrieben, was drin ist. Das schafft dann auch der Dümmste.« Kurzum, von nun an hieß es nicht nur: Runter mit der Qualität!, sondern auch: Runter mit den Kosten! – aus reinem

Profitstreben wohlgemerkt, nicht aus Not, denn Karstadt ging es bombig.

Was heute gang und gäbe ist, sorgte damals noch für große Aufregung. Man muss sich vorstellen: In der Fleischbranche wurden bisher vernünftige Löhne gezahlt. Als Geselle hatte man immer noch eine Perspektive, und ich verdiente 1979 bereits 2.800 DM; dazu kam in der Mitte des Jahres eine Dividende wie heute bei VW, plus Weihnachtsgeld, plus 13. Monatsgehalt – davon konnte man eine Familie ernähren. Jetzt gingen die Unternehmen daran, das gute Verhältnis zu ihren Angestellten zu zerstören. Der Goldrausch der folgenden Jahrzehnte kündigte sich an. Heute beklagt sich die Wirtschaft, dass sich Arbeitnehmer nicht mehr mit ihrem Betrieb identifizieren – nachdem sie deren Vertrauen durch ständige Kündigungen, Lohnsenkungen und die Streichung von Weihnachtsgeld, Urlaubsgeld und Urlaubstagen restlos verspielt haben. Muss man sich da wundern?

Ich schaute mir das noch eine Weile an. 1981 kündigte ich bei Karstadt. Ich wollte in die Industrie, ich wollte samstags endlich freihaben, und landete in einem der größten Lebensmittelbetriebe Europas. In einem von der Europäischen Gemeinschaft zugelassenen Betrieb, was seinerzeit etwas Besonderes war. Und ich muss sagen: Dieser Arbeitgeber war tatsächlich etwas Besonderes!

8. Auf Tuchfühlung mit der Schweinebande

Da ich in diesem Kapitel für einige unappetitliche Szenen garantieren kann, sollten zartbesaitete Gemüter die nächsten Seiten am besten überschlagen. Vorweg aber noch ein unbedenklicher Nachtrag:

Bei Karstadt hatten wir eine Entwicklung angestoßen, die bald mit ungeahnter Dynamik die ganze Republik ergriff. Eines Tages hieß es nämlich in unserer Zeitungswerbung: »Schweinebraten, zart und mager«. Und mit diesen beiden Wörtern, zart und mager, trafen wir ins Schwarze. Die Deutschen hatten in den 70er-Jahren eine gesunde Fresswelle hinter sich – bis dahin hatte sich fast jeder Mann mit einem Bauch geschmückt, weil Bauch Wohlstand bedeutete –, und nun hörten sie auf, mit Genuss zu essen. Damit schlug die Stunde von schlank und mager.

Nur gab es eigentlich überhaupt kein mageres Schweinefleisch. Ein deutsches Landschwein hatte einen drei Zentimeter dicken Rückenspeck und war durchgehend mit Fett durchzogen. Folglich brauchten wir neue Schweine – und bekamen sie. (Wie heißt es in der Werbung? »Du willst es – du kriegst es!«) Genauer gesagt: Der Wunsch eines so mächtigen Konzerns, wie Karstadt es damals war, hatte Auswirkungen auf die Zucht, und so wurde das deutsche Landschwein mit dem fettarmen französischen Pietrain-Schwein gekreuzt und mager gezüchtet. Wenn man die neuen Schweine jetzt noch in einem frühen Lebensalter schlachtete – nach sechs bis sieben Monaten spätestens –, erhielt man tatsächlich das gewünschte Fleisch. Nur dass sich an den Schweinen selbst nun erhebliche Nachteile zeigten.

Erstens nämlich erwiesen sie sich als außerordentlich schreckhaft, gewissermaßen hysterisch – wenn man heute einen Blecheimer in einen Schweinestall werfen würde, wären wahrscheinlich fünfzig von tausend Tieren auf der Stelle tot, an Herzschlag verendet. Zweitens lagerten diese Schweine sehr viel Wasser ein, weil ein solches Tier irgendetwas zwischen den Muskeln haben muss, und wenn es kein Fett ist, dann ist es eben Wasser. Und drittens: Es wurde so lange an diesen Schweinen herumgezüchtet, bis sie eine Rippe mehr hatten, aber der Rücken durchhing, weil die Rückenmuskulatur das Körpergewicht nicht mehr trug. Man sprach in diesem Fall von Bananenkrankheit, und diese wiederum führte dazu, dass die Muskulatur im Kotelett nekrotisch wurde. Wenn wir also eine solche Kotelettreihe hatten, dann fand sich in der Mitte nicht selten ein holziges Stück, das ungenießbar war. Mit anderen Worten: Dank der zusätzlichen Rippe hatten wir vier Koteletts mehr, die wir jedoch oft wegwerfen mussten, und obendrein hatte man die Tiere krank gezüchtet. Mittlerweile ist die Bananenkrankheit zwar ausgemerzt, aber die Schreckhaftigkeit ist geblieben – was uns zu meiner neuen Wirkungsstätte führt.

An meinem ersten Arbeitstag schließe ich mich der Menschenmenge an, die durch das Tor in die Umkleideräume strömt. Dort findet jeder einen Spind mit sauberer Arbeitskleidung vor, was mich optimistisch stimmt, und dann folge ich dem Kollegen, der mir den Betrieb zeigen soll, über die Laderampe und durch eine riesige Halle ins Schweineschlachthaus. Dieser Betrieb, das sollte ich erwähnen, produziert so ziemlich alles, was man aus Fleisch machen kann, natürlich in gigantischen Mengen, und während wir die Halle durchqueren, verlässt mich mein Optimismus: Jetzt, vor Arbeitsbeginn, fällt der heruntergekommene Zustand der leeren Halle wahrscheinlich besonders ins Auge, aber Tatsache ist: Der Fußboden ist schadhaft und schmutzig, und oberhalb der Fliesen sind alle Wände mit Schwarzschimmel übersät. Den ganzen Raum durchziehen lange Reihen von Tischen, alter Fleischgeruch hängt in der Luft. »Hier wird zerlegt«, sagt mein Kollege.

Mein neuer Arbeitsplatz ist das Schweineschlachthaus. Der Raum ist nicht ganz so groß wie die Halle, aber ebenso versaut. Der Lärm ist unglaublich, mechanische Geräusche mischen sich mit menschlichen Stimmen. Wie ich sehe, stehen die Metzger auf Arbeitsbühnen, während die Schweine, kopfüber von Haken herabhängend, über einen Kettenantrieb kontinuierlich an ihnen vorbeilaufen. In jeder Kolonne arbeiten zwanzig Männer. Jeder von ihnen macht maximal drei Schnitte, dann widmet er sich schon dem nächsten Tier. Am Ende seines Wegs ist ein Schwein ausgenommen, halbiert und auf dem Weg ins Kühlhaus.

Gut, ich habe Schlachten gelernt, die Sache als solche schreckt mich nicht. Ich nehme meinen Platz in der Kolonne ein, als Nummer zwei, ich schneide die Brust auf – der Mann neben mir entnimmt die Därme –, und als das erste Schwein an mir vorübergezogen ist, bin ich sicher, dass diese Arbeit mich körperlich zumindest nicht überfordern wird.

Nach drei Stunden habe ich das Gefühl, dass mir die Arme abfallen. Nach fünf Stunden versuche ich mir dort, wo die geflieste Wand ist, einen karibischen Strand mit tiefblauem Meer und Kokospalmen vorzustellen. Mein Nachbar, der meinen starren Blick bemerkt, sagt lakonisch: »636.« Ich gucke ihn an. »Ja«, sagt er, »die Fliesen habe ich auch schon gezählt. Es sind genau 636. Ich habe so ziemlich alles hier gezählt. Man ist geistig ja einigermaßen unterfordert.« Wohl wahr. Um sich daran zu gewöhnen, müsste man weniger Hirn als ein Schwein haben. Schauen wir uns also zwischendurch die gesamte Anlage an und wie auf den anderen Stationen gearbeitet wird.

Vorausgeschickt sei: Am Tag werden hier an die 3.000 Schweine geschlachtet. Das ist eine gewaltige Steigerung gegenüber der Leistung des Essener Schlachthofs zu der Zeit, als die Fleischer noch persönlich mit Messer und Beil an die Arbeit gingen. 3.000 Schweine sind nur bei hoher Bandgeschwindigkeit zu schaffen, aber im selben Tempo müssen auch alle anderen, vom Band unabhängigen Arbeitsschritte geschehen wie Ausladen, Betäuben und Töten. Bei dieser Geschwindigkeit braucht man ein eingespieltes und, um es deutlich zu sagen, rücksichtsloses Team; da müssen – vom Abladen der Tiere bis zum Band – alle Handgriffe ineinander übergehen.

Die Schweine kommen also in einem Lkw an. Da die Tiere durch Züchtung immer nervöser geworden sind, bekommen sie vor Fahrtantritt mit einer Impfpistole ein Beruhigungsmittel verabreicht. Beim Abladen halten ein Tierarzt und ein

Fleischermeister nach Tieren Ausschau, die taumeln; Schweine, die noch benommen sind, werden einstweilen zurückgehalten, weil Reste des Beruhigungsmittels im Fleisch sein könnten. Alle übrigen werden in einen der Ställe gejagt.

Wer hier arbeitet, muss weitgehend abgestumpft sein. Allein dieser penetrante Gestank nach Kot und Lkw-Abgasen, und dann … Der Lärm überschreitet für mich die Grenze des Erträglichen; die Arbeiter in den Ställen schaffen es, die Schweine mit ihrem Dauergeschrei noch zu überbrüllen. Ich würde hier durchdrehen. In dem Gewühl sind Treiber dabei, ein Tier nach dem anderen mittels Kunststoffruten energisch in Richtung Tötebucht zu dirigieren; sie waten buchstäblich in Scheiße. Schweine, die nicht mehr können, werden kurzerhand schon hier abgestochen und zur Tötebucht gebracht; das ist gegen die Vorschrift, aber der Tierarzt sieht über solche Geschehnisse geflissentlich hinweg.

Wenn hier etwas herrscht, dann Stress im höchsten Grade. Aber Stress führt bei Schweinen zu einer Minderung der Fleischqualität, weshalb die Tiere durch Elektroschock betäubt werden, bevor sie aufgehängt und abgestochen werden. Danach durchlaufen die Schweinekörper einen Tunnel, in dem ihnen achtzig Grad heißes Wasser die Haut vom Leibe brüht, und anschließend geraten sie an uns, die Kolonne. Bei dem enormen Arbeitstempo kommt es vor, dass ein Schwein vom Stecher übersehen wird oder nicht richtig ausblutet, im Brühtunnel wieder zu sich kommt und zu schreien beginnt. Dann heißt es für uns, auf Zack zu sein – im Klartext: Alle machen Lärm, damit der Tierarzt den Vorfall nicht mitbekommt, und einer stürzt mit einem Messer in den Tunnel – wo sich die Sprühanlage zwar im selben Augenblick automatisch abschaltet, wo es aber nach wie vor dunkel ist, wo dicht gedrängt hundert tropfende Schweinekörper hängen, wo eine Luftfeuchtigkeit von 98 Prozent herrscht –, um das *eine* Schwein ausfindig zu machen und zum Schweigen zu bringen. Ein derartiges Malheur kommt nicht alle Tage vor, aber etwa dreimal die Woche. Die Häufigkeit solcher Fälle variiert mit dem Alkoholpegel des Stechers.

Tatsache ist: Niemand hier ist nüchtern. In der ganzen Halle wird, vorsichtig ausgedrückt, dem Alkohol gefrönt. Man muss sich vorstellen: Eine Stunde nach Dienstbeginn stehen wir auf unserer Arbeitsbühne bereits in einem glitschigen Matsch aus Blut, Exkrementen und dem, was toten Tieren so aus der Speiseröhre läuft, dazu die Allgegenwart des Tötens und Sterbens – wie soll man das aushalten? Spätestens um elf Uhr sind wir alle benebelt genug, um uns nichts mehr daraus zu machen. Ab Mittag wird die Arbeitsbühne zum Pinkeln erst gar nicht mehr verlassen – in diesem Zustand, unter diesen Bedingungen ist einem alles egal. Beim Aufwachen am nächsten Morgen staunt man, dass es am Vortag keine Verletzten gegeben hat; wir arbeiten schließlich mit sehr scharfen Messern.

Damit ist auch schon einiges zur Hygiene in diesem industriellen Großbetrieb gesagt. Natürlich gibt es einen Schlauch, um die Bühne abzuspritzen, aber bei einer Schlachtgeschwindigkeit von 300 Tieren die Stunde kommen die Schweine im Sekundentakt, jeder konzentriert sich auf seine Schnitte, und erst wenn die Bühne zur lebensgefährlichen Rutschbahn geworden ist, wird sie kurz abgespritzt. Ein Becken zur Desinfektion der Messer gibt es zwar, es wird aber nicht benutzt. Die zehn Minuten Pause, die uns in jeder Stunde zustehen, werden zum Rauchen, zum Messerschleifen und zum Gang auf die Toilette genutzt. Und selbstverständlich kotzen die abgestochenen Schweine wie seinerzeit auf dem Essener Schlachthof auch hier in das aufgefangene Blut. Weiterhin enthält die Blutwurst also Erbrochenes und Urin, aber Blut überdeckt bekanntlich jeden anderen Geschmack, und den Rest erledigt der Thymian.

Und wir schlachten alles. Wir schlachten trächtige Sauen, wir schlachten auch Binneneber, bei denen die Hoden im Körper versteckt liegen. Das Fleisch des Binnenebers stinkt, wenn es erhitzt wird, und gilt deshalb als ungenießbar; für den Viehhändler wäre ein solches Tier mithin ein finanzieller Totalausfall. Aber wir lassen mit uns reden, schneiden lediglich die Hoden raus und kassieren vom Händler pro Eber fünfzig Mark. Genauso machen wir es mit Eiterbeulen und anderen Krankheitssymptomen – wir schneiden bloß weg, wir lassen verschwinden; der Tierarzt braucht nichts davon zu wissen, aber der Viehhändler kann sich auf uns verlassen. Nur wer nicht zahlt, fliegt mit seinem kranken Tier auf.

So sind, kurz zusammengefasst, die Verhältnisse bei einem Großkonzern der Fleischindustrie in der ersten Hälfte der 80er-Jahre. Die Praxis hier spricht all den Vorschriften Hohn, die für den kleinen Metzger gelten und in seinem Fall rigoros durchgesetzt werden. Aber – wird dieser Betrieb denn nicht kontrolliert?

Doch. Kontrollen finden statt. Damit kommen wir zum Höhepunkt dieses Kapitels.

Natürlich wird eine Kontrolle vorher angekündigt, Tag und Uhrzeit sind abgesprochen und bekannt. Für uns ist sie ein Grund zum Jubeln, weil am Tag der Kontrolle um elf Uhr vormittags bzw. nach 900 Schweinen Schluss ist. Unmittelbar nach dem letzten Schwein rückt ein Reinigungsbataillon an – wie Roboter folgen mindestens fünfzehn ältere Männer mit dicken Schläuchen dem letzten Tier und spritzen den groben Dreck fort, bevor die nächste Mannschaft mit Reinigungsschaum ans Werk geht. Diese Truppe schäumt alles gnadenlos ein; sie würde auch uns einschäumen, wenn wir nicht fluchtartig die Bühne verlassen würden. Ist der Schaum weggespült, erstrahlt die Halle in neuem Glanz.

Das war der erste Akt. Im zweiten Akt fährt eine fünf Mann starke Einheit mit einer fahrbaren Bühne und einer Kalkspritze bewaffnet auf. Nach und nach verschwinden alle Spuren von Schwarzschimmel an den Wänden, zum Schluss werden noch die Kalkspritzer von den Fliesen gespült, und der ganze Betrieb sieht aus wie neu. Aber nicht nur die Gebäude! Vor der Fabrik stehen die Lkw mit einladend geöffneten Türen frisch gewaschen in Reih und Glied, wie in einem Werbeprospekt; nur die Fahrzeuge mit den beschädigten Innenwänden hat man vorübergehend aus dem Verkehr gezogen und an einem sicheren Ort abgestellt. So, die Kontrolleure dürfen kommen ... Zwei Wochen später ist alles wieder beim Alten.

Wie wir mit den Kontrolleuren Katz und Maus spielten, das war schon großes Theater. Das war filmreif. Noch nie hatte sich mir so deutlich gezeigt, dass wir in zwei verschiedenen Welten leben. Da gibt es die bestens eingerichtete Welt der Vorschriften und Kontrollen, von einem fürsorglichen Gesetzgeber zum Schutz der Verbraucher ersonnen – doch diese Welt ist Fiktion. Und da gibt es eine zweite, schmutzige, allein auf Gewinn ausgerichtete Welt, die eigentlich nicht sein darf – doch diese Welt ist Realität. Wer von den Vorgängen bei Karstadt oder hier in der Industrie nichts ahnt, lebt in der ersten Welt. Ich war seit geraumer Zeit ein Bewohner der zweiten Welt, und diese zweite Welt hatte es mir angetan, vielleicht aus Neugier, vielleicht aus Passion für meinen Beruf und seine Zukunft, sein Schicksal. Ich blieb auch dabei und machte nach diesen Erlebnissen meinen Meister, aber bevor wir zum traditionellen Handwerk zurückkehren, will ich noch einige Bemerkungen anfügen.

Ich konnte damals schon die Unmengen an Fleisch, die wir tagein, tagaus produzierten, nicht fassen. 3.000 bis 4.000 Schweine und tausend Rinder liefen bei uns an jedem Arbeitstag durch, und trotzdem – mitunter reichte selbst diese Masse nicht aus für die 150 bis 200 Tonnen Wurst, die das Werk pro Tag verließen. Da hatten wir noch drei Tonnen Wurst für Aldi zu machen, aber die Kühlhäuser waren leer, sodass wir Fleisch von anderen Schlachthöfen zukaufen mussten. Dieser Umstand hatte einen Vorteil, denn bei uns kam kein angegammeltes oder gar verdorbenes Fleisch in die Wurst, Antiquitäten fielen bei diesem immensen Produktionsvolumen erst gar nicht an. Aber etwas anderes machte mich stutzig. Als ich später für kurze Zeit in die Wurstherstellung wechselte, fielen mir riesige Säcke mit Gewürzen und gewürzähnlichen Pulvern auf, die in die Wurst eingearbeitet wurden – offenbar unterhielt dieses Werk beste Beziehungen zur chemischen Industrie. Und noch etwas: Einige Fleischbeigaben kamen bereits als extrem fein gemahlene Masse in die Produktion. Heute bin ich sicher, dass dort damals schon Separatorenfleisch verarbeitet wurde; ich war seinerzeit aber noch zu unerfahren, um hinter die allergeheimsten Betriebsgeheimnisse zu kommen. Im Übrigen hatte mir meine Frau gedroht, sich von ihrem ewig besoffenen Mann scheiden zu lassen, weshalb ich kündigte und nach Frankfurt auf die Meisterschule ging.

Zuvor aber noch ein kurzer Blick aus dem Jahr 1982 in die Zukunft, also in unsere Gegenwart. Heute zählt man in Deutschland insgesamt rund 1.500 Schlachtanlagen, streng genommen aber sind es nur noch fünf. Die allermeisten davon sind nämlich Kleinschlachtanlagen, die nicht ins Gewicht fallen; sie gehören überwiegend Fleischern in Süddeutschland, die weiterhin selbst schlachten dürfen. Übrig bleiben fünf Großschlachtereien, die im Besitz zweier Lebensmittelgiganten sind, der eine heißt Westfleisch, der andere Vion. Wir haben heute in Deutschland auf diesem Gebiet also eine beispiellose Konzentration, die sich am eindrucksvollsten in Zahlen veranschaulichen lässt: Vion macht einen Jahresumsatz von 9,7 Milliarden Euro, während Westfleisch es auf 3,7 Milliarden Euro bringt. Und statt der 3.000 Schweine am Tag, die wir seinerzeit schafften, schlachtet Vion in nur einer Anlage mittlerweile 25.000 Schweine täglich.

Diese Konzentration wiederum hat zur Folge, dass praktisch alle das gleiche Fleisch essen, egal, ob sie bei Rewe-Real-Edeka oder dem Metzger ihres Vertrauens kaufen. Eben jenes Fleisch nämlich, das diese fünf Großanlagen täglich in unvorstellbaren Mengen auswerfen und auf den Markt bringen. Mit Ausnahme der wenigen Fleischer, die noch selbst schlachten, deckt sich dort jeder ein, die Industrie wie die Großhändler wie die kleinen Metzgereien, was die Ursache dafür ist, dass sogenanntes Bio-Fleisch weder hochwertiger noch schmackhafter ist – die biologisch-dynamische Herstellung kommt eben nicht dem Verbraucher zugute, sondern allein den Tieren, die es vor ihrem Tod merklich besser haben als ihre massenhaft gehaltenen Artgenossen.

Kurzum – etwas drastisch ausgedrückt haben wir heute folgende Situation: Wenn Sie noch hundert Schweinehälften brauchen, sind Sie gezwungen, sich an den Großhandel zu wenden, und der wird Ihnen höchstwahrscheinlich antworten: »Wie bitte, nur hundert? Wir haben noch 10.000 übrig. Wenn ihr uns 500 abnehmt, machen wir euch einen richtig guten Preis …« – und da wäre dann alles dabei: Das Fleisch von glücklichen Schweinen genauso wie das Fleisch von weniger glücklichen Schweinen.

9. Der große Bluff

Von der Industrie habe ich bis auf Weiteres genug. Aber in welcher Verfassung sind mittlerweile eigentlich die traditionellen Fleischereien? Seit meiner Lehre sind fünfzehn Jahre ins Land gegangen, die ganze Lebensmittelbranche, nicht nur bei Fleisch und Wurst, hat sich rasant verändert, aber noch gibt es ja Fleischereien in nennenswerter Zahl, wenn auch deutlich weniger als früher. Nutzen wir doch die Zeit, die ich mit der – unspektakulären – Vorbereitung auf meine Meisterprüfung verbringe, um das Handwerk unter die Lupe zu nehmen, seine Fehler und Versäumnisse und Zukunftsaussichten angesichts eines dramatischen Wandels, nicht zuletzt in der Gesellschaft.

Zunächst einmal ist offensichtlich: Gegen die Energien, die in Industrie und Handel wirksam sind – um nicht zu sagen: wüten –, stehen die Fleischer auf verlorenem Posten. Bis 1975 sind sie dem Markt noch einigermaßen gewachsen, dann werden sie überrollt von einer Macht, die kein Ethos, keine Standesehre, kein Gewissen kennt, nichts, was Betrug und Täuschung eindämmen könnte, die sich allein von der Maxime leiten lässt: Wer vor nichts zurückschreckt, was an technischen Tricks und unlauteren Praktiken möglich ist, der wird Marktführer … Wie will der Metzger da mithalten?

Er kann es nicht, aber er will es auch nicht. Niemand kann ihm die letzte Achtung vor dem Material, mit dem er arbeitet, und dem Produkt, das er daraus herstellt, austreiben. In Industrie und Handel könnte man sich allenfalls an den Bilanzen versündigen, im Übrigen aber an gar nichts – beim Metzger ist das anders. Am kolossalen Ausmaß des Betrugs sind also nicht die günstigen Preise schuld, wie die *Welt* in ihrem eingangs zitierten Artikel vermutet, sondern ein abgrundtiefer Wertewandel in unserer Wirtschaft, denn – in dem Maß, in dem das Lebensmittel als solches seine besondere Aura einbüßte und zum x-beliebigen Rohstoff herabsank, wurde der Betrug perfektioniert, ins Gigantische gesteigert, und das Gewinnstreben zum Selbstzweck erhoben (welcher Hebel im Bewusstsein da genau umgelegt wurde, darüber mögen sich Soziologen, Philosophen oder vielleicht auch Theologen ihre Gedanken machen – schließlich handelt es sich hier ja um »unser täglich Brot«). Und um die von der *Welt* geäußerte These für einen Augenblick noch weiter zu verfolgen: Zwischen Herstellungskosten und Verkaufspreis bestand damals schon, besteht natürlich heute erst recht eine derartige Spanne, dass man meinen sollte, es müsste genügen. Wenn Industrie und Handel ihre Preise noch weiter anheben würden, hätte das nur *einen* Effekt – die Konzerne wüssten nicht mehr, wohin mit dem Geld. Nichts ändern würde sich an ihren Praktiken, nichts ändern würde sich an dem Mist, den sie herstellen und unter die Leute bringen.

Was den Laien in diesem Zusammenhang immer wieder erstaunt: Dass man ausgerechnet beim Fleisch so erfolgreich betrügen kann. Man sollte ja meinen, Fleisch sei Fleisch.

Dem ist aber nicht so, und ich will aus dem Universum der Möglichkeiten noch einmal ein prägnantes Beispiel herausgreifen.

Ich bin ein glühender Fan von rohem Schinken. Ich mache ihn daheim selbst. Ich nehme einen Schinken und lege ihn sechs Wochen in Salz; danach hat er vierzig Prozent seines Gewichts eingebüßt, weil das Salz das Wasser rauszieht. Anschließend wässere ich ihn, damit er den extremen Salzgeschmack verliert, und trockne ihn vier Wochen lang an der Luft. In dieser Zeit verliert er das Wasser wieder, das beim Wässern eingezogen ist, und am Ende wiegt er nicht mehr acht Kilo, wie zu Beginn der Prozedur, sondern nur noch fünf oder sechs. Ein solcher klassisch hergestellter Schinken ist so trocken und so fest, dass die Scheiben nach dem Aufschneiden nicht aneinanderkleben; die kann man mit Leichtigkeit voneinander trennen, und daran lässt er sich erkennen.

Heute bekommt man aber fast nur noch Schinken, deren Scheiben feucht und klebrig sind. Dafür gibt es einen guten oder vielmehr schlechten Grund: Diese Schinken werden nicht mehr trocken gesalzen – das dauert viel zu lang –, sondern per Injektion mit flüssiger Salzlake vollgespritzt. Danach liegen sie über Nacht in Wasser, werden anschließend sofort geräuchert (auch das kann man sich heute durch ein technisches Verfahren ersparen, aber dazu kommen wir noch) und dann umgehend vakuumiert, also eingeschweißt, damit sie keinen Tropfen Wasser verlieren. Der Vorteil liegt auf der Hand: Es gibt keinen Gewichtsverlust, und jetzt bezahlen Sie als Kunde das Wasser mit, zum Schinkenpreis von dreizehn Euro das Kilo. Der finanzielle Gewinn ist also erheblich, der Vertrauensverlust anscheinend unerheblich.

Wie gesagt: Wer alle Möglichkeiten ausschöpft, wird Marktführer und hat gewonnen. Diese Ambition hat der kleine Metzger begreiflicherweise nicht. Ihm hat es immer gereicht, seinem Konkurrenten auf der anderen Straßenseite um eine Nasenlänge voraus zu sein. Zweifellos ist er bauernschlau, wenn eine solche Verallgemeinerung erlaubt ist, aber unter anderem auch selbstgefällig, das heißt, er sonnt sich in dem Ansehen, das er als Fleischermeister bei seinen Kunden genießt, blickt aber nicht viel weiter als bis zur Ladentür. Die Welt dort draußen betrachtet er mit einem naiven Misstrauen, was nichts anderes bedeutet, als dass er beratungsresistent ist.

Ich erinnere mich: Mein Vater hatte schon in den 60er-Jahren einen Unternehmensberater für unsere Eiscafés engagiert. Dieser Berater war ein pfiffiger Mensch. Er erzählte uns: »Die Deutschen brauchen dieses Urlaubsgefühl (es war die Zeit, als man in den Ferien nach bella Italia fuhr) – also müssen Sie in Ihren Cafés dieses Urlaubsgefühl vermitteln!« Mit anderen Worten: Damals bereits tauchte die Idee einer neuen Verkaufsstrategie auf, und von nun an hieß es: Den Kunden zum Kauf animieren! Instinkte ansprechen! Nicht auf Bedürfnisse warten, sondern Wünsche auslösen, die mit der Ware selbst gar nichts zu tun haben! Qualität versprechen? Viel zu rational gedacht! Glücksgefühle verheißen! So wird's gemacht. Mit der Ware muss der Kunde gar nicht unbedingt zufrieden sein – Hauptsache, er ist über seinen Kauf glücklich …

So fing es an. Zu Ende gedacht führt diese Strategie natürlich geradewegs in das Betrügerparadies der Gegenwart, aber eins hätten die Metzger daraus lernen können: dass jemand, der etwas verkaufen will, in Zukunft auf Kundenfang gehen muss. Nichts jedoch hätte ihnen ferner gelegen! Verkaufen als Entertainment kam sowieso nicht infrage, aber ein Metzger machte auch keine Werbung, bei ihm gab's ja nicht einmal Rabatt. Als Lehrling schlug ich meinem Meister einmal in einem Anfall jugendlicher Genialität vor: »Wir malen eine bildschöne nackte Frau auf unsere Schaufensterscheibe und schreiben drunter: Fleisch ist wunderbar.« Der Vorschlag wurde empört abgeschmettert – »Lässt meine Frau nicht zu, du Idiot. Außerdem liegen wir an einer belebten Straße, da käme es laufend zu Auffahrunfällen!« Nun gut, meine Idee war vielleicht nicht das Nonplusultra … aber vom Ansatz her jedenfalls zukunftsweisend.

Nein, keine Werbung. Und auch keinen Rabatt. Was hatte der Unternehmensberater meines Vaters seinerzeit zu diesem Thema gesagt? »Ware, die für den Umsatz keine Rolle spielt, könnte man auch verschenken. Stattdessen sollte man sie so günstig abgeben, dass alle sagen: Donnerwetter, das ist ja fast geschenkt! Und wieder ist der Kunde glücklich.« Psychologie … Aber auch damit durfte man meinem Meister nicht kommen. »Wer drei Kilo Rindfleisch kauft, erhält eine kleine Leberwurst kostenlos obendrauf«, riet ich ihm eines Tages mit der nötigen Behutsamkeit. Von wegen – allein die Vorstellung, Wurst aus der eigenen Produktion zu verschenken, war ihm ein Gräuel. Seine Selbstlosigkeit reichte gerade mal für die der Gratis-Wurstscheibe für Kinder – meines Wissens der einzige Anhaltspunkt dafür, dass Metzger über den Augenblick hinausdachten, nämlich an die nächste Kundengeneration. Im Nachhinein hat diese Geste natürlich etwas rührend Altmodisches und herzzerreißend Einfältiges – »Hier, ein Scheibchen Fleischwurst für den kleinen Max …«

Also kein Kundenfang, keine Werbung – auf der Höhe der Zeit waren die Metzger nicht. Doch selbst jene Metzger, die über den Tellerrand ihrer Wurstküche und ihres Ladens hinausblickten und für Beratung dankbar gewesen wären, hätten sich an die zuständige Innung vergeblich gewendet. Von dieser Seite war keine Schützenhilfe zu erwarten. Seit der Fleischerfachverband auch den großen Lebensmittelkonzernen seine Tore geöffnet hatte, war er zum Sprachrohr der Industrie geworden, hatte er sich ihrer Denkweise verschrieben. Von diesen Leuten konnte man jetzt bloß noch lernen, wie man die Wurst besser nicht machen sollte. Dort aber, wo die Industrie richtig gut war, beim psychologischen Raffinement ihrer Werbung zum Beispiel, musste der Fleischerfachverband passen.

Wobei man einräumen muss, dass das durchschlagendste Mittel des Kundenfangs sowieso außerhalb der Reichweite des einzelnen Metzgers lag: die Fernsehwerbung – mit der im Grunde gar kein Produkt beworben, sondern der Kunde konditioniert oder, auf gut Deutsch gesagt, abgerichtet werden soll. Und zwar in viel größerem Stil, als wir es zur gleichen Zeit – und mit gleichem Erfolg – bei Karstadt betrieben.

Was grundsätzlich von jeder Werbung erwartet wird, erklärte mir einmal der Marketingchef einer großen amerikanischen Fast-Food-Kette so: »In dem Moment, in dem der Kunde das Haus verlässt«, sagte er, »muss seine Kaufentscheidung schon gefallen sein. Taugt meine Werbung was, dann sieht er unterwegs auch links und rechts kein anderes Angebot mehr. Er läuft blindlings in einen unserer Läden, und dort angekommen, wird es ihm einfach gemacht. Wie? Mit großen Bildern. Mit großen, appetitanregenden Bildern von Hamburgern zum Beispiel, die er sowieso im Kopf hat und jetzt prompt wiedererkennt. Mit Fotos, auf die ein Kind bloß zu zeigen braucht – das da, Mama, das will ich haben!«

Totale Konditionierung als Hauptzweck von Werbung … Und wie geht die Fleischindustrie in ihrem Fall genau vor? Antwort: Sie wirbt mit der Tradition, die sie vernichtet. Nachdem sie alles zerstört hat, was es an Tradition und Handwerk gab, baut sie diese Welt der Tradition und des Handwerks in ihrer Werbung künstlich nach und zeigt uns eine rote Mühle mit komisch-naiven Windmühlenflügeln in sonniger Landschaft, wo eine riesige Fabrikanlage mit gewaltigem Ausstoß zu sehen sein müsste. Sie zeigt uns eine Oma aus Pommern, die in ihrem trauten Heim Leberwurst zubereitet, wo erneut diese Fabrik hingehören würde. Und selbstverständlich hat auch die gezeigte Leberwurst nichts mit Großmüttern oder gar Pommern zu tun, denn in diesem Fall hätte sie einen ordentlichen Fettrand und wäre innen quittegrün, weil man damals in Pommern kein Pökelsalz und keine Farbstabilisatoren, wohl aber richtige Kräuter hatte. So sähe Tradition aus, fettig und grün, nur dass heute kein Mensch mehr in eine solche Wurst beißen würde. Deshalb sehen wir stattdessen ein weitgehend industrielles Produkt, oft das Ergebnis von Technik und Chemie, Marke Rügenwalder Mühle.

So funktioniert die Werbung der Fleischindustrie. Sie hämmert uns Trugbilder in den Kopf, die wir nur allzu gern glauben, wobei stetige Wiederholung die Glaubwürdigkeit zu erhöhen scheint – oder, wie der Marketingchef besagter Fast-Food-Kette mit dankenswerter Deutlichkeit sagte: »Oft genug wiederholt, wird eine Lüge zur Wahrheit.« Und selbst wenn wir ahnen: Das kann alles nicht stimmen – die Hoffnung, dass es doch stimmen könnte, ist oft genug stärker.

Doch jetzt wird es noch krasser. Die Werbung suggeriert also: Was von uns kommt, ist alles schön natürlich. Jetzt muss die reale Wurst nur noch zur Anmutung dieses Werbebilds passen. Folglich erteilt ein Konzern seinen Technikern den Auftrag: Stellt uns dieses natürliche Produkt her. Und die machen sich nach allen Regeln der Kunst an die Arbeit und bemühen dafür selbstredend alles, was Technik und Chemie zu bieten haben, von den Betriebsgeheimnissen ganz zu schweigen. Das ist absurd – und auch wieder logisch. Denn der Kunde erwartet 365 Tage im Jahr identische Qualität und identischen Geschmack, da kann man sich nicht auf die Natur verlassen – jedes Schwein ist anders, jedes Fleisch hat eine andere Struktur, jede handgemachte Leberwurst fühlt sich im Mund anders an, folglich schreit die natürliche Fabrikwurst nach Chemie.

Und nach Fertiggewürzen. Also jener Mischung aus rund sechzig genauestens aufeinander abgestimmten Kräutern, die seit geraumer Zeit auch in den Gewürzkammern der Fleischereien zu finden ist. (Sechzig Kräuter sind es übrigens deshalb, damit kein Geschmack dominiert. Fünf bis sechs würden eigentlich reichen.) Wir wissen inzwischen, wie die Fertiggewürze dahin gekommen sind, fragen uns aber immer noch, was sie da sollen. Wie schön waren doch die Zeiten, als die Wurst mal so, mal so geriet, immer lecker, aber durchaus nicht jedes Mal haargenau gleich, und der Kunde sich bisweilen dachte: »Mein lieber Schwan, da war der Metzger aber verliebt …«, oder es im Laden hieß: »Hör mal, Metzger, da hast du letztes Mal aber wirklich ordentlich Pfeffer drin gehabt«, worauf der Meister entgegnete: »Stimmt, ich habe neuen Pfeffer, vielleicht ist der ein bisschen stärker als der alte.« (Natürlich Quatsch; der Lehrling hatte sich verwogen.)

Mit solchen Szenen hätte man doch geradezu in Fernsehspots fürs Handwerk werben können! Mit dem Kundengespräch, den lobenden Äußerungen, den kritischen Kommentaren, dazu mit der Individualität jedes einzelnen Produkts, der verlässlichen Qualität! Zu spät. Mittlerweile wäre das genauso gelogen gewesen wie die pommersche Landleberwurst der Industrie, nachdem die allermeisten Metzger auf eigene Gewürze verzichtet hatten und viele inzwischen standardisierte, eingekaufte Ware führten. Angesichts von Verhältnissen also, die den Schluss nahelegten: Warum denn dann nicht gleich zur Metro? Die haben nämlich eine Salami zu einem unglaublich guten Preis … (Ja, vermutlich im Ausland gekauft.)

Welcher Ausweg blieb den traditionellen Fleischereien jetzt noch? Partyservice und Kantine, Gebiete also, auf denen man es mit einer eher anonymen und von daher eher anspruchslosen Kundschaft zu tun hatte. Es tat ja weh, was man mitunter auf diesen Partyplatten zu sehen bekam, aber darin sollte nun die Zukunft des Fleischerhandwerks liegen. Als ich mich auf meine Meisterprüfung vorbereitete, bot die Fleischerschule in Frankfurt einen regelrechten Kurs in Partyservice an. Die einleitenden Worte des Dozenten habe ich heute noch im Ohr: »Schwindende Umsätze und schwindende Erträge zwingen uns, neue Geschäftsfelder zu suchen.« Und dann lernten Fleischerfachverkäuferinnen Wurstplatten zu legen und Salami in Röllchen zu drehen oder zu Rosenblüten zu formen; dazu der dekorative Mettigel mit den Salzstangen in der Mitte …

Zur Belieferung von Kantinen habe ich bereits das Wesentliche gesagt. In den 80er-Jahren kannte ich einen Kollegen, der im Laden mit einer einzigen Verkäuferin auskam, aber acht Leute in der Küche beschäftigte, die für einen Kindergarten kochten. Beide Geschäftsfelder brachten den Fleischereien jedoch nur vorübergehend Erleichterung. Beim Partyservice gab es irgendwann große Firmen, die dieses Geschäft professionell betrieben, sodass die Metzger mit ihren Vorstellungen von Dekoration und hübschem Aussehen nicht mehr mitkamen, und auch der Zugang zu den Kantinen wurde den Fleischereien über kurz oder lang von größeren Unternehmen streitig gemacht.

Zu den Ursachen für die tausend Tode, die die Metzgereien starben, zählte neben den zahlreichen eigenen Schwächen und Fehlern und einem übermächtigen, skrupellosen Gegner also auch etwas Pech. Doch wie dem auch sei, ihr Untergang schien mir damals schon unabwendbar, und so beschloss ich, dem Handwerk endgültig den Rücken zu kehren.

10. Wir sind gar keine Betrüger!

Endlich Meister! Und der Meisterbrief war damals noch was wert – er war eben nicht dieser in seine drei Bestandteile zerlegte Meister, den wir heute haben, nämlich der verkaufsbetonte und der produktionsbetonte und der für feine Küche und Garnieren. Worin sie sich unterscheiden? Der verkaufsbetonte, vermute ich, kann nett lächeln und flüssig reden, der produktionsbetonte kann wahrscheinlich noch Bratwurst und Mettwurst herstellen, und der für feine Küche und Garnieren wird mit Sicherheit überhaupt nicht gebraucht – aber alle drei könnten sie sich mit einer Fleischerei selbstständig machen. Auch so ebnet man der Industrie den Weg.

Nebenbei: Auch die Ausbildung hat sich seither verändert. Heute ersetzt der pH-Wert den Erfahrungswert, jener Wert also, der den sauren oder basischen Charakter einer wässrigen Lösung anzeigt. Früher brauchte man, um es an einem Beispiel zu erklären, für den Einsatz von Wasser in der Wurst Gefühl; bei achtzehn Prozent war in der Regel Schluss; ein erfahrener Metzgermeister warf dann einen Blick auf die Wurstmasse im Kutter und sagte: »Stopp. Kein Wasser mehr.« Solche Leute waren Gold wert; man braucht sie heute aber nicht mehr. Inzwischen wird im Labor auf den Punkt genau berechnet, welche Wurst herauskommt, falls man so und so viel Fleisch, so und so viel Separatorenfleisch, so und so viel Chemie und so und so viel Wasser bei der und der Temperatur zusammengibt. Mit anderen Worten: Heutzutage bekommt man die Wurst vorgerechnet.

Ich erinnere mich noch … Irgendwann hieß es: »Ich gehe jetzt auf dieses oder jenes Institut und werde Fleischtechniker.« »Und was lernst du da? Wie man Häuser baut aus Fleisch?« Ich konnte mir darunter gar nichts vorstellen. Aber der Fortschritt lässt sich nicht aufhalten, und was ein Fleischtechniker dort beigebracht bekam, war schlicht und ergreifend die Perspektive der Industrie, will sagen: Fleisch nicht mehr mit dem Auge des Metzgers zu betrachten, sondern unter dem Aspekt seiner Herstellung und Verfertigung. Fleisch also nicht mehr als Muskel zu verstehen, sondern als Eiweiß, als Fett, als gebundenes Wasser, kurzum, als eine Zusammensetzung aus diversen chemischen Grundstoffen, die nach Bedarf verändert werden kann.

Was ist die Folge? Der Fleischingenieur hat keine Beziehung mehr zu dem Fleisch, das ihm in die Hände fällt. Ihm ist völlig egal, ob ein Schinken von Schulte-Bockhoff oder von Meyer-Neuhaus oder aus meiner eigenen Heimproduktion stammt – er misst beim Wareneingang den pH-Wert, er misst den Wassergehalt, und nach dem Ergebnis seiner Messung sowie einem Anruf im Labor wird der Schinken nun klassifiziert. Was dazu führt, dass wir kaum noch Fachleute haben, die Fleisch ohne jedes Hilfsmittel, allein nach Maßgabe ihrer Erfahrungen und Kenntnisse mit Scharfblick und Feingefühl einteilen und bewerten können. Um es drastisch auszudrücken: So werden Metzger zu Vollidioten ausgebildet. Auf diese Art wird ein Berufstand vollständig zerlegt, und damit geht uraltes Wissen verloren. Wer davon profitiert … Ich brauche es Ihnen nicht mehr zu erklären.

Nun gut, in der praktischen Prüfung sollte ich Fleischwurst aus frischem Fleisch herstellen – nicht sehr wirklichkeitsnah, aber eine lösbare Aufgabe, genauso wie die theoretische Prüfung. Ich bestand, war jetzt Metzgermeister und fand ein neues Betätigungsfeld in einem mittelständischen Betrieb in Nordrhein-Westfalen. Sein Inhaber war ein christdemokratischer Ratsherr, dessen Lieblingsbild im Büro Helmut Kohl zeigte und dessen Betrieb eine überschaubare Produktpalette für einen bekannten Handelsriesen herstellte, nämlich gebratene Koteletts, Frikadellen, Panhas, Mettwurst und Schaschlik. Und wenn ich glaubte, schon alles erlebt zu haben, wurde ich nun eines anderen belehrt – hier konnte man tatsächlich noch was lernen.

Wenden wir uns als Erstes den gebratenen Koteletts zu. Dafür gab es im Werk eine Panierstraße und eine Bratstraße von eindrucksvoller Ausdehnung, zusammen bestimmt vierzig Meter lang. Noch bevor sie jedoch in die Panierstraße gingen, wurden die Koteletts unzerteilt durch einen Injektor gejagt und mit gewürztem Wasser vollgepumpt. Damit sie ja keinen Tropfen Wasser verloren, blieben sie anschließend über Nacht in dieser Brühe liegen, um am nächsten Morgen mit einer Bandsäge am Eingang zur Panierstraße in Scheiben zersägt zu werden – das war und ist kein übliches Verfahren, normalerweise werden Koteletts zerhackt, aber der Inhaber hatte sich fürs Sägen entschieden, weil bei diesem Verfahren kaum etwas von dem mühsam eingebrachten Wasser verloren ging. Als Nächstes durchliefen unsere Koteletts die Panierstraße und fielen von dort gleich in die Bratstraße, wo sie auf

121 Grad erhitzt wurden. Ja, hier war alles gut durchdacht. Bei dieser niedrigen Brattemperatur dauerte das Garen zwar etwas länger, dafür blieb aber das ganze Wasser im Fleisch.

Jetzt gab es trotz aller klugen Berechnung ein kleines Problem. Es war nämlich nicht zu verhindern, dass das Wasser nach einer Weile in die Panade lief und sich mit ihr verband. Beanstandungen blieben nicht aus – die Panade sei zu schwer, beklagte sich der Handelsriese. Und jetzt kam es zu einem glücklich-unglücklichen Zufall: Das Veterinäramt nahm ausgerechnet bei uns Ermittlungen für eine wissenschaftliche Studie auf, bei der das Gewichtsverhältnis zwischen Fleisch und Panade untersucht werden sollte.

Was fanden sie heraus? Unmittelbar nach dem Braten stimmte das Verhältnis zwischen Fleisch und Panade, das heißt, der Anteil an Panade betrug 25 Prozent. Zwei Tage später aber belief sich der Panadeanteil plötzlich auf 35 Prozent ... Ein Rätsel! Doch statt jetzt den Werdegang unserer Koteletts einem prüfenden Blick zu unterziehen, folgerten die Damen und Herren vom Veterinäramt messerscharf: Ein »wertbestimmender« Teil des Koteletts, der Fleischsaft nämlich, tritt nach und nach aus und erhöht logischerweise das Gewicht der Panade – das kann unser Betrieb gar nicht verhindern, das ist von der Natur so gewollt!

Von nun an hatte es die Firma wissenschaftlich untermauert schwarz auf weiß: Wir sind gar keine Betrüger! In der Produktion haben wir uns ausgeschüttet vor Lachen. Aber dieser Naivität bin ich bei Kontrolleuren immer wieder begegnet: Was der Kontrolleur nicht erwartet, ob draußen im Betrieb oder vor seinen Gerätschaften im Labor, das untersucht er auch nicht und findet es deshalb nie.

Dann die Mettwurst. Unser Kunde bezahlte sie schlecht, also mussten wir so billig wie möglich produzieren. Anfangs staunte ich noch über das angelieferte Fleisch für unsere Mettwürste; es war grau, es klebte und es roch alt. Später, in den Filialen unseres Kunden, fiel mir auf, dass dieselbe Mettwurst zu Spitzenpreisen verkauft wurde – damals begriff ich zum ersten Mal das Zusammenspiel von Handel und Hersteller. Den Handel interessierte es also in keiner Weise, woraus seine Wurst bestand. Ihm kam es lediglich darauf an, dass das Produkt wie Mettwurst aussah und nach Mettwurst roch, woraus die Vertreter des Kunden bei Besprechungen im Übrigen auch gar keinen Hehl machten – mit etwas Mettwurstähnlichem wäre der Kunde schon zufrieden …

Was fehlt noch aus unserer Produktpalette? Gut, unsere Frikadellen habe ich nie probiert, das waren Kunstwerke aus Paniermehl, gewürzter Brühe, Kartoffelmehl, Zwiebeln und einem Fleischanteil von vierzig Prozent – ich weiß nicht, wie das schmeckte. Den Ausschlag dafür, dass ich nach relativ kurzer Zeit die Flucht ergriff (Sie werden es nicht glauben: aus Gewissensgründen!), war jedenfalls unser Panhas. Hier, falls es Sie interessiert, unser Rezept:

40 kg Blutwurstgrundmasse, nämlich Schwartenbrei mit Blut vermischt,
10 kg Kesselbrühe,
15 kg gewürfelter Speck,
10 kg Buchweizenmehl,
15 kg uralte Mettwurst (!),
5 kg ebenso alte Frikadellen (!!),
dazu Salz, Pfeffer, Kardamom, Majoran und sehr viel Nelke.

Nun ja, kein Problem. Drei Runden im Kutter – und es roch gar nicht schlecht, es sah nicht mal unappetitlich aus, aber das eigentlich Bewundernswerte daran war: Wir zeigten uns mal wieder von unserer besten, von unserer schöpferischen, von unserer zukunftsweisenden Seite, wir leisteten nämlich Pionierarbeit: Gegenwärtig ist das Verfahren, alte, geplatzte oder sonst wie unbrauchbare Wurstreste zu neuen Produkten zu verarbeiten, unter dem unverdächtig klingenden neudeutschen Namen Rework groß in Mode.

Ich ging. Zum ersten Mal hatte ich nichts von dem angerührt, was wir selbst produzierten. Ich wechselte wieder zum Handel, ich verdingte mich noch einmal bei einem Kaufhauskonzern, aber die Verhältnisse hatten sich weiter verschlechtert – keine Fachkräfte mehr, überhaupt sehr wenig Personal, ein enormer Druck, die Umsatzziele zu erreichen, und von oben ganz unverblümt die Aufforderung, sämtliche schmutzigen Tricks bis hin zur Straftat anzuwenden. »Wirklich?« »Sie dürfen sich halt nicht dabei erwischen lassen.« Aha. Ich hätte gewusst, wie man's macht, wollte aber nicht mehr. Mit 31 Jahren fühlte ich mich zu alt für diese Späße und bewarb mich in Nordrhein-Westfalen als Lebensmittelkontrolleur. Vier Monate später hatte ich immer noch keine Antwort, anscheinend handelte es sich da um einen gemütlichen Verein – nutzen wir also die Wartezeit für zwei vorläufige Schlussbetrachtungen.

Es erscheint ja wie ein Wunder, dass die Fleischpreise in den letzten vierzig Jahren stabil geblieben sind. Alles andere ist teurer geworden, nur Fleisch und Wurstwaren nicht. Ich bin mir in diesem Punkt sicher, ich besitze nämlich noch alte Preisschilder. 1978 haben wir bei Karstadt für die Roulade im »Sonderangebot« 14,99 DM genommen, heute zahlen Sie im Angebot sieben Euro. Wie kann das sein?

Ich habe meinen Bruder eingeschaltet, einen Computerexperten, und ihn gebeten: »Rechne mir die Preise von damals und heute mal unter Berücksichtigung der Lebenshaltungskosten aus.« Seine Antwort: »Wenn wir die Steigerung der Lebenshaltungskosten ins Verhältnis zu den Fleischpreisen setzen, müsste ein Kilo Kotelett heute 70 Mark beziehungsweise 35 Euro kosten. In diesem Fall lägen wir innerhalb der normalen Preissteigerungsrate.« In Wirklichkeit kostet dieses Kilo Kotelett zwischen 2,99 und 3,99 Euro, ziemlich genau dasselbe wie damals. Warum also steigen die Preise in allen Bereichen unseres Lebens, nur nicht beim Fleisch? Da kann etwas nicht stimmen. Aber ich denke, mit dem bisher Gesagten, insbesondere mit den eben geschilderten Erlebnissen, ist das Wunder der stabilen Preise hinlänglich erklärt.

Und, um noch einmal das eingangs angeschnittene Thema der Metzgerausbildung aufzugreifen: Im selben Maß, wie die Industrie stärker wurde und den Fleischern Produkte zuwarf, die von diesen begierig aufgeschnappt wurden, verfiel nicht nur die Qualität ihrer Waren, es verfiel auch die Qualität des gesamten Berufsstands, weil niemand mehr ausbildete. In meinem Jahrgang auf der Fleischerschule in Essen waren noch 150 Lehrlinge zusammengekommen – als mein kleiner Bruder, der ebenfalls unbedingt Metzger werden wollte, in die Lehre kam, brachten sie es in seinem Jahrgang noch auf ganze 25 Lehrlinge, davon drei Metzger, alle übrigen Bäcker und Maler. Und plötzlich bekam jeder im Lebensmittelbereich Probleme, nicht nur die Fleischereien, auch die Industrie, weil es keine Meister mehr gab.

Wenn ich mich heute bei mir auf der Insel umschaue: Usedom hat gerade noch zwei Metzgereien zu bieten. Unser Fleischer in Zinnowitz ist seit Kurzem dicht, weil er keine Fachkräfte mehr fand – man kann eben keine Schneiderin hinter die Fleischtheke stellen. Jetzt ist man auf die Idee gekommen, den jungen Leuten das Fleischerhandwerk schmackhaft zu machen, und gibt ihnen zu verstehen: »Metzger – das klingt zunächst mal etwas seltsam. Aber da erwartet dich eine große Karriere, weil es keine Metzger mehr gibt. Einen richtig guten Fleischer brauchen sie in jedem Großbetrieb, und du kannst jederzeit sagen: ›Fünf Riesen, oder ich komme nicht …‹«

Eine glänzende Idee. Bisher ist diese Erkenntnis allerdings noch nicht durchgedrungen; womöglich ist der Zug auch endgültig abgefahren. Seit dem Jahr 2011 steigt die Zahl der unbesetzten Ausbildungsplätze im Handwerk stetig an, liest man in der *FAZ* vom 27. August 2016. »Jugendliche interessieren sich auch für das Renommee … Viele möchten lieber in einem großen Unternehmen mit klangvollem Namen arbeiten als in einem kleinen Betrieb. Deshalb hat gerade das Handwerk große Probleme … Manche Jugendliche scheuen auch die bisweilen ungewöhnlichen Arbeitszeiten.« Schlechte Zeiten für gute Wurst.

11. Witzfiguren

Ich komme nach Hause und finde ein Schreiben im Briefkasten für ein Vorstellungsgespräch im Ruhrgebiet vor. Ich bin erleichtert, ich bin sogar hocherfreut, als ich die dortige Stelle bekomme, aber natürlich ist es verrückt: In meinen siebzehn Jahren als Metzger habe ich kaum einen Verstoß gegen die Berufsehre, die Regeln und guten Sitten des Handwerks, die gesetzlichen Vorschriften ausgelassen, habe die Kunden getäuscht und ihnen minderwertige Ware verkauft, es war mein Tagesgeschäft, und nun soll ich genau diese Missstände aufdecken und bekämpfen. Das könnte interessant werden.

Nach meinen bisherigen Erfahrungen mit Kontrolleuren muss ich sagen: Die Lebensmittelüberwachung hat sich mir stets im schlechtesten Licht gezeigt. Als zu meiner Zeit in Essen die ersten Lebensmittelkontrolleure in unserer Metzgerei auftauchten, fassten wir uns alle an den Kopf. Der eine war Tierarzt, der andere ein städtischer Angestellter, und diese beiden trabten jetzt durch unser Allerheiligstes, die Wurstküche – aus Sicht des Metzgers ein Unding! Man stelle sich vor: Zwei dahergelaufene Gestalten wollen einem altgedienten Meister vorschreiben, was sich bei ihm zu ändern habe! –

und zu allem Überfluss hat einer der beiden jahrelang die Rinderscheiße im Schlachthof zusammengefegt ... Den Kommentar meines Meisters können Sie sich denken; wiedergeben kann man ihn nicht.

So begann ein Katz-und-Maus-Spiel. Auf der einen Seite die Kontrolle, auf der anderen Seite wir. Und die damaligen Kontrolleure wurden von uns derart hinters Licht geführt, dass sie einem leidtun konnten. Manche Räume zeigten wir ihnen nie. Ohnehin hatten sie von unserer Tätigkeit nicht den Schimmer einer Ahnung; folglich nahmen sie bloß die Ausstattung und den baulichen Zustand unseres Betriebs in Augenschein, und wenn die Wände nicht beschädigt und die Maschinen nicht verrostet waren, hieß es hinterher in ihrem Bericht: tadelloser Betrieb. Nein, für uns waren das Witzfiguren. Pausenclowns.

Und diese Leute waren – womit ich zum ernsthaften Teil komme – für folgende Bereiche zuständig:

- Lebensmittel vom Gemüse auf dem Feld bis zum Fleisch, mithin für jeden Betrieb, der Lebensmittel herstellt, verarbeitet, lagert, transportiert oder mit ihnen handelt
- Genussmittel aller Art, vom Bier über Schnaps bis Zigaretten und Wasserpfeifen
- Nahrungsergänzungsmittel, von der Kieselerde bis zu Vitaminpräparaten
- Frei verkäufliche Arzneimittel in Supermärkten und Drogerien
- Bedarfsgegenstände, die mit dem Körper in Berührung kommen, vom Trinkhalm über das Kinderspielzeug, die Gabel, das Kleidungsstück und die Badezimmerarmatur bis hin zum Autositz

- Kosmetische Mittel in Friseursalons sowie Fingernagel-, Kosmetik- und Tätowierstudios

Eine Menge Aufgabenbereiche. Obendrein Aufgabenbereiche, die gründliches Fachwissen und langjährige Berufserfahrung verlangen. Und jetzt schauen wir uns einmal an, in welchem Zustand sich die Lebensmittelkontrolle in Deutschland im Jahr 1986 befand und bis heute befindet. Ich werde Ihnen ein Panoramabild liefern, in dem meine gesamten Erfahrungen zusammenfließen, eine vorweggenommene Bilanz sozusagen. Die gehört eigentlich ans Ende, ist in unserem Fall aber an dieser Stelle sinnvoller, weil die folgenden Kapitel über die traurige Wirklichkeit der deutschen Lebensmittelüberwachung ein bestimmtes Grundwissen voraussetzen.

Die Lebensmittelüberwachung wurde in Deutschland 1900 aus der Taufe gehoben, aber gelegentlich durchgeführte Stichproben in Lebensmittelbetrieben ließen bis in die 60er-Jahre auf sich warten. Die Kontrolle fußte damals im Wesentlichen auf dem Lebensmittelgesetz von 1933, das für seine Zeit wegweisenden Charakter hatte; in Teilen war dieses Gesetz sogar noch bis 2003 in Kraft.

Von Anfang an war die Lebensmittelkontrolle kommunal organisiert, das heißt, jede Stadt, jeder Kreis hatte und hat ein eigenes Überwachungsamt. Diese Organisationsstruktur war früher sinnvoll, weil das Gewerbe seinerzeit handwerklich geprägt war. Weniger durchdacht war, ebenfalls von Anfang an, die Auswahl des Personals. Die Betriebskontrollen etwa lagen überwiegend in der Hand von Veterinären, also Tierärzten, die an Schlachthöfen beschäftigt waren; diese Leute erschienen prädestiniert, weil sie Erfahrung in der Untersuchung von Tierkörpern hatten. Schon diese Entscheidung allerdings beruhte auf einer Fehleinschätzung, denn Veterinäre kannten sich mit der Lebensmittelproduktion genauso wenig aus wie das Reinigungspersonal eines Schlachthofs. Nicht weiter verwunderlich, dass Veterinäre hauptsächlich Fleischereien kontrollierten – Fleisch war ihnen ja halbwegs vertraut.

Der Rest des Personals aber war blindlings zusammengesucht. Ob sie den Tierarzt bei seinen Kontrollgängen begleiteten oder auf eigene Faust loszogen, eine Einweisung durch den Amtsleiter musste reichen, dann machten sich diese Leute in schöner Ahnungslosigkeit an die Arbeit. Da war also vom ehemaligen Busfahrer bis zum gelernten Bergmann alles am Start; Bäcker und Metzger hingegen waren die Ausnahme, aus einem einfachen Grund: Wer aus diesen Kreisen zur Überwachung ging, galt bei seinen Berufskollegen als Verräter. Die wussten ja, was gespielt wurde, da wäre es dann ernst geworden.

Vor Fachleuten war die Branche also weitgehend sicher. Die Lebensmittelüberwachung störte daher zunächst einmal keinen Menschen, und dieser Zustand dauert im Prinzip bis heute an. Irgendwann aber konnte man sich nicht mehr verhehlen, dass die Herstellung von Lebensmitteln doch komplexer ist als gedacht, und so wurde 1978 die Akademie für öffentliche Gesundheit ins Leben gerufen. Die Lehrgänge dort wurden von nun an zum Pflichtprogramm für angehende Kontrolleure, die »Altkontrolleure« aber wurden begnadigt und durften weiterarbeiten. Darüber hinaus wurden jetzt mindestens drei Jahre Berufserfahrung in einer beliebigen Sparte der Lebensmittelbranche verlangt, wobei es auch drei Jahre in der Verwaltung sein durften, sodass sich die Zeit der kontrollierenden Busfahrer jetzt ihrem Ende zuneigte.

Nur hatte sich die Welt längst weitergedreht, und sie drehte sich immer schneller. Mit atemberaubender Geschwindigkeit setzten sich neue Maschinen und neue technische Verfahren durch, und genauso rapide kam es zur fortschreitenden Konzentration im Lebensmittelbereich. Wer jetzt aus Handwerk oder Verwaltung kam, betrat in den Betrieben erneut eine fremde Welt; da hätte man schon Handwerksmeister oder, besser noch, Ingenieure gebraucht. So aber setzte sich das ungleiche Kräftemessen fort – auf der einen Seite die Lebensmittelchemiker, die Lebensmitteltechniker und Ingenieure der Industrie, auf der anderen Seite die Jungköche, die Verwaltungsangestellten, Einzelhandelskaufleute und Bäckergesellen des Überwachungsamts.

Das war aussichtslos. Und es blieb aussichtslos. Von der Neuregelung der Lebensmittelkontrolleur-Verordnung im Jahr 2010 hätte man doch erwartet, dass künftig nur noch Ingenieure eingestellt werden dürften, oder zumindest Leute, die die weltweite Vernetzung von Produktion und Handel durchschauen, aber von wegen! Stattdessen setzt die Lebensmittelüberwachung seither auf den Erfahrungsschatz von Handwerksmeistern, Küchenmeistern und Ökotrophologen … Mit anderen Worten: 2010 wurde ein Schritt gemacht, der schon zwanzig Jahre zuvor fällig gewesen wäre, so als ob ganz bewusst in Kauf genommen worden wäre, dass die Überwachung den Überwachten um Jahrzehnte hinterherhinkt. War das tatsächlich Absicht? War das Ignoranz oder Gleichgültigkeit? Der TÜV schickt doch auch keine Kfz-Mechaniker zur Kontrolle einer Boeing 737 …

Wir haben also bis heute ungeeignetes, überfordertes Personal, doch nicht nur das. Was die effiziente Arbeit von Kontrolleuren zusätzlich erschwert beziehungsweise völlig unmöglich macht, ist die Beibehaltung der kommunalen Organisation. Was in der Praxis bedeutet: An der Stadt- oder Kreisgrenze ist für den Kontrolleur die Welt zu Ende.

Und jetzt stellen Sie sich vor: Eben diese Welt besteht heute aus Handelsriesen wie Real, Metro, Lidl, Penny und Edeka, aus der überregional operierenden Großbäckerei Steinecke in Norddeutschland und Kamps in Nordrhein-Westfalen und Harry-Brot, aus einer wachsenden Zahl von Betrieben der Systemgastronomie, aus Lebensmittelketten, die Fleischwerke in Rumänien betreiben oder ihre Croissants in Asien produzieren und mit dem Jumbo nach Europa schaffen, aus Kosmetikfirmen, deren Produkte uns keinerlei Anhaltspunkt dafür liefern, wo und unter welchen Umständen sie hergestellt wurden – und jetzt kommt ein Ökotrophologe daher, dessen Befugnisse bis zum Stadtrand reichen und keinen Meter darüber hinaus ... Geht es noch absurder?

Gewiss, als Kontrolleur könnte ich einen Vorgang an die zuständige Behörde irgendwo dort draußen im Niemandsland weiterleiten. Nur an welche, wenn der Hersteller im Ausland sitzt? Gelegentlich habe ich mir vorzustellen versucht, was geschehen würde, wenn ich eine Beanstandung tatsächlich nach Rumänien weiterreichen würde ... Einmal war ich wirklich so kühn, mich ans Handbuch zu halten und einen Vorfall an die zuständige Behörde in Belgien weiterzuleiten; ich habe von der Angelegenheit nie wieder gehört.

Dabei brauchen wir gar nicht so weit zu gehen. Auch in Deutschland gibt es Städte und Kreise, die als Bermudadreieck bekannt sind. Und ich verstehe die Kollegen dort. Nehmen wir an, beim zuständigen Kontrolleur in Hamburg würde eine Beanstandung aus Braunschweig auf dem Schreibtisch landen, bei der es um die Erzeugnisse eines international operierenden Konzerns geht. Dieser Kollege müsste den Hersteller ermitteln, die Lieferpapiere anfordern und womöglich im Ausland klären, wer für den Herstellungsfehler verantwortlich ist – zusätzlich zu der Arbeit, die in seinem Heimatbezirk sowieso anfällt. Würde er seine Arbeit ernst nehmen, dürfte er sein Büro gar nicht mehr verlassen. Also besinnt er sich seines Papierkorbs, und der Fall ist erledigt – für die Behörde wie für den beanstandeten Konzern.

Oder, anderer Fall: Die Zentrale eines Handelskonzerns, der unliebsam aufgefallen ist, hat ihren Sitz in meiner Stadt. Ich gehe der Sache nach, und keine zwei Stunden später klingelt bei mir das Telefon; am Apparat der Oberbürgermeister. Vielleicht wird er sich etwas eleganter ausdrücken, aber was er mir sagen will, ist auf gut Deutsch Folgendes: »Sind Sie wahnsinnig? Finger weg! Sie bedrohen mit Ihren Ermittlungen Arbeitsplätze!« Da hat dem Bürgermeister also jemand die Pistole auf die Brust gesetzt. Kurzum: Solange es bei der kommunalen Organisation der Überwachungsämter bleibt, wird vielleicht mal ein Kleiner gehängt, aber ein Großer mit Sicherheit laufen gelassen.

Und jetzt zum kuriosesten Aspekt dieser anachronistischen Organisationsform: Es gibt ein Lebensmittelgesetz, das für alle gleichermaßen gilt. Dieses Gesetz, hochkompliziert und nicht frei von Absurditäten, trifft auf Kontrolleure ohne juristische Vorbildung, und da niemand so recht versteht, was genau drinsteht, werden die Mitarbeiter aufgefordert, das

Gesetz stattdessen »mit Leben zu füllen«. Das Ergebnis ist ein fabelhaftes Durcheinander – in der einen Stadt werden die Vorschriften so interpretiert, in der anderen Stadt anders, die Kollegen sind in der Regel völlig unterschiedlicher Auffassung, und um das Chaos auf die Spitze zu treiben, fallen auch die Bußgeldbescheide für ein und denselben Verstoß je nach Standort unterschiedlich aus.

Zur Entlastung der Gerichte darf die Behörde nämlich Verstöße selbstständig ahnden, was wiederum heißt, dass entweder der Kontrolleur selbst, also ein Metzgermeister oder Ökotrophologe im Innendienst, oder aber ein Amtmann das Bußgeld festsetzt. Glück hat der betroffene Gewerbetreibende, wenn das ein Amtmann übernimmt, denn der ist wenigstens Verwaltungsexperte, der kennt sich mit Verordnungen einigermaßen aus, auch wenn EU-Verordnungen ihn ähnlich überfordern wie seinen ökotrophologischen Kollegen. In jedem Fall aber variieren die Bußgelder von Stadt zu Stadt, von Kreis zu Kreis, und so kann es geschehen, dass der gleiche Verstoß hier ein väterliches »Das machen wir aber nicht wieder« und dort eine Geldbuße in Höhe von 5.000 Euro nach sich zieht. Oder, um einen Dozenten der Polizeiakademie in Wiesbaden zu zitieren: »Vierzig bis fünfzig Prozent der von der Verwaltung verschickten Bußgeldbescheide sind rechtlich falsch (das heißt, es werden die falschen Paragrafen herangezogen). Und der Rest ist stark verbesserungsbedürftig.« Wer sich klarmacht, dass allein das europäische Weingesetz ungefähr 1.500 Seiten umfasst, den wird's nicht wundern.

Damit stellt sich die Frage: Warum hält man in Deutschland an diesen anachronistischen Verhältnissen und weitgehend ineffizienten Verfahren bei der Lebensmittelüberwachung fest? Wie kommt es, dass ein Tierarzt mit einem Verwaltungsangestellten in eine Brauerei geschickt wird, wo die beiden allenfalls nach verrosteten Leitungen Ausschau halten und die Einmalhandtücher überprüfen können? Was soll ein Veterinär in einem Kunststoffwerk, wenn er Polypropylen nicht von anderen Beimischungen zu unterscheiden vermag? Weshalb beschäftigt man keine Ingenieure?

Antwort: Für die kommunale Organisation gibt es unter anderem haushaltstechnische Gründe. Die Ingenieure hält man sich durch schlechte Bezahlung vom Leib – nach dem Motto: Mehr gibt der Haushalt leider nicht her. Und was diese Fehlkonstruktion, genannt Lebensmittelüberwachung, insgesamt und ganz generell angeht, habe ich nur eine Erklärung: Die Politik, der Gesetzgeber, die Bundesregierung will nicht, dass kontrolliert wird. Sie will der Industrie nicht in die Quere kommen. Überwachung ist ihr nur so lange recht, wie die Kontrolleure Witzfiguren und die Kontrollen eine Farce sind.

Jetzt kann man ernsthafte Kontrollen nicht per Dienstanweisung unterbinden, das gäbe früher oder später einen Skandal. Nein, so etwas geht einfacher und geräuschloser, indem man verhindert, dass die Lebensmittelkontrolle mit der Zeit geht. Man garantiert der Industrie also einen zeitlichen Rückstand der Überwachung von zehn bis zwanzig Jahren, und schon ist das Problem gelöst. Das nenne ich perfekte Lobbyarbeit.

Doch dies alles wusste ich nicht, hätte es auch nicht geglaubt, als mich mein Chef nach den ersten Tagen im Amt mit folgenden Worten aufmunterte, und ich war dementsprechend verblüfft. Er sagte: »Herr Voll, legen Sie los, meine Unterstützung haben Sie. Und wenn Sie einen Verstoß feststellen und den Schuldigen ermitteln sollten, dann gehen wir da mit einem Bußgeld ran, das sich gewaschen hat. Ich würde sagen: mindestens in Höhe von fünfzig Mark.«

12. Stille Tage im Amt für Lebensmittelkontrolle

Mein erster Arbeitstag als Kontrolleur

Ich trete meinen Dienst im Überwachungsamt im Juni 1986 an. Etwa anderthalb Monate zuvor, am 26. April, ist der Atomreaktor von Tschernobyl in die Luft geflogen. Im Amt müsste helle Aufregung herrschen. Doch davon ist nichts zu spüren.

Ich werde von einem Herrn empfangen, dessen Körpergeruch an ein Raubtierhaus erinnert. (Verzeihen Sie, wenn meine Schilderungen jetzt vorübergehend burleske Züge annehmen, aber das Burleske gehört zum Lokalkolorit dieses Amtes.) Mit einem Blick sehe ich: Seine Fingernägel sind schwarz, als käme er in diesem Moment aus dem Stollen, Sohle 4, und nach dem Begrüßungshandschlag habe ich das Bedürfnis, mich zu desinfizieren. Dieser Herr ist unser Amtmann. (Wie ich später erfahre, fällt es in sein Ressort, Metzger in Sachen Hygiene zu beraten.) Wir fahren mit dem Aufzug in den siebten Stock, wo die Büros der Lebensmittelüberwachung liegen; dort werde ich den anderen Mitarbeitern vorgestellt und anschließend in mein Büro geführt.

Auf meinem Schreibtisch stapelt sich alles, was meine Kollegen in den letzten neun Monaten loswerden wollten; so lange war meine Stelle nicht besetzt. Zum größten Teil sind es Akten, die darauf warten, von mir in alphabetischer Reihenfolge in den Aktenschrank eingeräumt zu werden. Nun, kein Problem, das ist bald erledigt, und ich habe Zeit, mich mit dem Rüstzeug eines Kontrolleurs vertraut zu machen. Es besteht aus einer Vorkriegsaktentasche, einem dünnen Heft mit den wichtigsten Verordnungen, Papier und Kugelschreiber sowie einigen Probenbeuteln und den dazugehörigen Formularen. Kühltaschen? Fünf Kontrolleuren stehen drei Kühltaschen zur Verfügung. Thermometer? Ja, eins, aber das wird vom Amtsleiter unter Verschluss gehalten und argwöhnisch gehütet. Kameras zum Dokumentieren von Missständen? Fehlanzeige, im ganzen Amt keine einzige. (Ich werde mir eine eigene Polaroid-Kamera zulegen.) Und das ist alles, die ganze Ausrüstung, damit werde ich von nun an nicht nur Konzernen wie Metro, Karstadt, Coop etc. entgegentreten, damit werde ich auch den Folgen der Reaktorexplosion in der Ukraine zu Leibe rücken.

Gegen vierzehn Uhr kommen meine Kollegen vom Außendienst zurück. Kurt, der sich um mich kümmert, wirft einen Blick in mein Büro und fragt:

»Wo sind die Akten?«

»Im Schrank.«

»Bist du verrückt? So läuft das hier nicht. Für so eine Arbeit muss man vier Tage einplanen.«

Kein Zweifel, er meint es ernst. Als Nächstes bittet mich der Chef in sein Büro. Ich rechne mit der fälligen Einweisung, stattdessen begnügt er sich damit, mir die Faustregel für eine schöne Zeit in seinem Amt ans Herz zu legen. »Herr Voll«, sagt er, »wenn Sie hier glücklich werden wollen, dann passen Sie sich an. Quertreiber kann ich nicht gebrauchen.« Was stellt er sich unter einem Quertreiber vor? Ich erfahre es nicht, ich werde gleich wieder entlassen, und damit naht auch schon der Feierabend. Irgendwie hatte ich mir meine neue Tätigkeit anders vorgestellt.

Mein zweiter und dritter Arbeitstag als Kontrolleur

Keine erwähnenswerten Vorkommnisse. Ich hätte die Akten nicht so schnell einräumen sollen.

Mein vierter Arbeitstag als Kontrolleur

Mir werden mein Dienstausweis und eine Fahrgenehmigung für die Dienstfahrzeuge ausgehändigt. Jetzt darf ich zusammen mit einem Kollegen in den Außendienst. Um acht Uhr brechen wir auf, jeder im eigenen Dienstwagen, fahren nach Wuppertal und halten auf dem Parkplatz der Metro – aha, denke ich, Tschernobyl!, Fleischproben nehmen. Weit gefehlt – stattdessen frühstücken im Kreis der Kollegen, die hier in der Metro wundersamerweise schon wieder vollzählig versammelt sind. Nach einer Stunde verabreden wir uns um dreizehn Uhr zum Mittagessen in irgendeiner Kaufhauskantine. Ein Kollege stöhnt: »Das schaffe ich nicht. Ich muss eine Radioaktivitätsprobe nehmen und anschießend gleich nach Dortmund ins Labor bringen« – eine unmenschliche Belastung, für die er einhelliges Bedauern erntet.

Mein Kollege und ich setzen die Fahrt fort. Ich stelle mir immer noch vor, dass es wegen Tschernobyl mit dem Probennehmen eilt, aber der Kollege hält als Nächstes vor einem Café in einer Fußgängerzone in Witten. Wir treten ein, mein Kollege wird vom Inhaber wie ein alter Bekannter begrüßt, dann nehmen wir auf der Terrasse Platz, trinken Kaffee, schwätzen; es ist wie im Urlaub, und schon müssen wir weiter, um rechtzeitig zum Mittagessen im Kollegenkreis in der Kaufhauskantine zu sein. Der ganze Tagesablauf, stelle ich fest, beruht auf einer eingespielten Routine, die es uns auch erlaubt, rechtzeitig um vierzehn Uhr zurück im Amt zu sein. Der Chef lässt sich blicken.

»Na, meine Herren, was war heute?«

»Routine, Herr Doktor.«

»Gut.«

Er verschwindet in seinem Büro, und dann naht auch schon der Feierabend. Meine Befürchtung, den Anforderungen im Amt für Lebensmittelkontrolle nicht gewachsen zu sein, ist verflogen. Abends berichtet die Tagesschau über Tschernobyl. Für die deutsche Bevölkerung, heißt es, bestehe keine Gefahr. Ob man noch alles bedenkenlos essen könne, will meine Frau wissen; sie ist doch etwas besorgt. Ich erzähle ihr, dass wir im ganzen Landkreis Proben nähmen, um diese Frage zu klären …

Ich könnte in dieser Art fortfahren. Ich könnte von manchem gemütlichen Beisammensein erzählen. Sie würden staunen, wie gelassen man eine nukleare Katastrophe nehmen kann. Doch genug der atmosphärischen Impressionen. Lassen Sie mich nur noch einen weiteren Arbeitstag schildern, bevor ich ein Resümee meiner ersten drei Monate im Amt ziehe.

Mein erster Besuch als Kontrolleur in einer Metzgerei

Es ist bereits August, als ich zum ersten Mal in meiner neuen Funktion eine Metzgerei in einer kleinen Ortschaft im Ruhrgebiet betrete. Im Laden treffen wir auf die Metzgersgattin; wir stellen uns vor, und gleich erstarrt sie vor Ehrfurcht. Wir schauen uns um. In der Theke entdecke ich Mett vom Vortag, auch die Wurst im Tresen ist nicht mehr ganz frisch, aber sonst ist hier so weit alles in Ordnung. Sogar die Schildchen mit der Aufschrift »Phosphat« werden unverzüglich aus der Küche geholt, wo sie gerade »zum Saubermachen« waren.

Wir gehen über den Hof in die Wurstküche. Sie befindet sich in einem Fachwerkhäuschen mit dem Charme einer Kriegsruine, und als wir die Tür öffnen, komme ich mir vor wie in Schloss Schreckenstein. Der Meister, ein netter älterer Herr, Mitte fünfzig vielleicht, begrüßt uns und nimmt dann ebenfalls Haltung an – für einen 31-Jährigen wie mich ein erhebendes Gefühl, mit Hochachtung behandelt zu werden, das kannte ich bisher nicht. Die Maschinen hier dürften von 1940 stammen, sie sind rot lackiert und unten mit Rostflecken gesprenkelt. Das Kühlhaus wirkt verwaist – was dort hängt, könnte man auch in einem größeren Kühlschrank unterbringen. Die Rauchanlage verdient den Namen nicht; der Fußboden ist großflächig zerstört, und auf dem Verarbeitungstisch liegt ein mickriges Häufchen Rindfleisch. Davon mache er Gulasch, erklärt der Meister, und es klingt wie eine Entschuldigung. Der ganze Laden ist zum Erbarmen, aber mein Kollege gibt sich verständnisvoll und jovial – hier ein bisschen reinigen, dort ein wenig Ordnung schaffen, dann gehe das schon.

Beim Abschied will der Metzger wissen, ob man noch bedenkenlos jedes Fleisch kaufen könne. Mein Kollege beruhigt ihn – »Wir nehmen ständig Proben, alle sind negativ, es besteht keine Gefahr«. Später, im Auto, frage ich ihn, ob das seine ehrliche Meinung gewesen sei. »Die Experten werden uns doch nicht belügen«, meint er. Das kann ich mir auch nicht vorstellen, beim besten Willen nicht.

Und dann erfahre ich: Dies war einer der beiden Metzger, die in der Ortschaft übrig geblieben sind. »Seine Frau schmeißt den Laden, er arbeitet in der Wurstküche. Du hast ja gesehen, er hat Rheuma, kann aber wegen seiner Schulden nicht aufhören. Und jetzt hat auch noch Rewe nebenan aufgemacht. Die beiden haben keine Chance.« »Na ja«, sage ich, »wir vergeben keine Medaille für Schönheit. Aber die Waren im Tresen waren angetrocknet, und das Mett war von gestern, wenn nicht von vorgestern.« Mein Kollege schaut mich verständnislos an. »Woran willst du das gesehen haben?« Ja, wie soll ich's ihm erklären …

Ein Trauerspiel. Alles.

Resümee

Da spielte sich vor dem Hintergrund dessen, was nach wie vor als der folgenschwerste Reaktorunfall in der Geschichte der Kernenergie gilt, eine Farce ab. Ich habe in meinen ersten drei Monaten Szenen unfassbarer Sorglosigkeit, haarsträubender Nachlässigkeit und Schlamperei erlebt. So gehörte zu unserem Bezirk beispielsweise die Firma ProKost, die in Deutschland das Monopol für rumänische Geflügelimporte besaß.

Einmal die Woche trafen drei große Lkw aus Rumänien ein, deren Ladung wir zu überprüfen hatten. Die Proben wurden dann unverzüglich zum Materialprüfungsamt in Dortmund gefahren.

Klingt gut und sinnvoll. Doch wie gingen wir vor? Wir schnappten uns grundsätzlich die erste Kiste mit Geflügelfleisch, die uns beim Öffnen des Laderaums entgegenfiel, und noch während des Abladens stempelte unser Veterinär bereits die Lieferpapiere ab, womit die Ware zum Verkauf freigegeben war. Er ging einfach davon aus, dass alles in Ordnung war – warum also noch den Laborbefund abwarten? –, und tatsächlich bestätigten die Ergebnisse des Materialprüfungsamts regelmäßig die Unbedenklichkeit dieser rumänischen Hühner und Enten. Wusste der Spediteur vielleicht, dass wir immer die erstbeste Kiste untersuchten? Vermutlich. Wo das Geflügel wirklich herkam, ob aus Rumänien oder einem anderen Ostblockland oder womöglich der Ukraine, vermochte sowieso niemand zu sagen. Es war uns auch ziemlich egal, nachdem laufend und von allen Seiten Entwarnungen kamen.

Dieselbe Unbekümmertheit beim Rindfleisch. Niemand machte sich die Mühe, bei der Probennahme auf Rindfleisch aus der Region zu achten – ganz davon abgesehen, dass die genaue Herkunft von Fleisch damals im Zweifelsfall ohnehin kaum festzustellen war. Wenn aus dem Probenformular hervorging, dass wir Fleisch aus unserem Kreisgebiet getestet hatten, stand für unsere Vorgesetzten automatisch fest, dass auch die Kuh aus unserer Region stammte. Rindfleisch aus Läden wie Kaiser's hätte aber genauso gut aus Argentinien stammen können, oder aus Portugal – mit solchen Spitzfindigkeiten gab sich allerdings keiner ab. Unser Verhalten damals rechtfertigt durchaus den Verdacht, dass wir bei allen Proben beide Augen zudrückten.

Im Übrigen war das Chaos komplett, als von heute auf morgen die Grenzwerte für radioaktive Belastung heraufgesetzt wurden. Milch, die gestern noch vernichtet worden wäre, galt jetzt als unbedenklich. Blattspinat wurde einfach von der Liste der belasteten Lebensmittel gestrichen. Auch der Rhabarber, gestern noch verdächtig, wurde flugs rehabilitiert, und kein Mensch konnte verbindlich Auskunft darüber geben, was in welcher Menge genossen nun gefährlich oder ungefährlich sein sollte.

Eine einzige Probe erbrachte alarmierende Werte. Einer meiner Freunde bat mich spaßeshalber, das Obst, das er 1970 eingemacht hatte und von dem noch einige Gläser in seinem Keller standen, auf Radioaktivität zu untersuchen. Zu meiner Überraschung war man im Amt von diesem Vorschlag begeistert. Wir lieferten ein Glas seiner eingeweckten Birnen in Dortmund ab, und das Ergebnis machte uns sprachlos: Diese Birnen waren zehnmal höher verstrahlt als alles, was wir seit dem Reaktorunfall in der Ukraine getestet hatten. Das Materialprüfungsamt vermutete die Ursache in den überirdischen Atomtests, die seinerzeit von Amerikanern und Franzosen durchgeführt worden waren.

Aber das nur am Rande. Ich gebe zu, dass mein neuer Arbeitgeber bisher kein besseres Bild abgibt als meine alten. Was besonders auffällt, ist die Abwesenheit einer nennenswerten Arbeitsmoral. Hatte ich es mit Leuten zu tun, denen der Ernst der Lage entging? Mit Leuten, die einfach keine Lust zum Arbeiten hatten? Mit Nulpen? Oder erlebte ich hier bloß den üblichen Behördenschlendrian? Ich war mir zunächst nicht sicher, bis im Frühjahr 1987 Folgendes passierte: Im Einzugsgebiet unserer Behörde kamen mehrere fehlgebildete Lämmer zur Welt; ohne Enddarm die einen, mit verkrüppelten Beinen die anderen. Das war ungewöhnlich, das war unseres Wissens noch nie vorgekommen, und so meldeten wir diese Fälle dem zuständigen Regierungspräsidenten.

Die Reaktion der vorgesetzten Behörde machte uns fassungslos: Ein Zusammenhang zwischen den Missbildungen und dem Reaktorunfall von Tschernobyl, hieß es, sei nicht zu erkennen … Damit war für uns alle klar: In Sachen Tschernobyl wird gelogen. Und das Amt für Lebensmittelüberwachung überwacht gar nichts, es erfüllt vielmehr seinen Zweck, wenn es Befürchtungen und Bedenken zerstreut; es ist zur Beruhigung der Bevölkerung da. Wir sind Witzfiguren. Pausenclowns. Und dementsprechend frustriert.

13. Auf der Akademie für öffentliche Gesundheit

Es war keine vorübergehende Entmutigung. Wie tief die Frustration bei meinen Kollegen saß, verstand ich erst, als ich im Herbst die Akademie für öffentliche Gesundheit in Düsseldorf besuchte. Danach war mir klar: Der Lebensmittelüberwachung sind in Deutschland die Hände gebunden. Doch der Reihe nach.

Der Unterricht an der Akademie wurde von einem Verwaltungsfachmann eröffnet, und ich muss sagen, der Mann verstand sein Handwerk; es machte regelrecht Spaß, mit ihm die trockene Materie der Verordnungen durchzuarbeiten. Wie zu erwarten, stand die Hygieneverordnung von Anfang an im Vordergrund.

So unterschiedlich diese Verordnung je nach Bundesland ausfällt, alle Versionen enthalten den Paragrafen 3, die »nachteilige Beeinflussung«, unser schärfstes Schwert. Dort wird geregelt, wie Lebensmittel hergestellt, behandelt und gelagert werden dürfen und in welchen Fällen wir eingreifen müssen – bei verschmutzter, verkeimter und chemisch belasteter Ware zum Beispiel. Die Bedeutung dieses Paragrafen leuchtete jedem von uns ein, und ich lebte auf – zu früh, wie sich zeigen sollte.

Als Nächstes ging es um Fleisch. Ich war gespannt. Meine Begeisterung erlahmte schon, als sich herausstellte, dass unser Dozent Veterinär war, sein Vortrag aber übertraf meine schlimmsten Erwartungen: Zwei Stunden lang verbreitete er sich ausschließlich über Hygiene! Über Räumlichkeiten, über Kühlketten, über Kacheln und Fliesen, dass die Kacheln im Kühlhaus weder beschädigt noch verschmutzt sein dürften und in der Wurstküche keine Bohrlöcher in der Wand und unterhalb des Fleischwolfs die Bodenfliesen nicht gesprungen, dass am Gully der Kleber nicht aufgelöst und die Maschinen nicht verrostet sein dürften und bei Messern und anderen Werkzeugen die Griffe aus Kunststoff zu sein hätten … Kurzum, die ganze Litanei. Und dann beging er einen Fehler. Er wandte sich an uns: »Noch Fragen?«

Ich meldete mich. Ich wollte von ihm wissen, wie man Hackfleisch vom Vortag erkennen könne. Diese Frage schien alle zu interessieren, denn plötzlich herrschte konzentrierte Stille. Seine Antwort war ernüchternd – das könne man überhaupt nicht erkennen, meinte er. Dafür gebe es keine Anhaltspunkte, und im Übrigen komme altes Hackfleisch seines Wissens nie vor, weil die Hackfleisch-Verordnung derartige Verstöße verhindere. Mit diesen Worten verließ er verärgert den Raum. So also, dachte ich, sieht ein Veterinär die Welt …

Der nächste Tag begann mit Staatsbürgerkunde, und da wir alle in einem Alter waren, in dem man weiß, wie der Bundespräsident gewählt wird, blieben die meisten von uns nach der Pause auf dem Hof. Da lernte ich sie nun kennen, meine Kollegen aus ganz Deutschland, und bald redeten wir über unsere bisherigen Karrieren: Unter 32 Lehrgangsteilnehmern waren eine Ökotrophologin, ein Lebensmitteltechniker, ein Molkereimeister, zwei Metzger, sechs Verwaltungsangestellte und 21 Köche – diese Berufsgruppe scheint besonders gerne den Beruf zu wechseln. Bis auf den Molkereimeister und mich waren alle Angehörige handwerklicher Berufe Gesellen. Klar, dass Fleisch für sie alle ein interessantes Thema war, denn auf diesem Gebiet kommt es am häufigsten zu Skandalen, und bis auf die Metzger kannte sich keiner von ihnen mit Fleisch aus.

Aufgeschreckt durch meine Frage, hatte der Veterinär inzwischen mit dem Veterinärmedizinischen Institut in Krefeld telefoniert. In der folgenden Stunde teilte er uns mit einer gewissen Genugtuung mit: Nicht einmal bei einer Untersuchung durch das Institut lasse sich feststellen, ob Hackfleisch vom Vortag sei; folglich müsste man das Hackfleisch schon 24 Stunden lang bewachen, sich als Kontrolleur gewissermaßen in der Fleischerei einquartieren, wenn man diesen Verstoß gegen die Hackfleisch-Verordnung nachweisen wolle.

Ich ließ diese Antwort auf sich beruhen – altes Wissen, einmal vergessen, ist wahrscheinlich für immer verloren. Aber eine Frage erlaubte ich mir doch: »Geht ein Gesetz nicht an der Realität vorbei, wenn sich ein Verstoß nur dann nachweisen lässt, wenn ich als Kontrolleur dem Metzger 24 Stunden lang nicht von der Seite weiche? Immerhin handelt es sich hier um ein Gesetz, das einen Straftatbestand beschreibt.« Auch diese Frage wurde ungnädig aufgenommen. Sie blieb unbeantwortet, und unser Dozent ging zum Thema des Tages über: die Leitsätze für Fleisch und Wurstwaren.

Diese Leitsätze waren mir natürlich bestens bekannt, als Metzger hatte ich ja oft und unter Aufbietung meiner ganzen Fantasie dagegen verstoßen. Sie sind das Werk der Deutschen Lebensmittelbuch-Kommission, die sich hauptsächlich aus Chemikern und Vertretern der Industrie zusammensetzt, und werden wie ein Gral gehütet. Tatsächlich ist das, was in den Leitsätzen steht, Gesetz; sie beschreiben die wichtigsten Merkmale und Qualitätsanforderungen an deutsche Lebensmittel und müssen eingehalten werden. Man sollte also meinen: Glücklich das Land, das es mit seinen Lebensmitteln so genau nimmt. Nun, Sie werden ein weiteres Mal staunen.

Ich will Sie mit Einzelheiten verschonen, es ist eine trockene Materie, zu Ihrer Information nur so viel: Die Leitsätze definieren, welche Inhaltsstoffe zu welchen Teilen eine Fleischwurst etwa enthalten muss, wie viel Fett, wie viel Wasser, wie viel Magerfleisch, damit sie als einfache Fleischwurst oder als Fleischwurst guter Qualität oder als solche von höchster Qualität ausgewiesen werden darf. Gut und schön, nur – die Leitsätze erfassen gar nicht sämtliche Lebensmittel! Da stehen keineswegs alle Erzeugnisse drin, die Sie im Supermarkt in den Regalen finden. Die Leitsätze nehmen sich nämlich lediglich der Hauptsorten an. Hier ein Beispiel.

Die Leitsätze definieren, was sich »original Thüringer Rostbratwurst« nennen darf. Das ist, wie die original Krakauer Wurst, die original Braunschweiger Wurst etc. eine regionale Wurst, sie ist also geschützt, und der Metzger in Frankfurt darf sie folglich nicht herstellen. Was macht nun der Frankfurter Fleischer und mit ihm alle seine Kollegen außerhalb Thüringens (beziehungsweise Krakaus, Braunschweigs etc.)? Er rührt sich seine eigene Thüringer Wurst zusammen und schreibt »nach Thüringer Art« drauf. Das ist erlaubt, und jetzt greifen die Bestimmungen für die original Thüringer

Rostbratwurst nicht mehr. Es greifen überhaupt keine Bestimmungen, weil es für Würste mit der Bezeichnung »nach Art« gar keine gibt. Was geschieht? Für den Kunden besteht der einzige Unterschied zwischen dem Original und der nachgeahmten Wurst im Preis – das Original ist teurer –, also vergleicht er im Supermarkt die Preise und greift zur »Rostbratwurst Thüringer Art« (die im Übrigen neunzig Prozent der Thüringer Würste ausmacht). Wer würde da als Hersteller nicht den Weg des Betrugs und der Fälschung einschlagen?

Und so geht es mit allem. Nehmen wir zur Illustration noch die Nussecken. Die müssen nach Vorgabe der Leitsätze dreieckig sein, ganze Nüsse enthalten und an der Unterseite einen Überzug aus echter Schokolade aufweisen. Tauft der Bäcker seine Nussecke jedoch in, sagen wir: Nussstück um, hat er freie Hand; dann gelten die Regeln der Lebensmittelbuch-Kommission nicht mehr, und statt Schokolade darf es nun auch eine Fettglasur sein.

Man kann die Bestimmungen also durch Namensänderung umgehen. Doch selbst wenn man sie befolgt, ist man vor Absurditäten nicht sicher. Ich will das am Beispiel des original Schwarzwälder Schinkens erläutern.

Es gab eine Zeit, in der jeder Schwarzwälder Schinken herstellen durfte, weil die Bezeichnung nicht geschützt war – Hauptsache, ein Schinken wurde so lange geräuchert, bis er außen schwarz war. Dann wurde der Schwarzwälder Schinken geschützt, jetzt musste er tatsächlich aus dem Schwarzwald kommen, und in der ganzen Bundesrepublik schrien die Schinkenhersteller tödlich getroffen auf: »Arbeitsplätze in Gefahr!« Das wirkt in Deutschland immer. Das Gesetz wurde also noch einmal geändert, und heute darf jeder

Hersteller seinen schwarz geräucherten Schinken als original Schwarzwälder verkaufen, solange das Holz, mit dem er geräuchert wird, aus dem Schwarzwald stammt! Wer an dieser Stelle nicht lachen muss …

Doch zurück zu unserem Unterricht. Während der Veterinär die Leitsätze referierte, fielen mir unsere panierten Koteletts aus meiner Meisterzeit ein. Nach der Unterrichtsstunde nahm ich mir die Leitsätze vor, von denen jeder eine Kopie erhalten hatte, und vertiefte mich in die Absätze über panierte Schnitzel, da panierte Koteletts nicht vorkamen. Dort las ich:

»Wiener Schnitzel ist paniertes Kalbsschnitzel. Wenn Schnitzel paniert wird, werden höchstens zwanzig Prozent Panade, bezogen aufs Gesamtgewicht, aufgetragen. Das erhitzte Fertigerzeugnis enthält nicht mehr als 35 Prozent Panade.«

Wie bitte?, dachte ich. Die Panade darf nach dem Braten fast doppelt so viel wiegen wie vorher? Das ist rechtmäßig? Dann haben wir uns damals gar nicht außerhalb der Legalität bewegt?! 35 Prozent – damit kann der Produzent gut leben, und jetzt stelle man sich eine Fleischwarenfabrik vor, die am Tag leicht hundert Tonnen produziert, da werden täglich einige Tonnen Panade zusammenkommen … Kein schlechtes Geschäft.

Alles in allem wirkten die neuen Erkenntnisse auf uns wie kalter Entzug auf einen Alkoholiker. Was soll man mit Verordnungen und Gesetzen, die spielend leicht zu umgehen oder so großzügig gefasst sind, dass kein denkender Betrüger sie umgehen muss? In dieser Situation kam uns der nächste Dozent gerade recht, ein Verwaltungsfachmann – also los, sagten wir uns, fragen wir ihn nach der Hackfleisch-Verordnung und wie man einen Metzger, der gegen sie verstößt, doch noch belangen kann. Vielleicht, indem man ihn zu einem Geständnis bewegt? Indem man einen bohrenden Blick aufsetzt und ihn aufs Geratewohl mit der gezielten Frage konfrontiert: »Sagen Sie mal, was macht eigentlich das Hackfleisch von gestern in Ihrer Theke?« Das wäre doch immerhin eine praktikable Lösung für unser Dilemma.

Ein mildes Lächeln des Verwaltungsexperten war die Antwort, gefolgt von der Belehrung: »Das dürfen Sie leider nicht. So sehr es Sie, meine Damen und Herren, schmerzen wird, aber – sollten Sie den Verdacht haben, dass ein Gewerbetreibender eine Ordnungswidrigkeit oder gar eine Straftat begangen hat, müssen Sie – ich wiederhole: müssen Sie – ihn zuvor darüber aufklären, dass er nicht zu antworten braucht. So lautet das Gesetz. In der Bundesrepublik Deutschland darf niemand gezwungen werden, sich selbst zu belasten. Fragen Sie ihn ohne vorherige Belehrung, ist seine Antwort nicht verwertbar, weil sie von Ihnen rechtswidrig provoziert wurde.«

Und weiter: »Einschreiten dürfen Sie nur dann, wenn Sie jemanden auf frischer Tat ertappen oder ihm auf anderem Weg den Verstoß nachweisen können. Das bedeutet: Entweder Sie haben Beweise, oder Sie schlagen sich jede Verfolgung aus dem Kopf.« Und schließlich, als Quintessenz und Fazit: »Tut mir leid, dass ich Ihre Euphorie dämpfen muss, aber: Falls sich ein Verstoß analytisch nicht nachweisen lässt, vergessen Sie die Sache. Verschwenden Sie nicht Zeit, Kraft und öffentliche Gelder, wo Sie von Anfang an auf verlorenem Posten stehen.«

Wilde Diskussionen brachen aus. Je tiefer wir in die Materie eintauchten, desto aussichtsloser erschien uns unsere

Arbeit. Diese Regelungen konnte sich ja nicht nur der traditionelle Metzger, die konnte sich jedes Industrieunternehmen und jeder Handelsriese zunutze machen. Als Kontrolleur bewegte man sich offenbar in einem Nebel aus Vorschriften, die entweder zur Nachsicht verpflichten oder zum Aufgeben zwingen. Unsere letzte Hoffnung war das Labor – dort würden sie schon finden, was sich nur irgend finden lässt.

Ich freute mich auf mein Praktikum im Labor. Gottlob ahnte ich nicht, wie niederschmetternd diese Erfahrung enden würde ... Darf ich Sie einstweilen und bevor wir zum Labor kommen noch mit einer weiteren Kuriosität behelligen? Kein spannender Stoff, das gebe ich zu, aber er rundet das notwendige Wissen über dieses merkwürdige Phänomen »Lebensmittelkontrolle« ab und zeigt mit letzter Deutlichkeit, wem sie nutzt und wem sie auf keinen Fall schaden darf.

Die Abschlussvorlesungen zum Thema Fleisch drehten sich, nicht überraschend, um die Betriebsräume, ihre Ausstattung und ihr technisches Equipment, also noch einmal um Hygiene. Die entsprechende europäische Verordnung von damals unterscheidet sich nicht wesentlich von der heutigen EU-Verordnung 852, deshalb zitiere ich im Folgenden aus dem alten Text. Er veranschaulicht sehr schön die Zielrichtung und den Geist sämtlicher Vorschriften auf diesem Gebiet, nämlich: vollständige Kontrolle über die äußeren Umstände der Produktion unter weitgehender Vernachlässigung dessen, was dabei herauskommt – anders gesagt: was auf unseren Tellern landet, was wir essen.

Hier der Wortlaut der »Allgemeinen Vorschriften für Betriebsstätten, in denen mit Lebensmitteln umgegangen wird« in Auszügen:

Betriebsstätten, in denen mit Lebensmitteln umgegangen wird, müssen sauber und stets instand gehalten sein.

Betriebsstätten, in denen mit Lebensmitteln umgegangen wird, müssen folgendermaßen angelegt, konzipiert, gebaut, gelegen und bemessen sein:

- Es müssen eine angemessene Instandhaltung, Reinigung und/oder Desinfektion möglich sein, aerogene Kontaminationen vermieden oder auf ein Mindestmaß beschränkt werden und ausreichende Arbeitsflächen vorhanden sein, die hygienisch einwandfreie Arbeitsgänge ermöglichen.
- Die Ansammlung von Schmutz, der Kontakt mit toxischen Stoffen, das Eindringen von Fremdteilchen in Lebensmittel, die Bildung von Kondensflüssigkeit oder unerwünschte Schimmelbildung auf Oberflächen müssen vermieden werden …
- Es müssen genügend Toiletten mit Wasserspülung und Kanalisationsanschluss vorhanden sein. Toilettenräume dürfen auf keinen Fall unmittelbar in Räume öffnen, in denen mit Lebensmitteln umgegangen wird.
- Es müssen an geeigneten Standorten genügend Handwaschbecken vorhanden sein. Diese müssen Warm- und Kaltwasserzufuhr haben; darüber hinaus müssen Mittel zum Händewaschen und zum hygienischen Händetrocknen vorhanden sein. Soweit erforderlich, müssen die Vorrichtungen zum Waschen der Lebensmittel von den Handwaschbecken getrennt angeordnet sein …

Und so weiter, und so fort. Kein reines Lesevergnügen – das war auch nicht zu erwarten –, aber hoch aufschlussreich. Denn dies alles kann man minutiös regeln, ohne Ausnahmen zu- oder Hintertürchen offen zu lassen, und vor allem: ohne mit der Industrie in Konflikt zu geraten – das Nachsehen haben die handwerklichen Betriebe. Und obendrein verschafft man so einem Kontrolleur, der im Vorleben Koch oder Verwaltungsangestellter war und folglich vom Prozess der Brotherstellung genauso wenig versteht wie vom Wurstmachen, eine Art Alibiwissen: Er muss jetzt bloß noch über ausreichende Sehschärfe verfügen, schon darf er sich im Besitz der nötigen Kompetenz wähnen, schon kann er sich darüber hinwegtrösten, dass sich die Qualität der erzeugten Lebensmittel seiner Beurteilung gänzlich entzieht. Ausgerüstet mit den Hygienevorschriften, ansonsten aber wehr- und ahnungslos, wird er an einem auf Betrug aufgebauten System garantiert nicht das Geringste ändern. Darin besteht sein unschätzbarer Wert. Für die Industrie. Und für die Politik.

14. Letzte Hoffnung Labor

Nach drei Monaten in Düsseldorf kam ich zurück ins Amt – und es war, als wäre ich nie fort gewesen. Noch am Vorabend meines ersten Arbeitstags hatte ich mich daheim präpariert, um die Fragen meiner Kollegen beantworten und die Neugier meines Chefs befriedigen zu können, aber mit der Akademie für öffentliche Gesundheit schien man im Amt keinen hinter dem Ofen hervorlocken zu können. Pünktlich um acht Uhr hieß es: »Jungs, die Bezirke rufen!«, alle erhoben sich, und wie jeden Tag fuhren wir zur Metro nach Wuppertal frühstücken. Die neusten Verordnungen, die neusten Erkenntnisse aus dem Verwaltungsrecht? Das interessierte keinen, und mein Chef begnügte sich mit einem »Ach, Herr Voll, Sie sind wieder da? Wie schnell doch drei Monate vergehen.«

Ernüchternd. Andererseits nur zu begreiflich. Stellen Sie sich bitte vor, Sie bekommen im Amt ein neues Gesetz auf den Schreibtisch, vielleicht die TLMV, die Tierlebensmittelhygieneverordnung, oder das LIG, das Lebensmittelinformationsgesetz. Sie lesen die ersten Seiten, finden das meiste unverständlich, beginnen noch einmal von vorn, und nach dem vierten Versuch geben Sie auf. Was soll ich damit?, fragen Sie sich und legen es mit dem sicheren Gefühl beiseite, dass der ungelesene Rest ähnlich abstrus – allenfalls einem Juraprofessor verständlich – und das Gesetz als Ganzes mithin zu vernachlässigen ist. Aus Erfahrung wissen Sie zudem, dass sechzig Prozent der Paragrafen garantiert nicht anwendbar sind, weil sie wie üblich an der Realität vorbeigehen, und irgendwann verlieren Sie die Lust darauf, sich mit diesen Sphären des Wahnsinns überhaupt noch zu befassen.

Genau so sieht der Alltag im Amt aus. Juristisch nicht ausgebildete Personen sehen sich mit einem hoch komplizierten Gesetzestext konfrontiert, einem Text, der den Amtsleiter wie den einzelnen Prüfer wie den Gewerbetreibenden überfordert, von dem man jedenfalls sicher sein kann, dass ihn der Fleischer auf dem Wochenmarkt um die Ecke nicht einmal zur Kenntnis genommen hat, und folglich redet und prüft und kontrolliert einer am anderen vorbei. Mit dem Ergebnis … nun, ich will nicht von einem rechtsfreien Raum sprechen, aber: Wir haben heute ein undurchschaubares Lebensmittelrecht, das eigentlich nur noch den Hersteller und den Kontrolleur tangiert; der Verkäufer kennt es nicht, der Kunde schon gar nicht, und verstehen tun es die wenigsten. Im Gespräch habe ich einmal einem Supermarktleiter gesagt: »Du musst wissen, ob das, was auf dem Etikett an Inhaltsstoffen aufgeführt wird, überhaupt in der Wurst sein darf und reingehört. Das wird von dir verlangt, so steht's im Gesetz.« Er hätte fast einen Weinkrampf bekommen – »Das kann ich doch unmöglich alles wissen!« »Ist mir klar«, habe ich ihm gesagt. »Ich wollte es auch nur aus deinem Mund hören.«

Nebenbei … Ich stelle mir immer vor, wie die Herrschaften von der Lebensmittelindustrie bei Champagner im eigenen Zigarrenqualm zusammensitzen und der eine zum anderen sagt: »Ruf mal deinen Kumpel bei der EU an. Wir brauchen unbedingt noch eine weitere Verordnung, und die muss noch abgehobener und krauser ausfallen als alles Bisherige.« Gesagt, getan, und dann die Reaktionen in den einzelnen Mitgliedsstaaten: Die Italiener schmeißen die neue Verordnung weg, die Franzosen lachen drüber, und die Deutschen machen Verbesserungsvorschläge … Wir perfektionieren den Irrsinn ja gerne.

Wenn sowieso keiner durchblickt, hält sich die Freude über neue Vorschriften jedenfalls in Grenzen – so dürfte die sehr gedämpfte Neugier im Amt zu erklären gewesen sein. Und dann kam der Tag, an dem mein Kollege in den Urlaub fuhr und ich drei Wochen lang allein rausfahren musste. Mein erster Besuch galt einer Großbäckerei.

Ich verstehe nichts von Großbäckereien. Zum Glück ahnt der Bäcker nicht, wie unbedarft ich bin. Immerhin gibt es in diesem Fall einen konkreten Anhaltspunkt: Es soll dort Kakerlaken geben. Kakerlaken fallen unter Hygiene, und Hygiene gehört zu den leichtesten Übungen – der Rest ist dann Improvisation und Schauspielkunst.

Fangen wir mit der Backstube an. Der Fußboden ist verschmutzt, die Wände sind dreckig, die Maschinen könnten sauberer sein, und Kakerlaken finden sich im Keller reichlich. Das ist ein Untersuchungsergebnis, das sich sehen lassen kann, wie ich finde; einigermaßen erleichtert fertige ich in Gegenwart des Inhabers den Prüfbericht an und betrachte die Hygieneverordnung zum ersten Mal im Leben als einen Segen. Ist es aufgefallen, dass ich die Maschinen keiner eingehenden Würdigung unterzogen habe, weil ich nicht weiß, wofür sie gut sind? Dass ich mir den Blick ins Lager für die Zutaten aus dem gleichen Grund gespart habe? Ich glaube nicht. Mich rettet, dass ich hier nur einer Verbraucherbeschwerde nachgehen muss – das habe ich getan und bin fündig geworden; Auftrag erfüllt. Hätte es der Bäcker drauf angelegt, mich bloßzustellen, würde er mich beispielsweise fragen, welche Zutaten er in welchem Produkt verwenden dürfe, ich käme ins Schwitzen. Auf der Rückfahrt dämmert mir, dass ich mich so gründlich fortbilden kann, wie ich will – mit den Betriebsinhabern mir fremder Branchen werde ich mich niemals messen können. Immerhin kann ich mich jetzt in meine Kollegen hineinversetzen.

Dann folgt, sechs Wochen später, der Lehrgang Lebensmittelchemie im Chemischen Untersuchungsamt Hagen – der Kurs, auf den ich meine letzten Hoffnungen setze. Inzwischen muss ich mir ja selbst in Erinnerung rufen, dass ich nicht angetreten bin, um Kakerlaken zu jagen, sondern um die Machenschaften in der Fleischindustrie aufzudecken und den Betrug im Handel zu bekämpfen. Ich halte mich nach wie vor für den richtigen Mann, mit meiner Erfahrung. Das erste halbe Jahr im Amt hat zwar meinen Optimismus gedämpft, aber noch glaube ich, einen starken Verbündeten zu haben, nämlich das Labor, die Institute. Dem Labor bleibt nichts verborgen, denke ich – wo sonst soll die Stunde der Wahrheit für Betrüger schlagen?

Das Fleischlabor in Hagen wird von Dr. Stamm geleitet, einem Mann, mit dem man gerne zusammenarbeitet. Wir steigen sofort in die Untersuchungen ein. Es gibt simple Prüfmethoden wie die Bestimmung des Anteils von Zunge in Zungenwurst – da puhlen wir einfach aus der Wurst heraus, was sich als Zunge zu erkennen gibt, und wiegen es. Es gibt raffiniertere Methoden wie die Bestimmung des Anteils von Magerfleisch in Fleischwurst – da wird die Wurst in Säure aufgelöst, gequirlt und das Ergebnis in einem gewöhnlichen Trinkglas in eine Maschine eingespannt. Diese Maschine misst den Stickstoffgehalt, aus dem sich das Fleischeiweiß errechnen lässt, das wiederum Rückschlüsse auf den Magerfleischanteil und damit auf die Qualität der Wurst erlaubt. Oder doch nicht?

Wir kommen ins Gespräch, und ich erfahre: Das Resultat der Stickstoffbestimmung muss gar nichts bedeuten. Angenommen, der Hersteller weiß, nach welcher Methode seine Wurst im Labor untersucht wird, dann braucht er nur herauszufinden, woran die Maschine Stickstoff erkennt, und schon könnte er das Magerfleisch weglassen und durch ein geeignetes Pulver ersetzen. Die Maschine würde dann immer noch den korrekten Wert ausspucken, das Ergebnis wäre aber trotzdem irreführend, weil der Rückschluss auf Magerfleisch jetzt unzulässig wäre. Das heißt, die mindere Qualität von Fleischwurst lässt sich durchaus verschleiern, denn – weitergehende Untersuchungen werden mit Fleischwurst im Labor normalerweise nicht angestellt!

Ich wechsele das Thema. Frage: »Lässt sich feststellen, ob in der Blutmasse einer Blutwurst alte Wurstreste verarbeitet wurden?« Antwort: »Nein. Das geht auch auf histologischem Wege (also durch Gewebeuntersuchung) kaum, weil das Blut alles überdeckt. Außerdem führen wir solche Untersuchungen nicht durch, weil sie kostspielig sind. Und im Übrigen – alte Wurstreste in Blutwurst, das macht doch keiner.« Aha. Wenn Dr. Stamm wüsste, wen er vor sich hat … Und ich bin um eine Illusion ärmer. Ich hatte mir vorgestellt, dass Wurst im Labor grundsätzlich auf alle Bestandteile hin überprüft wird, aber das geschieht nicht. Das übliche Prüfungsverfahren besteht in Tests der harmlosen Art; wie will man damit Betrügern auf die Spur kommen?

Die nächste Auskunft offenbart mir dann das volle Ausmaß meiner Machtlosigkeit als Kontrolleur.

Ich setze mein Praktikum im Veterinärmedizinischen Untersuchungsamt in Arnsberg fort, wo ich lerne, Platten zur Keimbestimmung auszustreichen und auszuzählen, den Aschegehalt in der Wurst zu messen, um den Salzgehalt zu bestimmen, und überall freundlichen, hilfsbereiten Menschen begegne. Auch der Leiter hat stets ein offenes Ohr für mich, er ermuntert mich sogar, mich mit Proben, die eine histologische Untersuchung angeraten erscheinen lassen, an ihn zu wenden. Dann aber setzt er hinzu: »Allerdings – wenn Sie uns eine Probe schicken, sollten Sie uns Ihren Verdacht mitteilen. Ich brauche klare Anweisungen, ich kann nämlich nur nach dem suchen, was Sie konkret in einer Wurst zu finden erwarten. Sollten Sie keine Angaben machen, führen wir lediglich die Standarduntersuchung durch, prüfen also nur das Verhältnis von Fett zu Wasser bzw. das von Eiweiß zu Wasser.« Ich bin entsetzt. Damit wird dem Wachhund der Lebensmittelkontrolle praktisch der letzte Zahn gezogen, denn wie soll ein Koch, wie soll ein Bäckermeister oder Verwaltungsangestellter konkreten Verdacht schöpfen, wenn er keinerlei Vorstellung vom Herstellungsprozess hat? Da müsste er schon höhere Eingebungen haben.

Was ich im Labor gelernt habe, ist also Folgendes: Entweder verfügen wir nicht über die nötige Technik, oder sie ist zu kostspielig, oder sie kommt nur unter Voraussetzungen zum Einsatz, die illusorisch sind. Problemlos möglich sind allenfalls Standarduntersuchungen, die ihren Schrecken längst verloren haben, wenn sie je einen besaßen. Wieder bietet sich mir das Bild einer rückständigen und ineffizienten Behörde, die an der kurzen Leine gehalten wird, die auf jeden Fall nur mit gebremster Kraft und halbem Einsatz arbeitet, arbeiten muss, arbeiten soll. Waltet auch hier wieder Absicht? Oder Gleichgültigkeit? Oder Ignoranz? Anhand eines Beispielfalls lässt sich diese Frage mit ziemlicher Sicherheit beantworten.

In entsinne mich eines Kollegen, der für seine strengen Kontrollen bekannt war (ein Quertreiber, hätte mein Chef ihn genannt). Dieser Kollege entwickelte eine Methode zur Untersuchung von Olivenöl; es gelang ihm herauszufinden, ob Olivenöl aus einer einzigen Region stammt oder aus den Erträgen mehrerer Regionen zusammengemischt wurde. Dieser Test dauerte zehn Sekunden. In der Erprobung bewährte er sich, sodass er von allen beteiligten Instituten empfohlen wurde, dennoch wurde ihm die Zulassung von der zuständigen internen Kommission verweigert – vermutlich, weil er zu genau war und Betrug damit ausgeschlossen gewesen wäre. Die Zulassungsstelle bestand jedenfalls auf der Beibehaltung des alten Testverfahrens, das Wochen in Anspruch nahm und obendrein keine zuverlässigen Ergebnisse brachte.

Wohlgemerkt: Die neue Prüfmethode für Olivenöl darf bis heute einzig und allein deshalb nicht angewendet werden, weil sie »keine zugelassene Form der Untersuchung« darstellt. Man braucht die Forschung also nicht einmal zu unterbinden; sie darf ruhig weiterlaufen, man behindert die Lebensmittelkontrolle vielmehr nach der bewährten Strategie, den

Konzernen ihren technischen Vorsprung zu garantieren. Man lässt ein Verfahren einfach nicht zu, und zwar so lange nicht, bis die Hersteller einen Kniff gefunden haben, auch diesen Test zu unterlaufen. Gleichgültigkeit liegt hier gewiss nicht vor, Ignoranz ebenso wenig. Dahinter steckt ganz offenkundig Absicht.

Die Abschlussprüfung stand bevor. Vorausgegangen waren noch einmal drei Monate auf der Akademie für öffentliche Gesundheit, wo diesmal auch Backwaren auf dem Lehrplan standen – für mich die nächste ernüchternde Erfahrung, denn über die gängigen Praktiken und das einschlägige Wissen dieses Berufsstands erfuhr ich auch jetzt nichts. Am Ende des Lehrgangs wusste ich in groben Zügen, was im Gesetz steht und wie man einen Bußgeldbescheid ausstellt, wir hatten sogar ein wenig Deeskalation geübt, um aufgebrachte Gemüter zu besänftigen, aber vom Backen verstand ich am Ende so wenig wie vorher. Die Prüfung überforderte erwartungsgemäß keinen, und nun waren wir Lebensmittelkontrolleure.

Jetzt musste ich meinen Dienst organisieren und stand, wiederum völlig unerwartet, vor einem Chaos. Die Kontrollbefugnisse waren nämlich, wie sich herausstellte, folgendermaßen verteilt:

In einem Landkreis sind die Kontrolleure dem Veterinäramt zugeteilt, in einer Stadt hingegen dem Ordnungsamt. In einem Landkreis ist der Kontrolleur bei Gaststätten ausschließlich für die Küche zuständig, der Bierkeller und die Bierleitungen sind Sache des Ordnungsamts und werden von einem städtischen Angestellten kontrolliert, während die Trinkwasserproben in einer Gaststätte vom Gesundheitsamt genommen werden. Eisdielen wiederum werden grundsätzlich nur vom Gesundheitsamt kontrolliert, und was Wochenmärkte angeht, prüft der Kontrolleur eines Landkreises lediglich, ob die Handelsklassen auf den Preisschildern richtig ausgezeichnet sind – die Preisauszeichnung hingegen ist Sache des Ordnungsamts, und für die Gewichte ist das Eichamt zuständig. Bei diesem Wirrwarr konnte es passieren, dass ein Gewerbetreibender an einem Tag nacheinander von drei Ämtern besucht wurde; da wurde es dann auch schon mal laut, und unser Deeskalationstraining zahlte sich aus. Was ein Gewerbetreibender aber am wenigsten verstand, war der Abrechnungsmodus: Das Ordnungsamt kassierte die Gebühren sofort, gegen Quittung und in bar; das Gesundheitsamt verschickte Rechnungen, und unsere Kontrolle war kostenlos …

Man muss sich bei alledem vor Augen halten, dass es sich hier nicht um eine Beschäftigungstherapie für Angestellte irgendwelcher Ämter handelt, sondern um Verbraucherschutz. Um den allerdings stand es unter solchen Umständen schlecht. Welche Folgen dieses Durcheinander hatte, will ich abschließend an einem Beispiel verdeutlichen, nämlich dem Problem der Gefälligkeitsgutachten.

Bis 1988 war keine einzige Eisdiele in unserem Kreis unangenehm aufgefallen, nie war es zu einem Bußgeldbescheid gekommen. Das war erstaunlich, ging uns aber nichts an, weil die Kontrolle der Eisdielen, wie erwähnt, beim Gesundheitsamt lag. Der Hintergrund war: Das Gesundheitsamt ließ die Eisproben in einem privaten Institut analysieren. Nun lebt ein solches Institut von den Gewerbetreibenden, deren Proben es untersucht, wird seinen Kunden also kein Auge aushacken, und daher hatte sich folgendes Verfahren eingespielt:

Bei einer auffälligen Probe rief das Labor den Betreiber der Eisdiele an und sagte: »Deine Probe können wir keinem zeigen.« Wie bringt man die Sache jetzt doch noch in Ordnung? Man vereinbart einen Termin für eine zweite Probennahme, der Tag ist also bekannt, die Eisdiele ist vorbereitet, da kann nichts mehr schiefgehen, und alle sind fein raus – das Institut bekommt statt einer Probe zwei bezahlt, die Eisdiele darf sich einer weißen Weste rühmen, und das Gesundheitsamt glaubt, dem Verbraucher einen Dienst erwiesen zu haben.

Diese Gefälligkeitswirtschaft war in meinem Landkreis dermaßen ausgeartet, dass 1988 die Eisdielen der Lebensmittelüberwachung zugeordnet wurden. Von Stund an hagelte es Bußgeldbescheide. Kaum eine Probe war einwandfrei. Unter den italienischen Besitzern gab es einen Aufschrei, weil sie im Fall einer Beanstandung die Untersuchungskosten zu tragen hatten; da kamen schnell tausend Mark zusammen, aber dem Verbraucherschutz war nun endlich einmal gedient. Bisweilen hatten wir also tatsächlich Erfolge zu verzeichnen.

15. Vier Episoden aus dem Leben eines Lebensmittelkontrolleurs

Erste Episode

Diese Geschichte hat das Zeug, in die Annalen Nordrhein-Westfalens einzugehen: Eine Kollegin, Tierärztin ihres Zeichens, sucht einen Fleischer auf, und siehe da, er hat ein ungestempeltes Kalb im Kühlhaus hängen. Ein schwarz geschlachtetes. (Dergleichen kommt vor auf dem Land. Bauern und Metzger stehen hier bisweilen in gutem Einvernehmen.) Sie betritt also das Kühlhaus, entdeckt das Kalb und ereifert sich. Doch der Metzger reagiert nicht. Er guckt sie seelenruhig an und sagt: »Welches Kalb?« Sie, sehr laut: »Ja, das da!« Er: »Ach so.« Und dann: »Das gehört mir nicht. Das gehört dem Bauern Wöhler, drei Kilometer von hier.«

Die Kollegin braust davon, zum Bauern Wöhler, aber das Telefon ist schneller. Als sie ihn endlich aufgetrieben hat, entlädt sich ein Gewitter über dem Mann – »Sie haben ein Kalb schwarz geschlachtet! Ich werde Sie vor Gericht bringen!« Darauf Wöhler, auch er seelenruhig: »Wer? Ich? Ich habe kein Kalb geschlachtet. Wie kommen Sie darauf?« Sie wirft sich ins Auto, fährt zurück zum Metzger, läuft ins Kühlhaus, blickt sich um – und das Kalb ist nirgendwo zu sehen.

»Wo ist das Kalb?« Darauf der Metzger, ehrlich erstaunt: »Welches Kalb?«

Das alte Katz-und-Maus-Spiel, diesmal als Bauernschwank. Nur dass solche Vorfälle auch noch die letzte Autorität des Kontrolleurs untergraben. Wenn wir das nächste Mal in der Gegend auftauchen, wird es heißen: Die Vollidioten sind im Anmarsch.

Zweite Episode

Aber es geht noch schlimmer. Ich bin mit derselben Tierärztin unterwegs; gemeinsam suchen wir einen anderen Fleischer auf. Auf unserem Rundgang durch seinen Betrieb kommen wir in die Räucherkammer, wo ihr Blick auf einen Rauchstock fällt, der natürlich schwarz von Rauchharz ist. Was macht sie? Sie nimmt diesen Stab, kratzt mit dem Fingernagel daran herum, schaut missbilligend erst auf ihren Fingernagel, dann auf den Metzger und sagt: »Was ist denn das für ein Schweinkram?« Ich ziehe sie an der Kapuze ihres Parkas aus der Räucherkammer ins Freie, gehe noch einmal hinein und entschuldige mich bei dem Metzger: »Tut mir leid, die Dame ist neu bei uns …« Und wieder hat sich das Amt lächerlich gemacht.

Dritte Episode

In der Frühe ist eine Verbraucherbeschwerde bei uns eingegangen – eine Metzgerei soll ihre Theke mit vergammelter Wurst bestückt haben. Zusammen mit einem Kollegen mache ich mich auf den Weg.

Es handelt sich um die Fleischerei Lange, einen neu angemeldeten Betrieb, der erst vor einer Woche eröffnet hat. Als ich den Laden betrete, kann ich es kaum fassen: Die Wurst ist grau, sie ist tatsächlich völlig farblos, aber schlecht ist sie nicht. Die Verkäuferin, eine nette, ältere Dame, ruft sogleich die beiden Meister, wir stellen uns vor, wir erzählen ihnen von der Verbraucherbeschwerde, und nachdem die beiden ihre Verärgerung hinuntergeschluckt haben, erfahren wir: »Mein Bruder und ich haben vor, neue Wege zu beschreiten. Wir produzieren unsere Wurst durchweg ohne Nitritpökelsalz – daher die graue Farbe. Diese Wurst ist gut, sie ist bloß nicht künstlich gerötet.«

Das ist löblich, das ist mutig. Ich verheimliche den beiden allerdings nicht, dass ich für sie schwarzsehe. Die Leute werden sich nicht an graue Salami gewöhnen; nur der Fachmann weiß, dass die rote Farbe erst durch das Pökelsalz in die Wurst kommt. »Mit dieser Ware«, prophezeie ich ihnen, »werden Sie nicht überleben.« Leider werde ich recht behalten. Die Gebrüder Lange müssen nach nicht einmal acht Monaten schließen.

Vierte Episode

Unsere Verwaltung verfällt auf die Idee, ihren Kontrolleuren vorzuschreiben, wie viele Kilometer sie im Monat fahren dürfen – Kontrolle nach Kassenlage nennt man das. Und jetzt? Wir wissen doch nie, was der Tag bringt, weil wir zusätzlich zu den üblichen Stichproben auch Verbraucherbeschwerden nachgehen müssen. Was machen wir nun? Nehmen wir an, ich erhalte eine Beschwerde aus einem Ort 25 km von meinem Arbeitsplatz entfernt – soll ich dem Bürger, der Bürgerin sagen: »Tut mir leid, ich käme gern vorbei, das geht aber erst im kommenden Monat, weil mein Kilometerkontingent für diesen Monat bereits erschöpft ist«?

Oder bezahlen wir unsere Fahrten aus der eigenen Tasche?

Welches Ansehen unser Amt im Kreis genießt, geht aus einer Bemerkung unseres Oberkreisdirektors hervor. Der sagte einmal: »Rumfahren und einkaufen kann meine Frau auch. Dafür brauche ich das Amt für Lebensmittelüberwachung nicht.« Sie können sich vorstellen, was von der Motivation eines Kontrolleurs nach alledem übrig bleibt. Nichts.

16. Tierseuche mit drei Buchstaben

Ich beginne mit einem Skandal, der keiner war, um auf einen Skandal zu kommen, der nicht nur alles Bisherige in jeder Hinsicht in den Schatten stellte, sondern auch das längst vermutete Zusammenspiel von Politik und Wirtschaft bestätigte.

Der Skandal, der keiner war, betraf den Nudelhersteller Birkel mit seinem Werk in Schwelm. Die Firma war zu Unrecht an den Pranger gestellt worden, wehrte sich, zog vors Gericht und erstritt eine Entschädigung in Millionenhöhe. Das hatte es noch nie gegeben. Da die Überwachung kommunal geregelt ist, musste die Kommune zahlen.

Die Geschäftsführung von Birkel hatte damit zweierlei erreicht. Erstens herrschte in den Behörden von diesem Tag an die nackte Angst – sobald ein Bußgeld fällig war, hieß es: »… und wenn er klagt?« –, folglich galt in der Praxis jetzt konsequenter denn je: Die Kleinen hängen, die Großen laufen lassen. Und zweitens: Von unserer Arbeit durfte nichts mehr an die Öffentlichkeit dringen. Wir verwandelten uns gewissermaßen in Geheimagenten.

Das Ganze war eine Katastrophe, weil im Lebensmittelbereich inzwischen eine Hydra herangewachsen war. Einzelne Filialen von Handelsriesen wie Kaiser's oder Coop waren uns ja vertraut, aber wir hatten bisher nie ernsthaft darüber nachgedacht, in welchen Massen für diese Konzerne produziert wurde – und welche Umsätze damit erzielt wurden. Wie weit die Macht dieser Giganten reicht, sollten wir aber bald zu spüren bekommen.

Alles begann damit, dass ich an einem Abend des Jahres 1989 die Tagesschau einschaltete. Tschernobyl war vergessen, stattdessen tat sich jetzt Unheimliches auf der Britischen Insel: Über den Fernsehschirm liefen Bilder einer schwarzweißen Kuh, die sich nicht auf den Beinen halten konnte. Sie schlenkerte mit dem Kopf, sie torkelte, sie stürzte. An diesem Abend hörte ich zum ersten Mal das Wort BSE.

Der Tagesschau-Beitrag wurde am nächsten Morgen im Amt diskutiert. Sollten wir uns in Alarmbereitschaft versetzen? Die Veterinäre winkten ab – das seien Bilder aus England, das betreffe uns nicht, das Phänomen sei auf die Insel beschränkt. Nun, wir wurden eines Besseren belehrt. In den folgenden Jahren sollten die Masken fallen. Im Zuge der BSE-Seuche zeigte sich, was eine Lobby zu leisten vermag. Nie in der Geschichte der Europäischen Gemeinschaft ist so viel gelogen, nie so viel vertuscht worden, zum Wohle der Fleischindustrie, zum Schaden des kleinen Metzgers, dem die Kunden in Scharen davonliefen … Und damit kommen wir zum BSE-Krimi.

Über anderthalb Jahrzehnte hinweg wurde auf der europäischen Bühne ein Schauerstück aufgeführt, das in der Nachkriegsgeschichte kaum seinesgleichen findet. Die erschrockenen, die irritierten und verängstigten Zuschauer waren wir alle, soweit wir die Gewohnheit hatten, Fleisch zu essen; als Darsteller traten in erster Linie Politiker (nationale und europäische) sowie Wissenschaftler auf (vom Amtsveterinär bis zum Nobelpreisträger), und als Regisseure, als Drahtzieher, wurden später die Interessenvertreter der Landwirtschaft und der Fleischindustrie identifiziert; aber die bekam das Publikum nie zu sehen, die hielten sich im Hintergrund.

Nicht alle auf dieser Bühne waren Schurken. Es gab auch besonnene Warner und Mahner, Leute, die sich nicht das Wort verbieten ließen, die sich den Forschungsergebnissen verpflichtet fühlten, aber die Schurken, die Leugner und Lügner waren lange Zeit in der Überzahl. Etliche von ihnen werden wir im weiteren Verlauf noch kennenlernen, einer soll jetzt schon vorgestellt werden: Keith Meldrum, der Chefveterinär des britischen Landwirtschaftsministeriums und böse Bube in diesem Stück.

Meldrum war der Wortführer all jener, die es für richtig hielten, sich blind und taub zu stellen. 1991 war er dabei, als 300 Wissenschaftler dem Vortrag des US-Amerikaners Stanley Prusiner lauschten, des Mannes, der mutierte Eiweißmoleküle als Verursacher des Hirnschwamms bei Rindern entdeckt hatte und sechs Jahre später dafür den Nobelpreis erhielt. Prusiner warnte davor, die neue Rinderseuche zu verharmlosen. »Wenn wir gefragt werden, ob BSE auf den Menschen übertragbar ist«, beschwor er seine Zuhörer, »dann müssen wir ehrlicherweise zugeben: Wir wissen es nicht.« Im nächsten Moment erhob sich Keith Meldrum und verkündete empört: »Die Ungefährlichkeit für den Menschen« sei doch »vollkommen klar«. Ganz nach seinem Geschmack hingegen war der PR-Gag des britischen Landwirtschaftsministers, der vor laufenden Kameras in einen Hamburger biss, um die Unbedenklichkeit britischen Rindfleischs zu demonstrieren. Und als sich die Europäische Gemeinschaft 1990 zu der Vorsichtsmaßnahme durchrang, britische Schlachthäuser einer Prüfung zu unterziehen, blieb Meldrum wiederum seiner Linie treu und protestierte scharf gegen jegliche Einmischung in nationale Angelegenheiten.

Wer hatte nun recht? Für die Dauer eines Jahrzehnts wusste das Publikum nicht, was von diesem Schauerstück zu halten war. Mittlerweile haben wir Klarheit gewonnen. 1993 werde die Seuche ausgerottet sein, hatte Meldrum prophezeit – stattdessen erreichte sie zu diesem Zeitpunkt mit den 37.000 britischen BSE-Fällen des Vorjahrs gerade ihren Höhepunkt, und insgesamt haben an die 200 Menschen ihr Leben verloren, als Opfer der menschlichen Variante von BSE. Warum hatte die Politik so schleppend agiert, so zögerlich reagiert? Eine Kurskorrektur wäre längst nötig und auch möglich gewesen, an warnenden Stimmen hatte es nicht gefehlt, und dennoch war ein ganzes Jahrzehnt mit Verschleierungsmanövern und kosmetischen Eingriffen vertan worden ... Die Antwort kann nur lauten: Weil in allen Ländern Europas, weil auch in den zuständigen Behörden der Europäischen Gemeinschaft Politiker, Beamte und Lobbyisten am Werk waren, denen das Wohlergehen von Züchtern und Fleischproduzenten mehr am Herzen lag als die Gesundheit ihrer Bürger. Die, kurz gesagt, nach der Devise handelten: Geschäft geht immer noch vor Menschenleben.

Heute verfügen wir über die Beweise. Auf der Grundlage britischer Akten und EU-Dokumente lassen sich die damaligen Vorgänge weitgehend rekonstruieren. Aufschlussreich ist insbesondere der sogenannte Philipps-Report, eine knapp 4.000 Seiten umfassende Studie über den BSE-Skandal, die im Auftrag der britischen Regierung erstellt wurde. Doch nicht nur in Großbritannien gab das Kartell der Schönfärber lange Zeit den Ton an. »Wir alle litten an kollektiver Verblendung« – zu diesem Eingeständnis sah sich im Nachhinein auch ein hoher Beamter des deutschen Landwirtschaftsministeriums gezwungen. Mit anderen Worten: Die Verteidigung nationaler Wirtschaftsinteressen hatte auch in anderen Mitgliedsstaaten der Europäischen Gemeinschaft Vorrang, und überall gingen Minister, Beamte und Lobbyisten dabei buchstäblich über Leichen. Mit dem Ergebnis, dass sich die tödliche Seuche in ganz Europa ausbreiten konnte.

Wickeln wir den Fall also noch einmal von Anfang an auf.

Großbritannien

Wir schreiben das Jahr 1984. Zwei Tage vor Heiligabend betritt der Tierarzt David Bee den Kuhstall der Pitsham-Farm im südenglischen Sussex. Bauer Peter Stent hat ihn gerufen, weil die Kuh mit der Bezeichnung 133 durchgedreht ist und Melkanlagen demoliert hat. Dass mit diesem Tier etwas nicht stimmt, bemerkt Tierarzt Bee sofort – sein durchgebogenes Rückgrat und eine auffällige Magerkeit sind nicht zu übersehen. Einen Reim kann er sich allerdings nicht darauf machen – eine Infektion käme als Ursache genauso infrage wie Gift im Futter.

Und jetzt wird die Sache gespenstisch. Bei seinen nächsten Besuchen auf der Farm entdeckt David Bee immer neue Tiere mit denselben Symptomen. Kuh 133 schlenkert bereits unablässig mit dem Kopf und vermag sich kaum noch auf den Beinen zu halten – sie verendet Anfang Februar, und Ende des Monats sind fünf weitere Tiere tot. In seiner Ratlosigkeit wendet sich Bee an den zuständigen Amtsveterinär. Gemeinsam untersuchen sie das Futter und nehmen Gewebeproben, doch beides bringt sie nicht weiter. Auch das Krankheitsbild lässt sich keiner bekannten Krankheit zuordnen, und so erhält die mysteriöse Krankheit bis auf Weiteres den Verlegenheitsnamen »Stent-Farm-Syndrom«.

Mittlerweile wundern sich Tierärzte auch andernorts über rastlose, unberechenbare Kühe. Einer von ihnen, Colin Whitaker, will der Sache auf den Grund gehen, weil er einen Zusammenhang zwischen den verstreuten Fällen zu erkennen glaubt. Er lässt die Gehirne befallener Tierleichen analysieren, er schlägt aber auch in der Fachliteratur nach, und siehe da: Die Symptome deuten auf Scrapie hin, eine tödliche Nervenkrankheit, von der nach bisherigem Wissensstand allerdings ausschließlich Schafe befallen werden. Whitaker erscheint das Phänomen interessant genug, um einen Schritt weiter zu gehen und seine Erkenntnisse über das »Scrapieähnliche Syndrom« bei Kühen zu veröffentlichen, stößt mit seinem Plan jedoch auf Widerstand. Von der Möglichkeit einer Seuche aufgeschreckt, untersagen ihm seine Vorgesetzten im Landwirtschaftsministerium, den Begriff »Scrapieähnlich« zu verwenden. Whitaker streicht also das verräterische Wort in seinem Manuskript, legt sich im Kollegenkreis aber keine Zurückhaltung auf. »Ich glaube, wir haben da eine neue Krankheit«, sagt er auf einer Versammlung von Rinder-Veterinären.

Das ist im Juli 1987. Aber so neu ist diese Krankheit womöglich gar nicht. Zwar gilt Kuh 133 offiziell als erstes Opfer des Rinderwahns, aber … Es gibt da die Aussage eines gewissen Harry Coulthard. Sie legt nahe, dass diese Seuche bereits seit den 70er-Jahren gewissermaßen inkognito unter britischen Rindern grassiert. Und diese Aussage hat Gewicht – zum einen, weil dieser Harry Coulthard eine vierzigjährige Erfahrung als Tierarzt besitzt, zum anderen, weil er – viel später allerdings – vor einer britischen Untersuchungskommission aussagt. Bei dieser Gelegenheit kommt jedenfalls heraus, dass Coulthard alljährlich mindestens sechs Kühe begutachtet hat, die an einem unerklärlichen Nervenleiden verendet waren. Mal habe er dann Tetanus, mal Pflanzenvergiftung diagnostiziert, gelegentlich aber auch einfach G.O.K. als Todesursache eingetragen – God only knows, Gott allein kennt den Grund … Und von diesen infizierten Rindern sollen, nach einer Untersuchung des Oxforder Epidemiologen Roy Anderson, bis 1985 bereits rund 54.000 Tiere in die Nahrungskette des Menschen gelangt sein. Bis Mitte der 90er-Jahre, so eine weitere Schätzung, dürften sogar an die 750.000 infizierte Tiere als Wurst oder Braten auf irgendwelchen Tellern gelandet sein.

Eine ungeheuerliche Zahl. Sie wäre deutlich niedriger ausgefallen, hätten die Verantwortlichen die Alarmsignale ernst genommen. Doch von wenigen Ausnahmen abgesehen, schrecken jene Tierärzte, die die Seuche entdeckt und als erste beschrieben haben, vor dem Zorn der Züchter und Mäster zurück. British Beef ist nämlich ein Exportschlager. Von der Regierung in London großzügig gefördert, setzt die Branche mittlerweile 700 Millionen Pfund im Jahr mit der Ausfuhr von Rindfleisch um; da werden die Tierärzte doch wohl kuschen.

Nicht alle immerhin lassen sich vom Kartell der Vertuscher vereinnahmen. Eine junge Pathologin im zentralen staatlichen Veterinärlabor in Weybridge zum Beispiel gibt keine Ruhe. Im Gehirnschnitt einer Kuh stellt sie kleine Löcher fest, als hätten sich Holzwürmer kreuz und quer hindurchgebohrt. Auch sie spricht nun von Scrapie, der Seuche, die allem Anschein nach nicht nur Schafe befällt, stößt damit jedoch bei Kollegen wie Vorgesetzten auf taube Ohren. Die Mauer des Schweigens beginnt allerdings zu bröckeln, als im Verlauf des Jahres 1986 immer weitere Gehirnproben nervenkranker Rinder im Labor eintreffen, und Ende Dezember endlich lässt sich die neue Krankheit nicht länger ignorieren. Jetzt braucht sie einen Namen, und man entscheidet sich für »Bovine Spongiforme Encephalopathie«, kurz BSE – zu Deutsch: schwammartige Gehirnerkrankung bei Rindern.

Allmählich schwant den Beteiligten das Ausmaß der Bedrohung. Was, um Himmels willen, kommt da auf die Fleischwirtschaft zu? Mit welchen Folgen werden die Züchter rechnen müssen, welche Belastungen könnten sich hier für die Staatskasse anbahnen? Red Bradley, der Chefpathologe in Weybridge, spricht in einem vertraulichen Schreiben an den Institutsleiter von seinen düsteren Ahnungen: »Sollte es sich um Rinder-Scrapie handeln, wird dies ernsthafte Auswirkungen auf den Exporthandel haben – und möglicherweise auch auf die Menschen.« Seine Empfehlung: »… weiterhin die Augen offen zu halten, aber die Sache auf niedrigem Niveau zu behandeln« – sprich: herunterzuspielen.

So kommt es, dass die Regierung von Margaret Thatcher erst im Juni 1987 über die beängstigenden Vorgänge informiert wird, zweieinhalb Jahre nach dem Ausbruch der Seuche. Und die zieht die Notbremse. »Kein alarmistischer Ton«, lautet die Regieanweisung, auf die sich der Staatssekretär des Landwirtschaftsministeriums mit den Wissenschaftlern aus Weybridge einigt, und »keine Gefährdung des Exports«, denn »eine schlecht informierte Öffentlichkeit könnte zu hysterischen Forderungen nach drakonischen Maßnahmen führen.« Im Klartext: Die Öffentlichkeit soll durch gezielte Falschmeldungen in Sicherheit gewiegt werden – bloß keine schlafenden Hunde wecken.

Weitere Monate verstreichen, bevor die Ursache der Seuche im Frühjahr 1988 aufgedeckt wird. Einiges spricht dafür, dass der Erreger mit dem Futter aufgenommen wird. Rinderfutter wird nämlich Tiermehl beigemischt, das aus Schlachtabfällen und verendeten Tieren gewonnen wird, weil das proteinhaltige Pulver die Milchleistung der Kuh erhöhen soll – mit anderen Worten: Seit Jahren fressen (nicht nur) britische Kühe die Kadaver ihrer Artgenossen. Dass auf diesem Wege Krankheiten übertragen werden können, ist seit Langem bekannt, hat aber bislang keinen Menschen gestört – wie auch niemand Einspruch gegen einen weiteren Missstand erhoben hat. Um Energiekosten zu sparen, sind die Tiermehlfabrikanten nämlich auf die Idee verfallen, die Sterilisationstemperatur auf 80 Grad abzusenken. Das Fatale daran ist: Bei dieser

Temperatur werden gerade noch Salmonellen abgetötet, aber keine BSE-Erreger. Da haben sich also, durch Geschäftsinteressen geheiligt, Praktiken eingeschlichen, die den Tatbestand der groben Fahrlässigkeit erfüllen.

Im Mai 1988 endlich setzt die britische Regierung eine Gutachterkommission ein, der wundersamerweise kein einziger BSE-Experte angehört. Weniger verwunderlich ist das Ergebnis, zu dem dieses Gremium ein knappes Jahr später gelangt, nämlich: Es sei »sehr unwahrscheinlich, dass BSE irgendwelche Folgen für die menschliche Gesundheit haben wird«. Und jetzt wird es kriminell. Damit ist der Schritt von der Verharmlosung zur bewussten Irreführung getan, denn inzwischen haben Neuropathologen in Edinburgh anhand von Experimenten mit Mäusen nachgewiesen, dass die BSE-Seuche durchaus Artenschranken überspringen kann. Jahre später entschuldigte sich der Kommissionspräsident, ein Zoologe, mit Anweisungen von oben: Das Landwirtschaftsministerium habe der Kommission das Ergebnis ihrer Arbeit praktisch vorgeschrieben, und zwar mit der Anweisung, keine Vorschläge zur Bekämpfung von BSE zu liefern, die den Staatshaushalt belasten könnten. Was heißt das anderes, als dass der britische Staat in diesem Fall jede Fürsorgepflicht für seine Bürger ablehnte?

Immerhin, im Sommer 1988 reagiert die Regierung Ihrer Majestät – mit zwei windelweichen Beschlüssen. Sie führt die Meldepflicht für BSE-Fälle ein, ohne sie zu kontrollieren, und sie verbietet Tiermehl im Rinderfutter, ohne Verstöße dagegen zu sanktionieren. Unberührt von den neuen Regelungen bleibt der Export des unheilvollen Tiermehls; die Futtermittelhersteller werden sogar dazu animiert, die Verluste auf dem Inlandsmarkt durch verstärkte Ausfuhren zu kompensieren – mit dem Ergebnis, dass sich im Jahr darauf der Export britischen Tiermehls ins europäische Ausland beinahe verdreifacht, von 13.000 Tonnen auf über 32.000 Tonnen. Besonders eifrige Abnehmer finden die Briten in den Franzosen, aber auch Niederländer, Belgier und Deutsche greifen im Jahr 1989 noch gerne zu.

Einstweilen trägt das, was sich in Großbritannien abspielt, die Züge eines Schmierentheaters, und jetzt kommt auch noch der große Viehschwindel in Gang. Britische Züchter fragen sich nämlich, warum sie sich mit der Hälfte des Marktpreises zufriedengeben sollen, den die Regierung in London für jedes notgeschlachtete BSE-Rind zahlen will. Sobald der Staat sein Säckel öffnet, wird der Mensch bekanntlich erfinderisch, und die Landwirte verfallen nun auf einen schwunghaften Handel mit kranken Tieren. In der Praxis sieht das so aus: Ein Bauer verfrachtet seine gesunden Tiere auf eine abgelegene Weide und stellt sich stattdessen dieselbe Anzahl kranker Tiere in den Stall, die er seinen Nachbarn für wenig Geld abgekauft hat. Kommt der staatliche Kontrolleur vorbei, stehen außer den eigenen BSE-Rindern noch zwanzig oder dreißig weitere in seinem Stall, für die ihr Besitzer ebenfalls die Schlachtprämie kassiert, und so kommt man schon auf ein ganz ansehnliches Sümmchen. Natürlich werden diese Tiere anschließend nicht geschlachtet, sondern an den nächsten Interessenten weiterverkauft, damit auch dieser in den Genuss einer fetten Schlachtprämie kommt. Und das Schönste ist: Der Schwindel fliegt nicht auf, er kann gar nicht auffliegen, weil die Schlachtzahlen nicht kontrolliert werden. Keineswegs ausgeschlossen, dass kranke Tiere am

Ende doch auf einheimischen oder ausländischen Tellern gelandet sind.

Damit sind wir im Jahr 1990 angekommen – Zeit, sich anderen europäischen Staaten zuzuwenden. Aus Großbritannien vorläufig nur noch eine Nachricht: Die Nation nimmt in diesem Jahr Anteil am Schicksal von Mad Max, einem Siamkater, der vermutlich durch verseuchtes Tierfutter den Hirnschwamm bekommen hat. Der Einzige, den die Leidensgeschichte des Katers kaltlässt, ist Chefveterinär Keith Meldrum, welcher kalt lächelnd erklärt, bei Mad Max handele es sich bloß um eine von sieben Millionen britischen Katzen. Immerhin verzichten die meisten Hersteller von Katzenfutter fortan auf riskante Teile von Rindern. Nach wie vor aber findet Risikomaterial seinen Weg in französische Pasteten und deutsche Würste.

17. Bonn und Brüssel – skrupellos

Brüssel

Die Stadt, in der die Institutionen der Europäischen Union beheimatet sind, dürfte gleichzeitig die Welthauptstadt des Lobbyismus sein. Ganze Straßenzüge im Europaviertel von Brüssel beherbergen kaum etwas anderes als die Geschäftsräume von Interessenvertretern der Wirtschaft. Hier wird mit knallharten Bandagen gekämpft. EU-Parlamentarier, Kommissare und Lobbyisten stehen in ständigem Kontakt miteinander, und immer geht es ums ganz große Geld – mit dem *eine* Gruppe leider nicht winken kann, die größte nämlich, die der Verbraucher. So viel zum Hintergrund dessen, was sich nun in der europäischen Hauptstadt abspielt.

Denn wer geglaubt hat, das Wohl der Bürger sei bei Europapolitikern besser aufgehoben als bei der Londoner Regierung, sieht sich getäuscht. Eine Meldepflicht für jede kranke britische Kuh, das ist alles, wozu sie sich im März 1990 durchringen können. Als aber kurz darauf ein Importverbot für britisches Rindfleisch beschlossen werden soll, schaltet sich der irische Agrarkommissar Ray MacSharry ein.

Der Mann entpuppt sich als treuer Verbündeter der britischen Regierung. Das Importverbot verhindert er mit der

Drohung, beim Europäischen Gerichtshof dagegen Klage einzureichen. Vertreter anderer Mitgliedsstaaten setzt er rabiat unter Druck. Untersuchungsberichte über die katastrophalen Zustände in britischen Exportschlachthöfen wischt er kurzerhand vom Tisch. Und seine Kollegen lassen ihn gewähren, denn eine Seuche dieses Ausmaßes kann derzeit auch sonst keiner in Brüssel gebrauchen.

Die Europäische Gemeinschaft setzt nämlich gerade zu ihrem großen Wurf an: Sie führt den grenzenlosen Binnenmarkt ein, dessen oberste Maxime freier Warenverkehr lautet, und niemand will sich den Spaß an dieser schönen Vision durch ein so unappetitliches Thema wie BSE verderben lassen. Deshalb lässt sich Brüssel gefallen, dass Chefveterinär Meldrum den Kontrolleuren der EG den Zutritt zu britischen Schlachthöfen verweigert. Deshalb regt sich auch kein Widerstand, als die Briten in Brüssel einen wissenschaftlichen Ausschuss nach dem anderen unter ihre Kontrolle bringen. Deshalb fällt auch keinem auf, dass die Briten sogar Debattenprotokolle verschwinden lassen oder fälschen. Wie gehabt rechtfertigt Meldrum dies alles mit der Behauptung, BSE stelle ein Vertrauensproblem dar, kein Verbraucherschutzproblem – von British Beef gehe nach allen bisherigen Erkenntnissen keinerlei Gefahr aus … Widerspruch hat er nicht zu befürchten – die meisten Vertreter anderer Mitgliedsstaaten schließen sich seiner Einschätzung erleichtert an.

Derweil geht es hinter den verschlossenen Türen der Sitzungssäle, in denen sich die BSE-Ausschüsse treffen, turbulent zu. Wir hätten vermutlich nie erfahren, was dort gespielt wurde, hätte der französische Beamte Gérard Castille nicht im Oktober 1990 ein Gedächtnisprotokoll verfasst, in dem er die wesentlichen Aussagen und Debattenbeiträge festhielt. Dort lesen wir Forderungen wie diese: »Man muss eine kaltblütige Haltung einnehmen, um keine ungünstigen Reaktionen auf dem Markt zu provozieren.« Oder folgende Empfehlung: »Einfach nicht mehr über BSE sprechen … Wir werden das Vereinigte Königreich jetzt offiziell bitten, keine weiteren Forschungsergebnisse mehr zu veröffentlichen.« Und auch diese Überlegung: »Im Allgemeinen muss man die BSE-Affäre durch Desinformation minimieren. Am besten sagen wir, die Presse habe einen Hang zur Übertreibung …« Kurzum: Auch Europapolitikern sind die schlafenden Hunde die liebsten, wenn es ums Geschäft geht. Castille erscheinen diese Vorgänge brisant genug, um seine Aufzeichnungen der französischen Regierung auszuhändigen.

So können sich Jahre später französische Staatsanwälte dieser Unterlagen bedienen, um die Schuld am Tod eines jungen Franzosen aufzuklären. Höchstwahrscheinlich ist er bei seinem Metzger an verseuchtes Rindfleisch geraten, denn mittlerweile hat die unheimliche Krankheit den europäischen Kontinent erreicht: Am 2. November 1990 wird in der Schweiz die erste BSE-Kuh entdeckt, die nicht aus Großbritannien importiert worden, sondern im Land selbst zur Welt gekommen war. Im folgenden Jahr steigt die Zahl der BSE-Fälle in Frankreich auf fünf und in Irland auf siebzehn an. Bevor die Sache gänzlich außer Kontrolle gerät, entschließt sich die Bundesregierung nun endlich zu handeln.

1992 kommt es zum ersten BSE-Fall auf deutschem Boden. Zwar handelt es sich bei der infizierten Kuh um ein aus England importiertes Tier, sodass die Bundesrepublik sich weiterhin als BSE-frei bezeichnen darf, doch die Bonner Regierung scheint Deutschland nun zum Bollwerk gegen die Seuche ausbauen zu wollen. Kein anderes Land kämpft in der ersten Hälfte der 90er-Jahre so couragiert gegen die Ignoranz der europäischen Behörden an, kein anderes setzt sich in Brüssel so beharrlich für ein totales Ausfuhrverbot britischen Rindfleischs ein. Die Motive der Bundesregierung seien dahingestellt; womöglich nutzt man nur die Gelegenheit, einen Konkurrenten auszuschalten – Tatsache ist: Angeführt von Gesundheitsminister Horst Seehofer, proben die Deutschen den Aufstand gegen die kompromisslose Klientelpolitik der Briten – nur um klein beizugeben, als die übrigen Mitgliedsländer ihnen ihre Unterstützung verweigern. Unbeliebt machen wollen sich die Deutschen nicht, und die Sturheit, mit der die Briten ihre Wirtschaftsinteressen verteidigen, ist genauso wenig ihre Sache. Als Seehofer merkt, dass er sich mit seinen Forderungen bei seinen EU-Kollegen nicht durchzusetzen vermag, stellt er seine Vorstöße jedenfalls ein und schwört allen deutschen Alleingängen ab.

Aus Brüssel kommen allerdings auch harsche Töne. Der neue Agrarkommissar René Steichen etwa nimmt keine diplomatischen Rücksichten, wenn er den deutschen Gesundheitsminister in einem Schreiben zur Zurückhaltung verdonnert: »Jede neue Diskussion hat dramatische Auswirkungen auf den Rindfleischverbrauch der gesamten Gemeinschaft.« Und wehe den Unbeugsamen, wenn sie niedrigeren Dienstgraden angehören. Arpad Somogyi vom Bundesgesundheitsministerium beispielsweise zieht sich den Zorn der Eurokraten schon deshalb zu, weil er darauf besteht, seine abweichende Meinung in den Veterinärausschüssen zu Protokoll zu nehmen. Der Mann ist in Brüssel allerdings ohnehin unten durch, seitdem er auf einer Konferenz der Weltgesundheitsbehörde in Paris dafür plädiert hat, Fleisch aus BSE-Herden ganz vom Markt zu nehmen. Die Forderung ist unter Forschern unumstritten, aber hören will sie in Brüssel keiner; Guy Legras, der Vorsitzende der europäischen Agrardirektion, verlangt von Horst Seehofer sogar einen Maulkorb für Arpad Somogyi. Brüssel und London marschieren im Gleichschritt, und die Verlautbarungen der Europäischen Gemeinschaft unterscheiden sich kaum von den Beschwichtigungsversuchen der Regierung Major.

Im Übrigen betreibt London eine konsequente Blockadepolitik. Deutschen Wissenschaftlern etwa wird Analysematerial aus England verweigert, um jegliche unabhängige Forschung zu verhindern, sodass sie ausschließlich auf britische Erkenntnisse und Auskünfte zurückgreifen können. Doch auch die deutsche Politik schließt sich zunehmend der britischen Lesart an und pfeift Experten, die sie als Störenfriede ausmacht, zurück.

Klaus Hoffmann von der Bundesanstalt für Fleischforschung zum Beispiel. Zehn Jahre nach dem ersten Auftreten von BSE in England äußert er die begründete Vermutung, dass der Kadaverbrei auch in deutschen Tiermehlfabriken nicht heiß genug gekocht wird, um sämtliche Erreger abzutöten. Im Februar 1997 wagt es Hoffmann, in einer Fernsehsendung auf diesen beängstigenden Tatbestand hinzuweisen – Pech nur, dass ausgerechnet sein oberster Dienstherr, Landwirtschaftsminister Borchert, in derselben Sendung deutschem Tiermehl ein Unbedenklichkeitszeugnis ausstellt. Borchert reagiert sofort und fordert Hoffmann gleich am nächsten Tag zu einem Dementi auf. Als der seine Beobachtung stattdessen in einem wissenschaftlichen Aufsatz wiederholt, setzt das Landwirtschaftsministerium auf Zensur – von nun an habe Hoffmann jede Veröffentlichung zu diesem Thema mit dem Ministerium abzustimmen. Zwar lässt sich Borcherts Behörde später umstimmen. Doch flächendeckende Kontrollen in deutschen Tiermehlfabriken, wie sie Hoffmann gefordert hat, werden erst im November des Jahres 2000 eingeführt, nachdem die erste unzweifelhaft deutsche Kuh, eine friesische Schwarzbunte, an BSE verendet ist. Bis zu diesem Zeitpunkt haben auch in Deutschland die Lobbyisten der Fleischwirtschaft freie Bahn.

Dafür ein letztes Beispiel. 1997, zwölf Jahre nach Ausbruch der Seuche, gelangt man in Brüssel doch noch zur Einsicht. BSE hat mittlerweile die ersten menschlichen Todesopfer gefordert, und nun rät die EU, Risikomaterial wie Hirn, Milz und Rückenmark aus den Läden zu verbannen. Die Bundesregierung aber denkt gar nicht daran. In Deutschland, so heißt es aus Bonn, gebe es kein BSE und damit auch kein Risikomaterial – Rinderhirn gelangt also weiterhin in deutsche Wurst. Erst im Oktober 2000 ist Schluss damit.

18. Täter und Opfer

Kommen wir zum letzten Kapitel unserer Skandalchronik. Erinnern Sie sich an Ray Bradley? Er ist der Mann, der als Chefpathologe am Zentralen Veterinärlabor in Weybridge jahrelang zu den Abwieglern gehört hat. Von ihm stammte der Rat, die Sache am besten unter den Teppich zu kehren. Doch der Mann hat eine Wandlung durchgemacht. Auf einem BSE-Hearing im bayerischen Gesundheitsministerium 1997 verkündet er jedenfalls: Wenn Risikomaterial in die Nahrungskette gelange, werde es definitiv auch für den Menschen gefährlich. Die Politik stehe jetzt vor der Entscheidung, den Bürger diesem Risiko auszusetzen oder ihn davor zu schützen. Die deutschen Verantwortlichen mögen sich, mit anderen Worten, klarmachen, dass Menschenleben auf dem Spiel stehen.

Die bayerische Regierung aber entscheidet sich für russisches Roulette. Die Deutschen fühlen sich nicht angesprochen, und im Verkehr mit den europäischen Behörden schwingt sogar nationale Überheblichkeit mit – zum Beispiel, wenn Ministerpräsident Edmund Stoiber die EU-Kommission davor warnt, alle Mitgliedsstaaten in einen Topf zu werfen. Der Kommission habe er, so Stoiber kämpferisch, »sehr deutlich gemacht, dass wir ihren überzogenen Forderungen nicht folgen werden«.

Jetzt stellen sich also die Deutschen quer. Selbst die Brüsseler Empfehlung, Schlachtvieh grundsätzlich auf BSE zu testen, lehnen sie ab. Zwar befürwortet Bärbel Höhn von den Grünen, ihres Zeichens Landwirtschaftsministerin in Nordrhein-Westfalen, die bundesweite Einführung von Schnelltests, aber aus der CSU kommt umgehend Widerspruch – solche Tests seien »ungeeignet und überflüssig« und eine »unzumutbare Beeinträchtigung für Bauern und Metzger«, kontert ihre bayerische Kollegin Barbara Stamm. Sie appelliert sogar an Bundesgesundheitsministerin Funke, gegen das unnötige und kostspielige Verbot von Innereien in der Wurst beim Europäischen Gerichtshof zu klagen. Später beichtet Frau Stamm, der Bauernverband habe ihr im Nacken gesessen und Druck gemacht.

Die Illusion eines BSE-freien Landes ist aber auch der Bundesregierung selbst inzwischen ans Herz gewachsen. Von Brüssel will man sich in diesem Punkt jedenfalls nichts einreden lassen, und als eine EU-Studie im Frühjahr 2000 auch die Bundesrepublik als BSE-gefährdet einstuft, gibt es in Bonn einen Aufschrei. Offenbar hegt Brüssel Zweifel an der deutschen Gründlichkeit. Die EU-Experten werfen dem europäischen Musterschüler jedenfalls Schlamperei bei den vorgeschriebenen BSE-Stichproben vor – statt 300 Kühe jährlich, wie es der Vorschrift entsprochen hätte, sollen die Deutschen nicht einmal hundert Kühe überprüft haben. Außerdem habe Deutschland bis 1993 über 13.000 lebende Rinder aus Großbritannien importiert, und dann seien da auch noch die 1.300 Tonnen Tiermehl, die in diesem

Zeitraum ebenfalls ihren Weg nach Deutschland gefunden hätten …

Für die EU Gründe genug, eine BSE-Infektion deutscher Herden ernsthaft in Betracht zu ziehen – doch die Deutschen schalten auf stur. Aus dem Landwirtschaftsministerium beispielsweise ist zu hören, der Ausschuss habe keine Beweise vorgelegt, veraltete Daten herangezogen und im Übrigen lediglich Handelsströme bewertet – die ganze Affäre sei bloß ein Beweis für die Brüsseler Unverschämtheit. Und der deutsche Chefveterinär Werner Zwingmann tritt in die Fußstapfen seines britischen Amtskollegen Meldrum, wenn er die beschworenen Gefahren »rein spekulativ« nennt.

Nur ein halbes Jahr später ist Zwingmann widerlegt, da wird bei einer Kuh im schleswig-holsteinischen Hörsten BSE diagnostiziert – es handelt sich um die bereits erwähnte Schwarzbunte. Die Seuche ist in Deutschland angekommen, und vollständig ausgerottet ist sie bis heute nicht. Man hört nur nichts mehr davon, weil einfach nicht mehr darüber berichtet wird.

So viel zu den Tätern. Und jetzt noch kurz zu den Opfern.

Die 15-jährige Victoria Wimmer aus Wales trifft es als Erste. Wie schätzungsweise 200 weitere Menschen stirbt sie an der Creutzfeldt-Jakob-Krankheit, der menschlichen Variante von BSE. Ende 1993 bemerkt ihre Großmutter erste Veränderungen an ihr; Victoria wird vergesslich, sie verliert die Kontrolle über ihren Körper. Als sie geschwächt und abgemagert ins Krankenhaus eingeliefert wird, können sich die Ärzte ihren Zustand nicht recht erklären – liegt hier ein Gehirnschaden durch Masern vor? Creutzfeldt-Jakob jedenfalls glauben sie schon deshalb ausschließen zu können, weil Victoria viel zu jung dafür ist – aufgrund ihrer langen Inkubationszeit tritt diese Hirnkrankheit in der Regel erst bei Menschen über 55 auf; eine 15-Jährige kann also unmöglich an Creutzfeldt-Jakob leiden.

Der Fall erregt immerhin Aufsehen. Als Victoria Anfang 1994 stirbt, äußert der Forscher Richard Lacey einen furchtbaren Verdacht: Man könne eine Infektion durch verseuchtes Rindfleisch als Todesursache nicht ausschließen. Umgehend streitet die Regierung in London jeden Zusammenhang ab, und das Gesundheitsministerium setzt in Victorias Krankenakte den Vermerk durch, eine Verkettung ungewöhnlicher Zufälle habe zu ihrem Tod geführt. Allerdings treten solche ungewöhnlichen Zufälle nun immer häufiger auf: Wenige Monate später stirbt der Abiturient Stephen Churchill auf die gleiche Weise, und weitere unerklärliche Todesfälle dieser Art folgen.

Für Klarheit sorgt dann der britische Neuropathologe James Ironside. 1995 nimmt er sich drei Gehirne von jugendlichen Opfern der unheimlichen Krankheit vor und stellt fest, dass alle auf die gleiche Weise durchlöchert sind wie die Hirne von BSE-Rindern; damit ist der Beweis erbracht. Von ihm stammt auch der seither gebräuchliche Name für diese Leiden; Ironside spricht von einer »neuen Variante der Creutzfeldt-Jakob-Krankheit«, die in ihrer bisher bekannten Form gewöhnlich nach wenigen Monaten zum sicheren Tod führt. Und jetzt schrillen plötzlich alle Alarmglocken. Die Presse stürzt sich auf das Thema. Britische Zeitungen titeln: »Der Rinderwahn kann auch Sie umbringen!« Was ist geschehen?

Dem *Daily Mirror* ist das Gutachten einer wissenschaftlichen Kommission zugespielt worden. Dieses Papier enthält das Ergebnis einer Untersuchung von acht Opfern jener Krankheit, die Großbritannien seit Jahren heimsucht, und die Schlussfolgerung des Gremiums ist ein Schock: Es könne nicht mehr ausgeschlossen werden, dass sich sämtliche Opfer durch den Genuss von Rindfleisch infiziert hätten. Damit bricht das Kartenhaus aus Lügen zusammen, und apokalyptische Spekulationen schießen ins Kraut. David Tyrell, der Vorsitzende der Regierungskommission, sagt Tausende von Toten voraus. Biomathematiker sprechen von bis zu 130.000 Infizierten allein in Großbritannien. Panik tritt an die Stelle des Schweigens und Beschwichtigens, Panik angesichts einer elf Jahre lang planvoll unterdrückten Wahrheit. Und auch wenn die düstersten Prognosen letztlich nicht eingetreten sind, bleibt doch der Eindruck, dass sich der Tod von Bürgern für Regierungen unter Umständen durchaus lohnt.

Wer es vorher noch nicht wusste, der wusste es jetzt: Regierungen gehen im Verein mit der Industrie zur Not auch im Frieden über Leichen. Wenn dann alles auffliegt, soll es nie mehr vorkommen und alles besser werden – besser für die Menschen, aber besser natürlich auch für die Industrie. Noch besser. Im Amt für Lebensmittelüberwachung hatte ich das Vergnügen, mich an den Aufräumarbeiten zu beteiligen.

Nichts mehr zu retten war für die Metzger. Ihnen liefen die Kunden davon, viele gaben auf, aber auch mittelgroße Betriebe mussten infolge der BSE-Krise schließen. Und, um das hier noch anzufügen: Persönlich betroffen war ich durch den Fall einer Kollegin, einer Tierärztin, deren Mann mit 48 Jahren an Creutzfeldt-Jakob starb. Da ich das Elend hautnah miterlebte, darf ich sagen: verreckte. Und nun sollte die

Verschleierungskampagne nach dem Willen der Politiker in ein Zeitalter der Wahrheit und Transparenz münden. Was hatte man sich überlegt?

Nun, zunächst einmal wurde ein bisschen mehr kontrolliert. Ich erinnere mich, dass 1992 mein Chef im Türrahmen erschien und den Auftrag erteilte, den in unserem Kreis ansässigen Tiermehlhersteller zu überprüfen. Bei solchen Proben hatte sich ein gewisses gegenseitiges Entgegenkommen eingebürgert; wir kündigten unseren Besuch also an, und der Hersteller servierte uns in einer Halle ein eigens für uns dort hingeschafftes Häufchen Tiermehl. Wir bedienten uns, wir tüteten die Probe ein, wir brachten sie nach Arnsberg ins Labor, aber wir prüften niemals die Sterilisationstemperatur seines Kadaverbreis – nach offizieller Lesart bestand ja keine Gefahr, und mein Chef kommentierte das BSE-Risiko mit folgenden Worten: »Die Engländer haben es, und wir reden drüber; das ist mal wieder typisch deutsch …« So beschaulich ging es in Nordrhein-Westfalen noch sieben Jahre nach Ausbruch der Seuche zu.

Weitere Jahre vergingen, bevor die Politik aktiv wurde und mit zwei Maßnahmen die Lehren aus der Vergangenheit zog. Die erste Maßnahme bestand in der Novellierung der Hygieneverordnung, die zweite in der Einführung einer obligatorischen Ohrmarke für Rinder. Beides hört sich zunächst einmal nicht schlecht an, und beides entpuppte sich als Scharlatanerie, um es vorsichtig auszudrücken.

Um mit der Ohrmarke zu beginnen: Die Idee, jedem Rind eine Ohrmarke mit einer Registriernummer zu verpassen, stammte von der nordrhein-westfälischen Umweltministerin Bärbel Höhn. Ihr Versprechen lautete, mithilfe der Ohrmarke ein Rind vom Teller bis zur Weide auch quer durch Europa zurückverfolgen zu können. Die Ohrmarke war also als Steckbrief gedacht, der präzise Auskunft über die Herkunft des Bratens gibt, den ich mir gerade schmecken lasse. Das klang plausibel, erwies sich in der Praxis aber als Augenwischerei. Schauen wir uns den Weg eines Rindes vom Schlachthof bis in die Fleischerei einmal an.

Das Tier wird vor dem Schlachthof angeliefert, und noch bis zum Tor ist sein Werdegang nachvollziehbar. Jetzt wird es geschossen und die Ohrmarke vom Ohr geschnitten. Der Töter gibt dann die Schlachtnummer zu Protokoll sowie die Ohrmarkennummer, eine Zahl so lang wie die IBAN. Der Protokollant braucht sich jetzt nur bei einer Zahl zu verhören, also etwa eine Vier statt einer Fünf zu notieren, und mit der Zurückverfolgbarkeit ist es bereits aus. In diesem Fall würde schon jetzt keiner mehr wissen, woher die Kuh kam.

Aber gehen wir davon aus, diese Klippe wird umschifft. Als Nächstes wird dem Tierkörper ein Kunststoffetikett mit Ohrmarkennummer und Schlachtnummer angeheftet, und bis hierhin wäre alles noch im Sinne der Erfinderin. Doch jetzt wird es kompliziert. Rinder werden nämlich traditionell in Viertel geschnitten – aus Gründen des Gewichts; auch Metzger sind nicht unbedingt wie Herkules gebaut –, sodass wir jetzt folglich vier Teile mit einem einzigen Etikett haben, und anschließend vom Schlachthof in einen Zerlegebetrieb gefahren, wo diese Rinderviertel in noch kleinere Teile geschnitten werden. Am Ende landen zwei Viertel des ursprünglichen Tiers womöglich in Süddeutschland, das nächste in Norddeutschland, das letzte in Mitteldeutschland, und um die Verwirrung komplett zu machen: Nie lässt sich sagen, in wie viele Teile jedes Viertel zerlegt wurde. Daher ist es nun mit der Nachvollziehbarkeit endgültig vorbei. Jeder Zerlegebetrieb kann nämlich beliebig viele Etiketten mit beliebigen Ohrnummern drucken – was jetzt noch zählt, ist allein, dass eine solche Ohrnummer überhaupt existiert, und ein Pferd, das dazwischen gerutscht ist, könnte per Ohrmarke durchaus kurzerhand zum Rind umetikettiert werden …

Damit ist der Werdegang des Fleischs auf unserem Teller aber noch nicht abgeschlossen. Als Nächstes landen die zerlegten Teile im Supermarkt, wo sie in Portionen geschnitten werden. Macht ein Abteilungsleiter nun aus mehreren Teilstücken zum Beispiel Gulasch, gerät er in die aussichtslose Lage, jedes Fleischstück einzeln kennzeichnen zu müssen, was er selbstverständlich unterlässt, und sollte er am nächsten Tag das übrig gebliebene Gulasch vom Vortag mit dem frisch produzierten Gulasch vermischen … Ich denke, Sie verstehen, worauf ich hinauswill. Irgendwann stößt selbst die wundersamste Etikettenvermehrung an ihre Grenzen. Fazit: Hier haben wir ein weiteres Gesetz, das sich durch seine Realitätsferne auszeichnet. Und an dieser Realitätsferne krankt das ganze System. In der Gesetzgebung haben wir eben Menschen, die von Fleisch genauso wenig verstehen wie der Kunde, der es kauft – mit dem Erfolg, dass beide glauben müssen, was ihnen die Industrie erzählt.

Trotzdem erfüllte die Ohrmarke ihren Zweck, nämlich als genialer Marketing-Gag. Diese Verordnung war ja aus aktuellem Anlass ersonnen worden; sie sollte das Verbrauchervertrauen wiederherstellen, das die Fleischindustrie in der BSE-Krise verspielt hatte, und so gesehen war der Ohrmarke großer Erfolg beschieden: Bis heute gilt sie vielen als Garantie für ein sauberes Geschäftsgebaren aller Beteiligten. Was ich mich allerdings frage: Sind Politiker dazu da, für Vertrauen zur Fleischwirtschaft zu werben? Sind sie nicht dazu da, unsere Gesundheit zu schützen? Und überhaupt – was geht die Politik eigentlich an, wie viel Rindfleisch im Land verzehrt wird? Als wäre es eine Unverschämtheit des Verbrauchers gewesen, eine so geringfügige Sache wie BSE zum Vorwand zu nehmen, sich beim Rindfleischkauf zurückzuhalten …

Etwa gleichzeitig, nämlich Ende der 90er-Jahre, kam es zur Novellierung der Hygieneverordnung. Dies war nun ein noch tolleres Bubenstück. Danach hielt es mich nicht länger im Amt, aber dazu mehr im nächsten Kapitel.

19. Meine Geheimnisse gegen deine Geheimnisse

Es gelang mir übrigens nie, die Metzger vom Sinn der Ohrmarke zu überzeugen, wohl auch deshalb nicht, weil ich selbst sie für Unsinn hielt. Wir einigten uns dann stets darauf, der jeweiligen Charge im Tresen ein beliebiges Etikett beizulegen, und aufgefallen ist dieser praktisch unumgängliche Schwindel meines Wissens nie, weil auch die Kontrolleure sich an dieser Materie nicht die Finger verbrennen wollten.

Immerhin – die Ohrmarke war eine halbwegs plausible, wenn auch hilflose Reaktion gewesen. Die neue Hygieneverordnung hingegen legte den Verdacht nahe, dass sie von der Industrie diktiert worden war. Jedenfalls gipfelte der Lernprozess der Politik in der Erkenntnis, die Kooperation mit der Industrie müsse dringend verbessert werden. So kam das Eigenkontrollsystem in die Welt.

Man stelle sich vor: Eben erst hatte sich der Umgang mit der BSE-Krise als eine einzige Verschleierungskampagne herausgestellt, eben erst hatten wir gelernt, dass man der Lebensmittelindustrie keine zwei Schritte über den Weg trauen darf, da hieß es: Wir führen die Eigenkontrolle ein! Wir ziehen uns als Staat zurück! Wir vertrauen der Selbstkontrolle und glauben den Selbstauskünften der Wirtschaft! Von nun an setzen wir auf ein Qualitätsmanagement, bei dem jeder zwar fürchterlich viel aufschreiben und dokumentieren muss, aber ohne dass ihm ein staatlicher Prüfer ins Handwerk pfuscht – von den eingehenden Lieferungen bis hin zu den Temperaturen der Tiermehlkessel wird künftig alles von den Betrieben eigenverantwortlich kontrolliert, auch Warenproben werden ab jetzt selbstständig genommen und eventuelle Beanstandungen genauso frei- und bereitwillig ans Überwachungsamt gemeldet …

Ein todsicheres Verfahren, wie Sie sehen. Auf diese Weise sollte nun also ein zweites BSE-Desaster verhindert werden. Tatsache ist: Seit der Einführung des sogenannten HACCP-Systems (also der Eigenkontrolle) im Jahr 1998 stieg die Zahl der Skandale im Lebensmittelbereich sprunghaft an. Doch zunächst möchte ich auf einen weiteren katastrophalen Effekt eingehen, den die Novellierung dieses Gesetzes im Jahr 2006 hatte.

So sehr das HACCP-System von Anfang an im Sinne der Industrie war, so gezielt richtete sich die Neufassung nun gegen die kleinen Fleischer. Von denen wurde jetzt nämlich verlangt, sich an die einschlägigen EU-Richtlinien zu halten, ein hoch kompliziertes Regelwerk, das dem einzelnen Metzger unabsehbare Kosten auferlegte. Diese Regelung galt für alle Fleischereien, die eine Filiale betrieben – sobald mit dieser Filiale ein Drittel des Umsatzes erwirtschaftet wurde, griffen die EU-Vorschriften, und in der Industrie knallten die Sektkorken. Dort rechnete man sich aus, dass über kurz oder lang fünfzig Prozent der verbliebenen Metzger das Handtuch werfen würden, was auch tatsächlich eintrat.

Und nun muss man die EU vor dem Vorwurf in Schutz nehmen, sie hätte es aufs Handwerk abgesehen gehabt. Nein, das hatte sie nicht. Sie wollten den kleinen Selbstständigen durchaus nicht die Luft abdrücken, sie hatte nämlich verlangt, bei der Umsetzung ihrer Richtlinien großzügig zu verfahren und keinen Betrieb in Existenznot zu bringen. Wer jetzt plötzlich die Zähne zeigte, das waren die deutschen Behörden. Bei den Metzgern legten sie jenen unerbittlichen Eifer an den Tag, den sie der Industrie gnädig ersparten, bestanden auf unerfüllbaren Anforderungen und zerlegten die Betriebe mit der Kettensäge. Kurzum: Im Handwerk fanden die deutschen Beamten das Schlachtfeld, auf dem sie endlich einmal Stärke und Unnachgiebigkeit zeigen konnten.

Als kleine Fallstudie und Beispiel für viele andere hier das Schicksal eines befreundeten Metzgers: Er schlachtete noch selbst. Er fuhr die fünf Kilometer zum nächsten Bauern, holte sich dort ein Tier aus dem Stall und schlachtete es in aller Ruhe bei sich zu Hause. Das wurde ihm untersagt. Nun gut, nicht direkt untersagt, aber die Anforderungen wurden immer höher geschraubt. Auf einmal musste er ein Schwein am Boden fixieren, bevor es mit der Schockzange betäubt wurde. Dann wurde ihm ein Hohlmesser mit Absaugvorrichtung für das Blut vorgeschrieben. Schließlich untersagte man ihm, den Anhänger, in dem er das Schwein beim Bauern abgeholt hatte, auf dem eigenen Hof mit dem Dampfstrahler zu säubern – von nun an musste er nach jedem Transport erst einmal zum Seuchenhof fahren. Und obendrein war zu berücksichtigen, dass kein Schwein geschlachtet werden darf, solange Artgenossen zuschauen.

Entnervt hat mein Freund das Schlachten aufgegeben. Und als in seiner Nähe ein Edeka-Markt mit 4.000 m^2 Verkaufsfläche eröffnete, war es ganz aus mit ihm. Von da an kauften seine Stammkunden – all jene also, die stets davon geschwärmt hatten, dass man ihm noch beim Wurstmachen zuschauen konnte – ihre Fleischprodukte im neuen Supermarkt ein, und in seinem Laden war nichts mehr los. Das Ende vom Lied: ein Metzger weniger.

Zurück ins Jahr 1998. Ich hatte genug. Genug von blödsinnigen Gesetzen, genug von dem Klima der Lustlosigkeit im Amt, und nach zehn Jahren im Staatsdienst, nach Tschernobyl und BSE und nachdem ich einen Offenbarungseid der Politik nach dem anderen erlebt hatte, schied ich 1998 aus, machte mich selbstständig, wechselte erneut die Seiten und ging – mit meinem ganzen Wissen als Lebensmittelüberwacher – in die Privatwirtschaft. Wieder versprach es spannend zu werden, denn die Unternehmen waren auf meine Geheimnisse erpicht und ich auf ihre. Auslöser für meinen Sinneswandel aber war eine zufällige Begegnung mit Don Giorgio gewesen, dem Inhaber eines italienischen Restaurants, zu einer Zeit, als ich noch im Amt war.

Giorgio war damals unglücklich; er verstand das neue HACCP-System nicht, es war ihm zu kompliziert. Ich versprach, ihm einen Einführungskurs zu geben, und als ich eine Woche später den kleinen Raum über seinem Lokal betrat, erwarteten mich dort 25 Mann, drei Brüder, acht Cousins und etliche Kollegen von Giorgio – keiner von ihnen verstand, was man sich da im Ministerium ausgedacht hatte. Gut, ich tat mein Bestes, es ihnen zu erklären. Am Ende wollte Giorgio mein Honorar wissen, und als ich mich weigerte,

Geld anzunehmen, ließ er ein Briefcouvert herumgehen – Freundschaftsdienst kam für ihn nicht infrage. Später im Auto schaute ich nach – es waren tausend Mark zusammengekommen. Das könnte ein Geschäftsmodell sein, dachte ich mir, strich im Amt die Segel und wurde selbstständiger Unternehmensberater. Einen Kundenstamm glaubte ich schon aufgrund jener zahlreichen Gewerbetreibenden zu haben, die ich als Kontrolleur kennengelernt hatte und die alle mit dem HACCP-System überfordert sein durften.

So war es auch. Alle hatten sie sich in dieses Gesetz vertieft und sich stirnrunzelnd gefragt, was der Gesetzgeber mit dieser oder jener Passage gemeint haben mochte – ich konnte es ihnen ganz genau sagen, und innerhalb kürzester Zeit beriet ich 1.500 Eiscafés, sechzig Fleischereien und achtzig Bäckereien und entwarf für jeden Einzelnen ein hieb- und stichfestes Hygienekonzept. Ich hatte natürlich den zusätzlichen Vorteil, ursprünglich aus der Eisbranche zu stammen; viele kannten mich, weil die Speiseeiswelt eine kleine, verschworene, nun ja, eben italienische Welt ist, und wenn man dann noch beim Hereinkommen: »Buon giorno, c'è il capo?« sagt anstatt: »Guten Morgen, ich möchte den Chef sprechen«, dann erhält man in einem italienischen Eiscafé selbst als Kontrolleur eine vernünftige Antwort.

Wie gestaltete sich meine neue Arbeit? Ich will es am Beispiel der Eiscafés kurz erläutern.

Ich erhalte eine Anfrage von einem Eiscafébetreiber in Norddeutschland. Ich sage: »Ich komme gern, aber nicht für dich allein«, und da sich alle untereinander kennen, kommt flugs ein halbes – oder auch ein ganzes – Dutzend Eisdielen zusammen, an einem einzigen Standort. Sind genügend

Standorte in Norddeutschland beisammen, fahre ich los. Behausung und Fortbewegungsmittel ist für diese Zeit ein Wohnmobil mit einer großen Gefrierbox für Proben. Ich tauche auf, ich erkläre die neuen gesetzlichen Bestimmungen, ich entwerfe auf Wunsch ein geeignetes Hygienekonzept, und zwischendurch fahre ich mit vierzig oder fünfzig Eisproben nach Hause, um sie ins Labor zu bringen – die werden in der Gefrierbox ja nicht schlecht. Später teile ich den Eiscafébesitzern die Untersuchungsergebnisse mit, und das Schöne ist: Da wird nicht geschummelt, da versucht es keiner mit Tricks, zwischen uns wird mit offenen Karten gespielt, weil jeder meiner Kunden wissen will, woran er mit seinem Laden ist, bevor zwei meiner ehemaligen Kollegen vom Amt anrücken. Dann mache ich mich auf die nächste Reise, diesmal nach Süden.

Bei einem dieser Hinterzimmer- oder Oberstübchen-Termine entdeckte ich unter den Anwesenden einen Herrn, der für einen Eismann zu gut gekleidet war. Hinterher kam er auf mich zu – er müsse mir etwas beichten. »Das brauchen Sie nicht«, sagte ich. »Dass Sie kein Eis machen, sehe ich.« Er nickte. »Ich bin vom Verband der Franchise-Nehmer von Burger King. Ich würde Sie gern engagieren.« Nun, offen gesagt, ob wir das Eiscafé San Marino oder die Burger-King-Filiale nehmen, im Prinzip arbeiten sie alle gleich; ich traute mir Burger King folglich zu, nannte ihm einen Preis, er willigte ein, und jetzt hatte ich auch einen amerikanischen Hamburger-Riesen im Programm.

Am Ende betreute ich bis zu 750 Läden gleichzeitig. Ich kam in Unternehmen, die sich mir unter anderen Bedingungen nie geöffnet hätten, und jeder breitete anstandslos das ganze Repertoire der üblichen Schweinereien vor mir aus. Vertrauen gegen Vertrauen – anders hätte es nicht funktioniert. Sie vertrauten mir, weil ich als selbstständiger Berater unverdächtig war und nicht nur den Gesetzestext kannte, sondern ebenso die Mentalität meiner Kollegen von früher und die Vorgehensweise der Überwachungsämter sowie – ganz besonders interessant –, was man im Labor über dieses oder jenes Lebensmittel herausfinden kann und was nicht. Ich war für meine Kunden deshalb gewissermaßen Gold wert, genauso wie sie für mich, denn schließlich interessierte mich nach wie vor und mehr denn je, wie es hinter den Kulissen zuging. Und Sie werden es nicht glauben …

Selbst Fleischer, die ich von früher persönlich kannte, zeigten mir plötzlich Kühlhäuser in ihren Kellern, die ich als Kontrolleur nie zu Gesicht bekommen hatte. Nachdem mir das einmal passiert war, hieß meine zweite oder dritte Frage grundsätzlich: »Wo ist das Kühlhaus mit den schwarzen Sachen?« Und siehe da – oft genug öffnete sich eine unscheinbare Kellertür vor mir, der alte, vertraute Kühlhausgeruch schlug mir entgegen, und ich stand in einem Raum, wo Fleisch- und Wurstwaren im Wert zwischen 10.000 und 20.000 DM hingen oder lagerten.

»Das ist mein Spargroschen«, lautete die Erklärung.

»Na gut«, sagte ich dann. »Weißt du was? Das erwähnen wir in keinem Bericht, sonst verbraten sie dir einen aus gekränkter Eitelkeit – nicht, weil das hier alles so schrecklich unhygienisch wäre, sondern weil du dein geheimes Depot verschwiegen hast und sie es nicht gemerkt haben.«

Ich wollte diese Leute ja nicht ausliefern, schon weil mir ihr Überleben am Herzen lag, ich wollte lediglich verhindern, dass sie sich im Paragrafengestrüpp einer undurchschaubaren Rechtslage verhedderten.

Kurzum, fünf Jahre lang bewegte ich mich im Dämmerlicht jener Grauzone, die wir bereits als die wahre, die tatsächliche Realität kennengelernt haben. Sie ist nur Eingeweihten bekannt, die Außenwelt weiß nichts davon, die lebt in der unwirklichen Realität einer vorgetäuschten Komfortzone. Ich aber war in der Grauzone heimisch geworden und am Ende meiner Zeit als Berater sicher: Jetzt bist du auf das Leben vorbereitet. Jetzt kennst du jedes Schlupfloch und alle Schliche. Jetzt kann dir weder der kleine Bäcker noch die Großindustrie noch etwas vormachen.

Und damit kommen wir zur Wurst des 21. Jahrhunderts.

20. Die Wurst des 21. Jahrhunderts

Bekanntschaft machte ich mit dieser Wurst bei einem deutschen Großproduzenten. Sein Name tut nichts zur Sache, aber Sie sollten wissen, was man heute unter Großproduktion versteht: ein Produktionsvolumen von hundert Tonnen Wurst am Tag und mehr. Ein Unternehmen dieser Größenordnung wollte mich als Berater haben, und ich stellte wie üblich meine Bedingungen: Kein Spiel mit verdeckten Karten. Wenn ich ein Hygienekonzept erstellen soll, muss es wasserdicht sein. Dafür muss ich wissen, was ihr hier treibt. Was nützt es, wenn das Amt einen Vorwurf gegen euch erhebt, und ich habe keine Ahnung, wie ich reagieren soll, weil ich nicht einmal weiß, wovon die Rede ist … Gut, sie ließen sich darauf ein; jetzt waren sie gezwungen, ihre Trickkiste zu öffnen, und tatsächlich lüfteten sie alle ihre Geheimnisse. Das war der Tag, an dem selbst ich gedacht habe: Ich rühre überhaupt keine Wurst mehr an. Ich stelle das Essen ein … Aber der Reihe nach.

Beginnen wir mit dem Strauß von Zusatzstoffen, den der Gesetzgeber der Industrie großzügig genehmigt hat. Was heute alles in die Wurst darf, finden Sie unter der »Verordnung über die Zulassung von Zusatzstoffen zu Lebensmitteln zu technologischen Zwecken« (ZZulV) und der »Zusatzstoff-

Verkehrsverordnung« im Internet. In diesen beiden Gesetzen stoßen Sie auf endlose Zahlenreihen, die alle mit einem E beginnen. Ich habe mir einmal die Mühe gemacht, sie zu addieren, und bin auf 1250 unterschiedliche Zusatzstoffe gekommen. Natürlich ist jeder einzelne für sich genommen harmlos – behaupten jene, die schon BSE als ungefährlich bezeichnet haben. Und vielleicht stimmt es ja, aber man fragt sich doch: Wie wirken diese Stoffe in der Kombination? Und wie wirken sie in den Mengen, in denen sie uns vorgesetzt werden? Von einem befreundeten Chemiker weiß ich, dass jeder von uns täglich mit rund 5.000 chemischen Verbindungen auf irgendeine Weise in Berührung kommt, sei es durch Verzehr, sei es durch bloßen Hautkontakt, und immer noch befinden wir uns erst am Anfang, denn die Lebensmittelindustrie forscht unaufhaltsam weiter.

Warum tut sie das? Wozu ist diese Unmenge von Zusatzstoffen gut? Ich will zunächst mit einer Auflistung jener Kriterien antworten, die für die Industrie bei der Verwendung von Zusatzstoffen ausschlaggebend sind:

- billig
- billig
- lässt sich im Labor schlecht oder überhaupt nicht nachweisen
- kann noch mehr Wasser an Fleischeiweiß binden
- erzeugt ein noch besseres Mundgefühl (das in der Regel durch die breiig-sämige Beschaffenheit hervorgerufen wird, die jeden Gedanken an das Ausgangsmaterial verscheucht. Dieses sozusagen anonyme Mundgefühl ist dem modernen Konsumenten wichtig.)
- ist kennzeichnungsfrei
- klingt exotisch

Und jetzt ein Beispiel für die Wunderdinge, die sich Lebensmittelchemiker einfallen lassen, aus meiner Praxis als Kontrolleur.

Ich betrete zusammen mit einem Tierarzt eine Räucherkammer, und er stutzt. Es hängen Salami dort, der Raum selbst unterscheidet sich nicht von anderen Räucherkammern, man hat auch gleich den Geruch von Rauch in der Nase, aber etwas stimmt hier nicht – diese Räucherkammer weist keine Spuren von Rauch auf, sie ist blitzsauber, sie wirkt wie frisch installiert! »Wie schaffen die das?«, fragt er mich. Ja, ganz einfach: Diese Räucherkammer hat noch nie Rauch gesehen.

Ich führe ihn hinter eine Wand. Dort stehen zwei Patronen, die eine mit der Aufschrift »Raucharoma«, die andere mit der Aufschrift »Rauchfarbe mittelbraun, deutsche Salamifarbe«. Wir gehen zurück in die Kammer, und jetzt fällt es auch meinem Begleiter auf: An der Decke dreht sich eine Art Duschkopf – die Vernebelungsdusche, die den Inhalt der Patronen im Raum versprüht. Das heißt: Hier brennt kein Buchenholz mehr. In dieser Rauchanlage werden die Würste nicht geräuchert, sie werden lackiert; gleichzeitig ziehen die versprühten Aromen durch den Darm ins Fleisch, und im Endeffekt kommt eine Salami dabei heraus, die tatsächlich wie Salami aussieht und auch wie Salami schmeckt, ohne je mit Rauch in Berührung gekommen zu sein. In Wahrheit ist diese Räucherkammer also eine Lackieranlage.

Nun stellt sich die Frage: Mit welchem Argument lässt sich ein Metzger davon überzeugen, seine Wurst zu lackieren statt zu räuchern? Nun, Fleischereien liegen gewöhnlich in der Innenstadt, in einem Wohngebiet, und wenn geräuchert wird, kratzt es die Nachbarn im Hals – ringsum fliegen dann die Fenster zu, und die Anwohner sind sauer. Mit anderen Worten: Der Metzger bekommt, wenn er räuchert, regelmäßig Ärger, und jetzt zieht der Vertreter des Herstellers seinen Joker aus dem Ärmel und rät zu Flüssigrauch. Eine solche Anlage ist zwar sündhaft teuer, aber das unliebsame Theater wegen des Rauchs im Hof hat ein Ende, und so greift der Metzger zu.

Wieder einmal geht es also gar nicht um die Wurst. Es geht um Emissionen, es geht um die Sauberkeit der Luft, es geht um Bequemlichkeit und den lieben Frieden mit den Nachbarn. Die Industrie wiederum installiert Flüssigrauchanlagen deshalb, weil ihr ausschließlich an Schnelligkeit und Masse gelegen ist; auf reizbare Nachbarn brauchen Großunternehmen dort, wo sie sich gewöhnlich ansiedeln, in Gewerbegebieten also, ja keine Rücksicht zu nehmen. Jeder hat folglich seine guten Gründe, der Chemie den Vorzug vor dem traditionellen Verfahren zu geben, und so gelangen immer mehr Salami mit dem Wörtchen »Raucharoma« auf dem Etikett in den Handel – daran ist lackierte Wurst nämlich von echter Salami zu unterscheiden.

Kurzum: Lackieren ist ein industrielles Verfahren, und es ist auf jeden Fall riskant, wenn nicht schädlich, gesundheitsschädlich. Wie immer geht die Gefahr auch in diesem Fall nicht unbedingt von dem einzelnen Zusatzstoff aus, sondern von dem nicht kontrollierbaren Chemie-Cocktail, den wir Tag für Tag ahnungslos zu uns nehmen und von dem kein Mensch weiß, welche Reaktionen er im menschlichen Körper auslöst. Ganz abgesehen von der Qualität einer lackierten und mit Raucharomen behandelten Salami würde ich also sagen: Alles, was an Chemie vermeidbar ist, sollte man vermeiden, und Flüssigrauch ist ganz gewiss vermeidbar.

Wenden wir uns jetzt der Wurstproduktion zu. Ursprünglich war genau dies das Werk des Metzgers, in der industriellen Produktion jedoch entstammen die Rezepte nicht mehr dem überlieferten Wissen des Handwerks, vielmehr kommen sie direkt aus dem Labor einer Fabrik. Ich lasse nun das Rezept einer Wurst folgen, wie sie in jedem Supermarktregal liegt – einer Wurst, die sehr wenig kostet, dabei aber völlig legal ist. Exakt so, wie hier abgedruckt, kommt dieses Rezept aus dem Werkslabor in die Produktion.

Brühwürstchen in Gläsern
Würstchen mit minderer Fleischqualität, pasteurisiert
Rezeptur 555772/90.1

Rezepturkomponenten	
Magerfleisch	15 g
Separatorenfleisch	25 g
Fettreiches Fleisch	10 g
Wasser, zugesetzt	29 g
Zutaten	
Stabilisator	0,5 g
Gewürz	0,4 g
Nitrit-Pökelsalz	1,8 g
Modifizierte Stärke	2,0 g
Ascorbat	0,05 g
Phosphat	0,3 g
Gesamt	**100 g**

Mit »Magerfleisch« ist Muskelfleisch gemeint. Das heißt: In dieser Wurst finden sich tatsächlich knapp zwanzig Prozent richtiges Fleisch, mehr aber auch nicht. Allein Separatorenfleisch (dreißig Prozent) und Wasser (knapp vierzig Prozent) machen zusammen rund siebzig Prozent dieser Wurst aus, mithin deutlich mehr als die Hälfte, und beides kostet so gut wie nichts – damit erklärt sich ihr lächerlich niedriger Preis. Und jetzt ist es an der Zeit, ein paar erläuternde Worte zum Separatorenfleisch zu verlieren.

Es ist kein Fleisch, auch wenn es so heißt. Separatorenfleisch ist ein blutiger Brei aus den letzten Fleischresten, die einem Knochen noch anhaften, sowie kleinsten Knochensplittern. Dieser Dreck wird in besonderen Maschinen, sogenannten Separatoren, hergestellt und kostete im Jahr 2015 gerade mal 39 Cent das Kilo. Schon der Preis macht Separatorenfleisch zu einer heiß begehrten Ware, es hat aber noch einen weiteren unschätzbaren Vorteil: Es ist analytisch praktisch nicht nachweisbar. Theoretisch müsste es gekennzeichnet werden, aber wo kein Kläger, da kein Richter, und wieder einmal müsste man während der Produktion daneben stehen, wollte man einen Gesetzesverstoß aufdecken und ahnden – mit dem Erfolg, dass offiziell niemand Separatorenfleisch verwendet. Egal, wen man fragt, die Unternehmen winken ab; trotzdem verschwinden Jahr für Jahr 70.000 Tonnen Separatorenfleisch auf dem Markt. Wie? Wohin? Betriebsgeheimnis.

Mir liegt ein weiteres Rezept vor, für Brühwürstchen mit erhöhtem Fremdwasseranteil; es verzichtet auf Separatorenfleisch, ersetzt es durch Fettgewebe, und arbeitet mit sage und schreibe 34,8 g Wasser auf 100 g Gesamtgewicht – doch keine Angst, der Stabilisator schafft das schon. Bei einem solchen Würstchen kaut man also hauptsächlich auf Wasser herum – eine Vorstellung, bei der sich dem ehrbaren Metzger der Magen umdrehen würde –, aber es geht noch schlimmer. Es folgt ein Rezept für Analogschinken:

Man nehme 25 Kilo Separatorenfleisch,
10 Kilo fettes Geflügelfleisch,
weitere 15 Kilo sehr fettes Geflügelfleisch,
dazu 25 Kilo Wasser und
5 Kilo Soja und verquirle das Ganze ordentlich miteinander.

Was dabei herauskommt, sieht aus wie Kochschinken, darf sich aber nicht so nennen, weshalb die Industrie von »Pizzabelag« spricht. Analogschinken ist also ein Kunstprodukt, aus schinkenfremden Komponenten zusammengebaut, nur dass es in der Pizzeria später keinen mehr interessiert, wie er zustande gekommen ist. Dort nennt sich das Ergebnis »Prosciutto«, und vielleicht glaubt der Gastwirt wirklich, dass er seine Pizza mit echtem Kochschinken belegt, denn schließlich – das Zeug riecht wie Schinken und es schmeckt wie Schinken, aufgrund der vielen Aromastoffe womöglich sogar noch besser als jeder echte Schinken …

Und jetzt kalkulieren wir doch einmal eine Fabrikwurst nach einem Originalrezept der Industrie.

25 kg Separatorenfleisch	9,75 Euro
10 kg fettes Fleisch	10,50 Euro
15 kg sehr fettes Fleisch	14,25 Euro
13 kg Fett	7,15 Euro
29 kg Wasser	0,01 Euro

Somit kommen wir auf ein Gesamtgewicht von 92 kg zum Preis von 41,66 Euro bzw. einem Kilopreis in Höhe von 45 Cent. Die Gewürze und sämtliche übrigen Zutaten eingerechnet, bleiben wir immer noch unter einem Euro Herstellungskosten pro Kilo – bei einer Wurst, die im Discounter anschließend für sechs bis acht Euro pro Kilo über den Ladentisch geht. Und wenn Sie jetzt neugierig geworden sind ... Rechnen wir doch schnell noch den Renner in der Wursttheke durch, die Geflügelwurst aus Putenfleisch.

25 kg Separatorenfleisch	9,75 Euro
10 kg Putenfleisch	11,00 Euro
13 kg Putenfett	5,85 Euro
14 kg Schweinefett	7,70 Euro
29 kg Wasser	0,01 Euro

Bei einem Gesamtgewicht von 91 Kilo ergibt das Fleischkosten in Höhe von 38 Cent je Kilo; inklusive der Gewürze und anderer Zutaten bleiben wir mithin erneut unter einem Euro. Jetzt ist Geflügelwurst natürlich wertvoller als Wurst vom Schwein, folglich kostet sie im Supermarkt auch mehr, nämlich zwischen sieben Euro fünfzig und neun Euro das Kilo – das heißt: In jedem Fall, ob wir normale Wurst oder Geflügelwurst nehmen, teilen sich Industrie und Handel sechs bis sieben Euro pro Kilo Wurst als Gewinn. Und nun malen Sie sich einmal aus, welche Summen bei einem Handelsriesen mit 8.000 Filialen unter diesen Umständen zusammenkommen! Wenn jede Filiale pro Tag nur 500 Euro durch Praktiken dieser Art erwirtschaftet, schlägt das an einem einzigen Tag mit vier Millionen Euro zu Buche – als Reingewinn, buchstäblich als Geschenk des Himmels. Aufs Jahr gesehen werden so Milliarden gescheffelt.

Dass derartige Produkte überhaupt genießbar sind, liegt natürlich allein an der freundlichen Mithilfe der chemischen Industrie. Ohne deren Beitrag hätte ein solches Gemisch, also die Wurst des 21. Jahrhunderts, auf dem Markt gar keine Chance. Aber ist das, was die Fabriken in unfassbaren Mengen verlässt, auch auf legalem Wege entstanden?

Ja, die allermeisten Praktiken sind tatsächlich legal – und der illegale Rest kann in der Regel nicht nachgewiesen und folglich nicht bestraft werden. Diese Legalität, die nicht das Geringste über die Qualität eines Produkts aussagt, haben sich die Konzerne selbst geschaffen. Wie die BSE-Krise bereits gezeigt hat, sitzen an den Schalthebeln der Macht Verbündete der Industrie, Leute, die im Sinne der Industrie handeln und Verordnungen und Gesetze erschaffen, die mit Vertretern der Industrie abgestimmt sind. Dass etwas legal ist, bedeutet in diesem Bereich also gar nichts; es ist keine Unbedenklichkeitsbescheinigung, und ein Gütesiegel ist es schon gar nicht. Dafür ein vorläufig letztes Beispiel:

Derzeit ist im Handel ein neuer Trend zu erkennen, der sich »Clean Label« nennt. Damit sind Lebensmittel gemeint, die möglichst wenige Zusatzstoffe enthalten – ein frommer Wunsch, leider ohne Aussicht auf Erfüllung. Denn die Menge der Zutaten hat sich bei diesen Clean-Label-Produkten keineswegs verringert; es werden nur andere Stoffe eingesetzt, nicht kennzeichnungspflichtige Stoffe, allerdings mit derselben Wirkung wie jene, an deren Stelle sie treten. Nehmen wir zur Veranschaulichung dieses Verfahrens das altbekannte Phosphat.

Wir wissen, dass Phosphat Wasser bindet. Was nur der Lebensmittelchemiker weiß: Dass man Phosphat als Ganzes gar nicht braucht, um exakt dieselbe Wirkung zu erzielen. Ein Bestandteil des Phosphats, das Azetat, reicht völlig aus. Und jetzt kommt das Beste: Phosphat muss gekennzeichnet werden, Azetat nicht. Eine azetathaltige Wurst darf also völlig legal mit der Aufschrift »ohne Phosphat« für sich werben. Dasselbe gilt für Geschmacksverstärker wie Natriumglutamat. Wer Geschmacksverstärker ablehnt, wer kein Glutamat in seinem Essen haben möchte, der freut sich über die Angabe »ohne Geschmacksverstärker« auf dem Etikett – und überliest das Hefeextrakt in der Zutatenliste. Nun rangiert Hefeextrakt tatsächlich nicht unter den Geschmacksverstärkern, ist von der Wirkung her aber genau dasselbe und hat für die Industrie den Vorteil, sich in der Zutatenliste verstecken zu dürfen, wo es keinem Menschen auffällt. Clean Label ist folglich bloß ein anderes Wort für einen raffinierteren Einsatz chemischer Mittel. Wieso dergleichen legal ist? Fragen Sie mich bitte nicht.

21. Qualitätsmissmanagement

Wenn ich eine Zwischenbilanz ziehen darf: Technisch haben wir heute einen Punkt erreicht, an dem alles machbar ist, und moralisch haben wir einen Punkt erreicht, an dem alles, was machbar ist, gemacht wird. Auf einer Fleischermesse sagte mir der Vertreter eines Zutatenproduzenten: »Sie können meinetwegen in einen Kutter kacken, das macht nichts, das spielt keine Rolle, weil ich den Mist mit meinen Aromen schon schmackhaft machen werde.« Das hätte man mal einem Metzger vorschlagen sollen …

Aber Wörter wie Berufsehre sind ausgestorben; sie gehören mittlerweile einer belächelten Vergangenheit an, in der man sich – aus nicht mehr nachvollziehbaren Gründen – Sentimentalität leisten konnte. Heute geht es ausschließlich um Riesengewinne, und diese Gewinne lassen jeden Skrupel verstummen. Wir sind in einen Strudel geraten, der alles mitreißt, weil es kaum noch Lebensmittel gibt, die nicht industriell hergestellt werden können: Fleischprodukte kommen aus der Fabrik, Brot kommt aus der Fabrik, Torte und Speiseeis ebenso, und diese Liste ließe sich beliebig verlängern. Die großen Unternehmen haben sich mittlerweile eine Marktüberlegenheit erkämpft, die unwiderruflich ist, und wer sich die alten Zeiten zurückwünscht, müsste im gleichen Atemzug erklären, woher er Millionen neuer Fleischereien nehmen will. Ganz abgesehen davon, dass er den Staat gegen sich hätte, denn strenge Gesetze gibt es nur, solange sie nicht den Interessen der Industrie zuwiderlaufen. Sobald die Gefahr besteht, dieses Geldverdienen in phänomenalen Dimensionen könnte aufhören, werden wir mit Regelungen abgespeist, die jeder Konzern spielend unterlaufen kann.

Wie die meisten Tragödien hat auch diese ihre komischen Seiten. Ich erinnere nur an die albernen Fantasienamen, mit denen sich Lebensmittelkonzerne schmücken, Namen, die eben jene alte Zeit beschwören, die längst unter die Räder der großen Geldmaschine geraten ist, wie Vom Hübelkamp, Gut Ponholz, Landjunker, Wiesenhof oder irgendetwas mit Mühle. Und dann die Etiketten … Würste nach Rezepten aus dem Labor müssten eigentlich einen lachenden Chemiker zeigen, aber was man stattdessen zu sehen bekommt, sind Opa und Oma vor der Kulisse eines Bauernhofs, sind gemütlich grasende Rinder oder quicklebendige Schweinchen auf grüner Wiese. Doch lassen wir das. Ein Spielverderber, wer auch hier von Betrug und Täuschung spricht. Wenden wir uns lieber noch einmal einem richtig eindrucksvollen, üblichen und ganz legalen Täuschungsmanöver zu, der Zertifizierung von Großunternehmen.

Was stellt sich der Laie unter einem Betrieb vor, der nach ISF oder ISO 9000 zertifiziert ist? Einen Betrieb, der sich einem strengen Qualitätsmanagement unterzieht, der regelmäßig vom TÜV oder der Dekra überprüft wird und deshalb zuverlässig sauber und zumindest halbwegs ehrlich arbeitet. Und was versteht der Fachmann darunter? Einen Betrieb, der fleißig dokumentiert und mit der peniblen Genauigkeit eines Buchhalters Punkt für Punkt aufschreibt, wie bei ihm gearbeitet wird, aus welchen Arbeitsgängen also seine Produktion besteht. In vereinfachter Form sieht das so aus:

Ich nehme Fleisch.
Ich gebe Fleisch in die Maschine.
Ich gebe Gewürz dazu.
Ich koche das Brät.
Ich verpacke die Wurst.
Ich verkaufe die Wurst.

Das ist alles. Und dann kommt einmal im Jahr der TÜV zu einer – selbstverständlich Wochen vorher angemeldeten – Überprüfung und kontrolliert – nein, nicht den Betrieb, sondern eben diese mit Fleiß erstellten Unterlagen, aus denen die strikt an den Forderungen des Qualitätsmanagements ausgerichtete Arbeitsweise des Unternehmens unzweifelhaft hervorgeht – Dokumente lügen ja nicht, und selbst angefertigte Dokumente schon gar nicht. Ob das Fleisch tatsächlich frisch ist, ob die Maschinen tatsächlich gründlich gereinigt wurden, ob die Gewürze tatsächlich frei von Insekten sind – dies alles interessiert den TÜV nicht mal am Rande, solange nur alles fein säuberlich und vorschriftsmäßig dokumentiert ist. Das klingt absurd, ist in Wirklichkeit aber noch viel absurder, wie ich Ihnen an einem hypothetischen Fall verdeutlichen möchte.

Nehmen wir an, ein Unternehmer wendet sich an mich mit dem Wunsch, nach ISO 9000 zertifiziert zu werden. Der Mann hat einen riesigen Betrieb, und wenn ich ihm wohlgesinnt bin, sage ich: »Pass mal auf. Wenn wir dein Werk komplett zertifizieren lassen, sind wir damit drei Jahre lang beschäftigt, und einschließlich der Prüfung durch den TÜV wird dich die Sache 45.000 Euro kosten. Ich schlage dir was anderes vor: Wir zertifizieren lediglich deinen Warenausgang, sonst nichts! Das kostet dich deutlich weniger, hat aber denselben Effekt.« Denn, kein Witz, wer den großen Aufwand scheut, kann auch einen Teilbereich seiner Firma zertifizieren lassen – den Warenausgang zum Beispiel.

Der Mann ist einverstanden. Ich lege ihm also ein Handbuch an – was mittlerweile elektronisch geht –, dokumentiere dort, wie bei ihm eingelagert und wie ausgelagert wird, und fertig. Dafür gibt es das gewünschte Zertifikat nach ISO 9000, und dass auf diesem Dokument der zertifizierte Teilbereich ausdrücklich genannt wird, stört in keiner Weise – der Unternehmer bekommt sein Siegel, er erhält seine Plakette, er klebt sie sich gut sichtbar auf seine Lkw, und jeder denkt: Allerhand, ein zertifiziertes Unternehmen …

Die zweite Wirkung ist folgende: Der Kontrolleur vom Veterinäramt schaut bei meinem Kunden vorbei und teilt ihm in vertraulichem Ton mit: »Sie, lieber Herr Soundso, brauche ich eigentlich gar nicht mehr zu prüfen, Sie haben doch jetzt eine ISO 9000.« Und der Glückliche lässt ihn natürlich in dem Glauben. »Ja«, sagt er, »was meinen Sie, was hier los ist, wenn der TÜV anrückt. Die kommen mit drei Biologen daher und nehmen mir die Bude auseinander …« Das heißt: Seit er im Besitz des Zertifikats ist, behandelt das Veterinäramt die Kontrolle seines Betriebs als reine Formsache. Mein Kunde baut einen Stapel Ordner vor ihnen auf, die Prüfer blättern darin herum, und wenig später kann man zum Kaffee und zum Wetter übergehen.

Mit anderen Worten: Zertifikate sind Schall und Rauch. Sie sollten ihnen überhaupt keine Bedeutung beimessen. Zu keiner Zeit sind Zertifikate eine Garantie für besondere Qualität gewesen, sie sind als solche auch gar nicht gedacht. Und warum macht man sich dann überhaupt die Mühe? Nur, um sich das Vertrauen des Kunden zu erschleichen? Das auch. Vor allem aber wegen der Produkthaftung. Und jetzt kommt der Komödie zweiter Teil.

Vorausgeschickt sei, dass der Gesetzgeber im Lebensmittelbereich die Beweisumkehr durchgesetzt hat. Das bedeutet: Wenn Sie als Kunde sich an der Wurst einer bestimmten Firma den Magen verdorben haben, dann müssen Sie dem Hersteller nicht seine Schuld beweisen, nein – der Hersteller muss vielmehr den Beweis dafür erbringen, dass Sie von seiner Wurst gar nicht krank werden können! Und wie macht er das?

Ganz einfach: Er verweist auf sein Qualitätsmanagement-System. Er legt seine Dokumentation zur gefälligen Einsicht vor, und aus der geht zweifelsfrei hervor, dass er alles richtig gemacht hat. Falls der belangte Betrieb vom TÜV zertifiziert ist, haben Sie als Kläger also gar keine Chance – gegenüber einem zertifizierten Unternehmen verlieren Sie als Kunde Ihren Anspruch. Darin besteht der tiefere Sinn der Eigenkontrollsysteme, wobei ich hinzufügen muss: Kaum jemand hält sich an sein eigenes Qualitätsmanagement. Als Berater habe ich mitbekommen, dass es nur einen Tag gibt, an dem Theorie und Praxis übereinstimmen – der Tag, an dem der TÜV kommt, und den kennt man mindestens vier Wochen im Voraus.

Wohin man blickt – Potemkinsche Dörfer. An manchen Tagen habe ich gedacht: Das hältst du nicht mehr aus …, und nach fünf Jahren Selbstständigkeit war es dann auch so weit. Was nun?

Da fiel mir ein Ausspruch meines ehemaligen Amtsleiters im Ruhrgebiet ein. Der sagte einmal: »Ich bin nur deshalb hier, um so bequem wie möglich durchs Leben zu kommen.« Ich war in der Stimmung, mir diesen Satz zu Herzen zu nehmen, wohl wissend, dass die Seelenruhe meines alten Chefs für mich unerreichbar sein würde – ich hatte inzwischen einfach zu viel erlebt. Dennoch nahm ich einen zweiten Anlauf und stieg im Jahr 2003 wieder in die Lebensmittelüberwachung ein, dieses Mal in Niedersachsen, wo ich auf Verhältnisse traf, die alles bisher Erlebte in den Schatten stellten.

Möglich, dass ich einfach Pech hatte. Möglich, dass ich mittlerweile übertrieben empfindlich geworden war. Möglich, dass ich mit meinem in der Zwischenzeit angeeigneten Wissen auf die Lethargie im Amt doppelt allergisch reagierte oder dass eine Großstadt in Niedersachsen eben ein ganz anderes Pflaster ist als ein ländlicher Bezirk in Nordrhein-Westfalen, jedenfalls ... die zu kontrollierende Außenwelt kam in unserer Amtsstube eigentlich gar nicht vor, und ich erlebte Lebensmittelkontrolle in ihrer entschärftesten Form.

Wenn wir davon ausgehen, dass die Daseinsberechtigung der Lebensmittelkontrolle in größtmöglicher Wirkungslosigkeit besteht, dann war das Personal in Niedersachsen mit Fingerspitzengefühl ausgesucht. Es bestand nämlich, von den obligatorischen Tierärzten abgesehen, aus drei Köchen, einem Molkereimeister, einer Ökotrophologin und einem Lebensmittelkaufmann – alle der Überzeugung, sie hätten die Lage im Griff. Ebenso war wohl der Dienstplan als Beitrag zur Daseinsberechtigung zu verstehen, denn er sah folgendermaßen aus: sieben Uhr bis acht Uhr dreißig – Eintreffen, anschließend Kaffeetrinken und schauen, was der Tag so bringt. Zehn Uhr bis dreizehn Uhr dreißig – Außendienst. Dreizehn Uhr dreißig bis fünfzehn Uhr – erzählen, was der Tag so gebracht hat, und Feierabend. Ganz übel dran waren diejenigen, die »lang« machen mussten und erst um sechzehn Uhr heimfahren durften.

Die eigentliche Arbeitszeit belief sich also auf dreieinhalb Stunden. Ein Kollege sagte mir: »Ich brauche doch nicht um fünfzehn Uhr in einen Laden zu gehen! Was ich sehen will, kann ich auch um zehn Uhr dreißig sehen.« Heilige Einfalt! Die Geschäfte hatten sich natürlich auf die Arbeitszeiten des Überwachungsamts eingestellt, die wussten, dass sämtliche Kontrolleure ab sechzehn Uhr zu Hause saßen, und einen Bereitschaftsdienst gab es nicht, weil – »ab sechzehn Uhr ruft ja doch keiner mehr an«.

Was meine Kollegen nicht begriffen oder aus purer Bequemlichkeit ignorierten, war, dass ab sechzehn Uhr der Betrieb in den Supermärkten erst richtig losging. Dann kamen die Leute von der Arbeit, die Läden waren voll, und das Personal in den Supermärkten machte, was es wollte – da wurden Paletten mit kühlpflichtigen Lebensmitteln in die Gänge gezogen, da wurden Obst- und Gemüsetheken nicht mehr aufgeräumt, da wurden vergammelte Früchte nicht mehr entsorgt. In den Fleischabteilungen fiel man aus allen Wolken, wenn ich um siebzehn Uhr dort auftauchte, und ein Abteilungsleiter fragte mich allen Ernstes, ob ich nach sechzehn Uhr überhaupt noch zu Kontrollen befugt sei.

Anfangs nahm ich mir die Freiheit, jede zweite Woche um dreizehn Uhr zu beginnen und bis zwanzig Uhr durchzuarbeiten. Mein Vorgesetzter schaute sich das drei Wochen lang an, dann pfiff er mich zurück mit der Begründung, ich würde den Kontakt zur Abteilung verlieren. In Wahrheit dürfte ihm ein Kontrolleur, der nicht zu kontrollieren war, suspekt gewesen sein.

Ich will es bei dieser Skizze belassen. Eins dürfte schon jetzt klar geworden sein: Diese Truppe würde niemals irgendetwas in den Griff bekommen, schon gar keine international agierenden Fleischproduzenten und Handelskonzerne. Gehen wir also gleich einen Schritt weiter und schauen uns den »Gegner« einmal näher an. Wir haben es bei der Überwachung mit gewaltigen Firmenkomplexen zu tun, deshalb empfehle ich Ihnen, sich die Zeit für folgende Auflistung zu nehmen, die einem renommierten Wirtschaftsinformationsdienst zu entnehmen ist (Abfrage am 21. 3. 2017). Aus ihr geht die Verschachtelung in der deutschen Fleischindustrie hervor, und die Tönnies Holding ist ein aussagekräftiges Beispiel dafür.

Die Beteiligungen der
Tönnies Holding GmbH & Co. KG

Tönnies International Holding GmbH
Tönnies Zerlegebetrieb GmbH
Tönnies Werksverkauf GmbH
Reisinger GmbH
Tönnies Foodservice GmbH
Tönnies Lebensmittel Beteiligungs GmbH
Aero GmbH

Einkaufsallianz Nord GmbH
TEVEX Contract Logistics GmbH
»Westfalen-Krone Fleischwarenfabrikation
Beteiligungsgesellschaft mbH«
Fleischzentrum Wilhelmshaven Grundstücksgesellschaft mbH
Garant Fleischnebenprodukte GmbH
Tönnies Grundbesitz Beteiligungs GmbH
Tönnies Versicherungsdienst GmbH
Future Vierhundertste Verwaltungs-GmbH
Health Analytics Lab GmbH
PHARMA ACTION GmbH

Die Macht solcher Giganten erwächst natürlich aus ihren Umsätzen. Machen wir also mit Zahlen weiter und sehen uns einmal die Bilanzen der Marktführer unter den Fleisch- und Wurstwarenproduzenten im Geschäftsjahr 2012/2013 an.

Tönnies. Der Lebensmittelriese mit Sitz im westfälischen Rheda-Wiedenbrück steigerte seinen Umsatz 2013 nach eigenen Angaben von 5 auf **5,6 Milliarden Euro**.

Vion. Wie dem Geschäftsbericht des genossenschaftlich organisierten Fleischkonzerns mit Hauptsitz in Boxtel, Niederlande, zu entnehmen ist, belief sich 2013 das Ergebnis nach Steuern auf minus 817 Millionen Euro, nach einem positiven Ergebnis von 14 Millionen Euro im Vorjahr. Daran konnte auch der Zuwachs der Umsatzerlöse um 2,5 Prozent auf rund **9,6 Milliarden Euro** kaum etwas ändern.

Westfleisch. Diese genossenschaftliche Unternehmensgruppe mit Sitz in Münster blickte 2013 auf das erfolgreichste Geschäftsjahr überhaupt zurück. Westfleisch produzierte und exportierte in diesem Jahr mehr Fleisch als je zuvor. Der

Umsatz des nachhaltig produzierenden Fleischvermarkters stieg 2013 auf den Rekordwert von **2,475 Milliarden Euro** (+12,1 Prozent im Vergleich zum Vorjahr).

Danish Crown (DC). Der dänische Fleischkonzern mit Sitz in Randers, Dänemark, baute sein Geschäftsvolumen in der ersten Hälfte des Firmenjahres 2012/2013 aus, konnte das Ergebnis beim Gewinn aber nicht halten. Die Umsätze mit Fleisch und Fleischverarbeitungsprodukten legten von Oktober 2012 bis März 2013 um 134 Millionen Euro gegenüber der Vorjahrsperiode zu und erreichten insgesamt **3,8 Milliarden Euro**. Der Nettogewinn belief sich auf 95,8 Millionen Euro, nach 98,9 Millionen Euro im Vorjahreszeitraum.

Das sollte vorläufig reichen. Ich denke, langsam bekommt man eine Ahnung davon, wem die Tierärzte, Köche und Ökotrophologen der Überwachungsämter gegenüberstehen. Einem solchen Gegner sind sie hoffnungslos unterlegen. Was wir brauchen, ist eine europäische Kontrollbehörde, die allerdings völlig unabhängig von den politischen Interessen der Mitgliedsstaaten sein müsste, sonst würde sich nur im großen Stil wiederholen, was ich im kleinen Stil in Niedersachsen erlebte – nämlich Folgendes:

Ich ertappte einen Großbetrieb bei einem gravierenden Verstoß. Leider war der Inhaber ein Spezi des Oberbürgermeisters. Es dauerte nicht lange, und bei mir schellte das Telefon – Finger weg von diesem Betrieb! Später machte ich eine interessante Entdeckung: Auf meinem Schriftsatz hatte ich zur Begründung den Paragrafen 3 der Lebensmittel-Hygieneverordnung angeführt, und der Oberbürgermeister hatte nun eigenhändig einen Pfeil neben den Paragrafen gesetzt mit der Bemerkung: »Sollte abgeschafft werden«.

Ich brauche kaum zu erwähnen, dass der Inhaber dieses Betriebs nicht weiter behelligt wurde. Kurzum: Ein Gesetz ist gar nicht unbedingt nötig. Um die Lebensmittelüberwachung auszubremsen, reicht bisweilen ein einziger Telefonanruf.

22. Bislang ist noch keiner dran gestorben

Die Macht dieser Konzerne beruht auf ihren Umsätzen, sagte ich. Sie beruht des Weiteren auf den Arbeitsplätzen, die sie gegenüber der Politik in die Waagschale werfen können. Und sie beruht nicht zuletzt auf der Macht der Werbebilder, die sie in die Köpfe der Verbraucher pflanzen. Tönnies, Westfleisch und Co. wissen, was Verbraucher lieben, und es ist nun einmal so: Wenn jene Zonen unseres Gehirns angesprochen werden, die das Wünschen besorgen, sind wir geliefert.

Was wünschen wir also? Wir wünschen, es hätte sich nichts geändert, es wäre alles beim Alten geblieben und unsere Wurst ein Produkt uralter Metzgerweisheit – bitte, die Werbung bestätigt es uns. Wir wünschen, dass Tiere nicht unseretwegen leiden müssen – bitte, die Bilder auf den Internetseiten der Konzerne zeigen lächelnde Mitarbeiter, die nett zu Schweinen sind. Und wenn sich nun gar nicht mehr verbergen lässt, dass ein Erzeugnis statt uralter Metzgerweisheit der frisch gewonnenen Erkenntnis eines Chemikers entspringt, weil es eine Kennzeichnungspflicht gibt, dann kreiert die Werbung eben ein krasses neues Markenprodukt und verwandelt so eine Niederlage in einen Sieg. Bestes Beispiel für diese Strategie ist Tillman's Toasty.

Dieses Produkt besteht aus zerkleinertem und zusammengepresstem Geflügelfleisch, und so steht es auch auf der Verpackung. Damit kein kostbares Pressfleisch verschwendet wird, wird Tillman's Toasty auch noch paniert, wobei die Panadeummantelung 35 Prozent des Gesamtgewichts betragen darf. Das Ganze erweckt den Eindruck eines Schnitzels, darf aber auf keinen Fall Schnitzel heißen; so nachsichtig ist der Gesetzgeber nun auch wieder nicht. Was macht die Fernsehwerbung daraus?

Vielleicht erinnern Sie sich … Ein Mann kommt in die Küche. Dort steht seine Frau und lässt sich gerade ein Tillman's Toasty schmecken. »Oh«, sagt er, »bekomme ich auch so ein Schnitzel?« Im selben Moment fliegt er durch die Zimmerdecke und landet unsanft draußen auf dem Gartentisch, während eine Kommentarstimme die mahnenden Worte spricht: »Don't call it Schnitzel!«

Das ist toll. Dieser Werber hat einen Orden verdient, der ist noch für ganz andere Aufgaben geeignet. Hier hat nämlich jemand Stroh zu Gold gesponnen und dieses Unschnitzel gewissermaßen durch die Hintertür salonfähig gemacht. Perfide? Ich wünschte mir, dass dieses Beispiel Schule macht und es irgendwann einmal in der Werbung heißt: »Don't call it Wurst!«

Das jedenfalls sind die Bilder, die wir zu sehen bekommen. Was vor unseren Augen wohlweislich verborgen wird, ist der Herstellungsprozess in den Fabriken, also die schmutzige Wirklichkeit – und zu der gehört der Tumbler, ehemals »Poltermaschine« genannt.

Eine geniale Maschine. Sie müssen sie sich wie einen überdimensionalen Zementmischer vorstellen. Der Deckel zum

Zudrehen vorne erinnert an ein U-Boot. Diese Maschine hat einen Wasseranschluss, einen Luftanschluss und einen Kühlanschluss; sie steht in jeder Großproduktion, findet sich heute aber auch in den meisten Metzgereien. Wie arbeitet sie?

Man füllt den Tumbler mit Fleischstücken und schaltet ihn ein. Langsam beginnen die großen Schaufeln in seinem Inneren zu kreisen. Sie greifen sich das Fleisch, nehmen es bis auf eine gewisse Höhe mit und lassen es dann fallen. Durch den Aufprall tritt das Fleischeiweiß aus, und wenn man den Tumbler nach acht Stunden öffnet, enthält er außer den Fleischstücken vierzig Liter Schaum – reines Fleischeiweiß. Nun lässt man dreißig Liter Wasser einlaufen, verabreicht einen Stabilisator, gibt der Maschine weitere Stunden Zeit, ihre Arbeit unter Luftabschluss und bei eingeschalteter Kühlung zu verrichten, und wenn man sie dann öffnet, ist alles wieder verschwunden, der Schaum, das Wasser, das Pulver, weil es sich mit dem Fleisch verbunden hat.

Der Tumbler ist ein Segen für Menschen, die ihren Durst mit Kochschinken stillen möchten. Außerdem ist er natürlich für den Hersteller von Fleischprodukten ein Segen, weil er eine hocheffektive Antwort auf die alte Frage gibt: Wie bekomme ich mehr Wurst (oder Schinken) heraus, als ich Fleisch hineingegeben habe? Selbstverständlich ist das Ergebnis kein natürliches Erzeugnis mehr – es ist zertrümmertes, mit Wasser angereichertes und anschließend wieder zusammengeklebtes Fleisch. Auf dem Packungsetikett müsste demnach »Formfleisch« oder »Kochschinken, zusammengeklebt« stehen; das tut es aber nicht, das wird höchstens schamhaft auf der Rückseite erwähnt, wo es eigentlich verboten ist. Sie können Formfleisch jedoch ganz leicht selbst erkennen, indem Sie eine Putenbrust oder eine Kochschinkenscheibe gegen das Licht halten – wenn sich Ihnen das Bild eines verschiedenfarbigen Puzzles bietet, dürfen Sie sicher sein: Dieses Produkt kommt aus dem Tumbler, denn kein Tier besitzt in sich gemustertes, mehrfarbiges Muskelfleisch.

Im Prinzip aber sind derartige Herstellungsverfahren genauso legal wie blödsinnige Fernsehwerbung oder 1250 chemische Zusatzstoffe. Und was auf diese Weise zustande kommt, ist auch verkäuflich – ein Umstand, der womöglich wie kein anderer zur Entmutigung von Lebensmittelkontrolleuren beiträgt. »Wieso rennen wir eigentlich von einem Laden zum anderen«, hieß es immer wieder im Kollegenkreis, »wenn die Leute sowieso alles kaufen? Und außerdem – bislang ist doch noch keiner dran gestorben …«

Mitunter war ich in der Stimmung, ihnen recht zu geben.

Wo wir schon dabei sind … Interessiert es Sie, welches Bild der deutsche Verbraucher aus der Sicht eines Lebensmittelkontrolleurs abgibt? Hier kommt der Versuch einer Beschreibung.

Aus Sicht eines Lebensmittelkontrolleurs stellt sich der deutsche Verbraucher (wenn die Verallgemeinerung erlaubt ist) als widersprüchliches Wesen dar.

Widerspruch Nummer eins: Der Kunde ist qualitätsbewusst, möchte aber auch das Gefühl haben, beim Einkauf ein Geschäft gemacht zu haben; bei jedem Einkauf am liebsten. Vielleicht ist das menschlich und ein uralter Wunsch. Es ist doch das Schöne an den Märkten außerhalb Europas, dass dort die Preise eher vage sind. Da wird der Preis einer Ware zwischen Käufer und Verkäufer ausgehandelt, und am Ende fühlt sich jeder als Gewinner – der Kunde zieht nicht nur mit dem Objekt seiner Begierde ab, sondern auch mit dem beglückenden Gefühl, den niedrigsten Preis bezahlt zu haben, der unter diesen Umständen möglich war, und der Händler bleibt mit dem beglückenden Gefühl zurück, den unter ebendiesen Umständen höchsten Preis erzielt zu haben. So verrückt es klingt, aber beide haben aus ihrer Sicht ein Geschäft gemacht, und dieses Bedürfnis steckt offenbar in allen Menschen.

Nun steht im Supermarkt aber nicht an jedem Regal eine Verkäuferin, mit der man den Preis aushandeln kann. Deshalb gehen Handel und Industrie den entgegengesetzten Weg – sie setzen den Preis nicht, wie der Händler auf einem orientalischen Markt, besonders hoch an, sondern besonders niedrig. Der Effekt ist aber derselbe, weil das Glücksgefühl dasselbe ist: Beim Käufer stellt es sich ein, weil er einen Spottpreis bezahlt zu haben glaubt (»Ein hervorragender Wein, und nur 2,99!«), und bei Handel und Hersteller stellt es sich ein, weil sie für diesen Spottpreis eben auch waschechten Schrott an den Mann gebracht haben.

Das schönste Anschauungsbeispiel für diese Mentalität ist für mich der Polenbasar auf Usedom. Dort bekommt man alles. Man darf aber natürlich nicht meinen, dass unter den angebotenen Markendüften auch nur ein einziges echtes Produkt wäre. Hier ist alles gefälscht, was bei Preisen zwischen einem und fünfzehn Euro auch gar nicht anders geht. Dennoch kaufen dort Menschen, die mir bekannt sind, ihr Parfüm und freuen sich über das Schnäppchen. Die Befriedigung, ein Geschäft gemacht zu haben, lassen sie sich nicht ausreden.

Also, wie wir bereits sahen: Es geht gar nicht in erster Linie um das Produkt, es geht um ein Glücksgefühl und wahrscheinlich auch die Freude an der eigenen Pfiffigkeit. Deshalb suggerieren Hersteller und Handel ständig: Bei mir machst du obendrein noch ein Geschäft – und prompt setzt der Verstand aus. Vielleicht macht sich der Kunde auch gar keine Illusionen, greift aber gleichwohl zu der verwässerten Wurst, weil sie so schön billig ist, und redet sich ein, dass das Preis-Leistungs-Verhältnis trotzdem stimmt.

Ich frage mich … Wenn man im Supermarkt den Preis beim Sonderangebot nicht senken, sondern anheben und das Hackfleisch statt für 3,99 für 5,99 verkaufen würde – würden die Kunden zugreifen? Bestimmt. Wäre ja ein Sonderangebot …

Widerspruch Nummer zwei: Der Kunde wünscht seine Lebensmittel so echt und natürlich wie möglich (bio!), kauft der Industrie aber das verlogene Bild ab, das sie mithilfe der Werbung von sich entwirft. Auf der einen Seite also ein kämpferisches: Zurück zur Natur! Und auf der anderen Seite: unfassbare Vertrauensseligkeit, wo größtes Misstrauen angebracht wäre – schließlich sollte inzwischen jeder wissen, dass die Werbung blanke Lügen erzählt.

Vielleicht liegt es daran, dass heute die Erfahrung mit dem Produkt fehlt. Dass sich die Deutschen in den seltensten Fällen mit der Produktqualität an sich beschäftigen – und sich daher mit Lebensmitteln auch nicht auskennen (was natürlich vor allem daran liegt, dass immer weniger Menschen selbst kochen). Dass sie vielmehr an die praktischen

Auswirkungen ihres Verhaltens denken und ihre Essgewohnheiten darauf einzustellen versuchen, mit anderen Worten: dass sie moralischen Aspekten größere Bedeutung beimessen als Fragen der Qualität – nach dem Motto: Moral gut, alles gut. Und dann kaufen sie vegetarische Mortadella aus der Rügenwalder Mühle.

Was ist damit gewonnen? Nichts. Denn diese vegetarische Mortadella besteht aus Hühnereiweißgemisch, mit allem Möglichen zusammengeknetet und mit Farbstoff – der hier noch erlaubt ist – aufgepeppt, dann in Mortadellaform gepresst und so gekocht. Der Begriff Qualität käme einem hierbei gar nicht in den Sinn, aber wahr ist: Es hat kein Schwein dafür sein Leben lassen müssen, und das Verrückteste: Diese Mortadella schmeckt. Möglich ist das natürlich nur, weil die Firma Symrise, die Aromen und Geschmacksstoffe herstellt und weltweit vertreibt, dabei ordentlich mitmischt.

Kurzum: Der deutsche Verbraucher erweckt den Eindruck, als sei er sich seiner Sache nicht sicher. Da er aus Mangel an Erfahrung oder Interesse ziemlich ratlos vor den einzelnen Produkten steht, erscheint ihm die Moral noch als der zuverlässigste Wegweiser durch die Welt der Lebensmittel – nur dass ihm die Moral nichts nützt, wenn es darum geht, die Kunstwelt zu durchschauen, die die Werbung aus Trugbildern um ihn herum errichtet. Wie wäre diesem Übelstand abzuhelfen? Der einzige Rat, den ich dem deutschen Verbraucher geben möchte, lautet: Liebe deine Lebensmittel! Liebe sie deutlich mehr, als die Lebensmittelindustrie es tut.

Nehmen Sie mir diese Charakterisierung nicht übel; ich bin kein Psychologe, ich spreche nur aus Erfahrung. Und zu meiner Erfahrung gehört leider auch ein Menschentyp, der als Vorbild für diese Liebe zum Lebensmittel am allerwenigsten taugt – der Lebensmittelmakler.

In der letzten Zeit haben sich die skurrilsten Formen der Vermarktung entwickelt, Erscheinungsformen des industriellen Systems, die in der Vergangenheit völlig undenkbar gewesen wären, weil sie jedem Menschen gegen den moralischen Strich gegangen wären. Ein herausragendes Beispiel dafür sind eben jene Lebensmittelmakler – Schattengestalten, die überall ihre Finger drin haben, aber nie in Erscheinung treten, die mit schlichtweg allem handeln, ohne irgendeine Verantwortung zu tragen. Diese Lebensmittelmakler bilden ein Zwischenreich, das weder dem Produzenten noch dem Handel zuzuordnen ist. Werfen wir zum besseren Verständnis noch einmal einen Blick in die Vergangenheit.

Früher war es so: Der Metzger ging am Wochenende mit den Verkäuferinnen durch seinen Laden, plante den Bedarf der nächsten Woche und kaufte entsprechend ein, und da blieb hinterher nichts übrig, da wurde nichts weggeworfen, es wurde alles verkauft oder verwurstet. Heute ist die Produktion vom Verkauf vollständig abgekoppelt. Wir haben es mit unterschiedlichen Konzernen zu tun, was bedeutet, dass Verkäufer und Produzent sich auf Mengen und Qualitätsziele geeinigt haben müssen.

Jetzt steht aber die Qualität, um es vorsichtig auszudrücken, nicht mehr im Vordergrund. Das gemeinsame Hauptziel ist vielmehr der günstigste Preis durch die niedrigsten Herstellungskosten, um beiden Seiten zu erlauben, den größtmöglichen Ertrag einzufahren. Der Produzent muss also sämtliche Ressourcen seines Betriebs ausnutzen und täglich so viel Wurst herstellen, wie er eben schafft. Sollte er einen Teil seiner Produktion nicht sofort loskriegen, geht dieser Teil auf Halde, sprich: ins Kühlhaus, wo er jedoch nicht ewig bleiben kann, es handelt sich ja immer noch um verderbliche Ware. Und jetzt schaltet der Produzent den Makler ein.

Der Lebensmittelmakler ist eine in jeder Hinsicht praktische Einrichtung. Ihn interessiert die angebotene Ware überhaupt nicht, ihn interessiert nur der Preis. Seine Aufgabe ist es, einen Ladenhüter so schnell und lukrativ wie möglich zu verkaufen, also hängt er sich ans Telefon, ruft einen Großhändler an und sagt: »Hey, ich habe hier Mortadella, willst du die haben? Das Kilo für einen Euro. Angeliefert und auf den Hof gestellt und schon geschnitten.« »Wie viel muss ich dir abnehmen?«, will der Großhändler wissen – Antwort: »Eine Palette. Anderthalb Tonnen.« Da wird der Großhändler natürlich schwach. »Also gut, komm vorbei. Die werde ich auch noch los, die verkaufe ich im Angebot für 2,50 Euro.« Und damit ist der Deal perfekt.

Mit anderen Worten: Fleisch ist für den Makler eine Ware wie Klopapier, Einwegrasierer und T-Shirts. Er hat sich endgültig von der romantischen Vorstellung verabschiedet, Lebensmittel für etwas Edles zu halten. Er hört beim Gedanken an Schinken keinen Engelschor, der Halleluja singt. Und er kann auf seiner Internetseite wirklich alles anbieten, was er will, selbst wenn die Ware nicht auf dem deutschen Markt verkauft werden darf, denn – da er als Schaltstelle zwischen Produktion und Handel selbst nie Eigentümer der Ware ist, entzieht er sich auch dem Zugriff der Lebensmittelkontrolle.

Seine Kunden aber wissen, wohin sie sich wenden müssen, um mal was Spezielles zu ergattern.

So hat sich ein gewaltiger Markt entwickelt. Auf den Plattformen der Makler bekommt man alles, von abgelaufener Wurst bis Schweinegebärmütter und, selbstverständlich, Separatorenfleisch. Da die Makler weltweit agieren, können sie alles besorgen und riesige Warenströme hierhin oder dorthin dirigieren; und selbst wenn sie im Verdacht stehen, Gammelfleisch zu verschieben, sind sie unangreifbar.

Doch dazu später mehr; für den Moment nur noch ein Nachtrag zur vegetarischen Mortadella. An ihrem Geschmack sei nichts auszusetzen, habe ich gesagt, und das trifft, dank Firmen wie Symrise, auf alle Imitate und Kunstprodukte zu. Analoger Fetakäse zum Beispiel ist ähnlicher Müll wie vegetarische Mortadella, im Geschmack aber ausgeprägter als echter Feta. Möglicherweise wären Sie von echtem Fetakäse sogar enttäuscht, wenn er Ihnen im griechischen Salat serviert würde, aber keine Sorge – das wird nicht vorkommen. Echter Feta ist viel zu teuer; fünfzehn Kilo davon kosten 98 Euro, vom nachgemachten kostet dieselbe Menge nur 19,99 Euro, und deshalb bekommen Sie beim Griechen schon seit vielen Jahren nur noch Kunstfeta.

Selbst vor Markenprodukten wie Serrano- oder Parma-Schinken macht die chemische Industrie nicht halt. Beide waren früher etwas ganz Besonderes, sie hoben sich qualitativ von jedem anderen Schinken ab. Mittlerweile aber ist man in der Lage, durch Chemie einen Schnellreifeprozess in Gang zu setzen, der den Reifungsprozess des Parma-Schinkens imitiert. Vielleicht wird es nie gelingen, ganz exakt diesen aparten Hauch von Gammel im Geschmack des Parma-

Schinkens zu treffen, den wir so schätzen, doch das stört die Fälscher nicht; heute sind bereits Tausende von Tonnen gefälschten Serrano- und Parma-Schinkens auf unseren Straßen unterwegs – bei einem Kilopreis von dreißig bis vierzig Euro auf jeden Fall eine lohnende Sache.

23. Von Döner und Schweinepfoten

Mittlerweile schreiben wir das Jahr 2011. Eines Tages komme ich vom Außendienst zurück und finde das Amt in heller Aufregung. Ein Kollege ist von der Kriminalpolizei benachrichtigt worden und hat Folgendes erfahren: Der ehemalige Angestellte eines hiesigen Fleischfabrikanten hat sich bei der Polizei gemeldet; seinen Angaben zufolge befindet sich auf dem Betriebshof seines früheren Chefs ein Container mit vergammelten Schweinepfoten, bereit zur Abfertigung nach China. Wie sollen wir uns jetzt verhalten?

Bisher hat man die nötigen Ausfuhrbescheinigungen dieses Betriebs stets in blindem Vertrauen abgestempelt. Einer von uns ist jedes Mal rausgefahren und hat seine Stempel auf die Papiere gesetzt, ohne sich den Container öffnen und dessen Inhalt zeigen zu lassen – in der treuherzigen Annahme: Handelt sich doch um einen EU-Betrieb, ist doch schon fünfmal geprüft worden, muss doch sauber sein. Niemals war es zu einer Beanstandung gekommen.

Diesmal aber müssen wir reagieren. Mein Kollege Rolf hat sich bereits mit der Staatsanwaltschaft über eine Hausdurchsuchung verständigt. Als unser Vorgesetzter davon erfährt, geht ein Donnerwetter über uns nieder: »Der Container wird wie üblich abgefertigt!«, verlangt er. »Ich will keine 100.000 Euro bezahlen müssen! Die präsentieren uns doch die Rechnung, wenn der Container nicht rechtzeitig nach Hamburg gelangt und das Schiff ohne ihn abfährt!« Der Mann ist in Panik.

Aber es gibt kein Zurück. Für zwölf Uhr verabreden wir uns mit der Staatsanwaltschaft und 23 Leuten von Kripo und Polizei, um hinzufahren und den Laden auseinanderzunehmen. Da packt der Oberkontrolleur seine Tasche. »So, ich habe Feierabend, ich habe damit nichts zu tun«, sagt er und geht, und die Amtsleiterin schließt sich ihm an. Kurzum: Die Behördenleitung hat die Hosen voll und zieht es vor, in Deckung zu gehen.

Wir anderen bleiben, wir kommen jetzt aus dieser Nummer nicht mehr raus. Mit fünf Autos fahren wir vor der Fleischfabrik vor und lassen den Inhaber kommen. Zunächst reagiert er verstört, dann fängt er sich und tobt los: »Ihr wollt mich ruinieren!« Das Übliche, wir kennen das. Und was finden wir bei ihm?

Der Container auf seinem Hof ist bis zum Rand mit gefrorenen Schweinepfoten gefüllt. Dieser Container besitzt kein Kühlaggregat, und der Tag ist schön warm, die Sonne brennt. Auch über den Lkw, auf dem er nach Hamburg transportiert werden soll, lässt sich der Container nicht kühlen. Wir kontrollieren die Ladepapiere und stellen fest: Der überwiegende Teil der Pfoten stammt von einem Abdecker. Wie es aussieht, hat der Lkw-Fahrer des Abdeckers das Geschäft mit dem Inhaber der Fleischfabrik auf eigene Faust abgewickelt. Ich lasse den Container öffnen, entnehme einen Karton Schweinepfoten und fahre damit unverzüglich ins Labor.

Dort kommt heraus: Die Pfoten sind verdorben, zum Teil mit Eiterbeulen überzogen und zum Verzehr auf keinen Fall geeignet. Der Container wird also von uns beschlagnahmt und sein Inhalt dazu bestimmt, in einer Knochenmühle vernichtet zu werden. Diese Verfügung müsste jetzt von der Amtsleiterin unterschrieben werden, aber die hat sich verkrochen. »Sie ist beim Zahnarzt«, sage ich zum Staatsanwalt, »sie kann heute nichts mehr unterschreiben.« »Gut, dann machen wir das morgen.«

Anderntags empfängt uns der Oberkontrolleur mit den Worten: »Mal sehen, was euch da noch blüht.« »Uns«, sage ich, »blüht gar nichts. Wir sind auf der sicheren Seite. Wir haben so viel Gammel gefunden …« Und plötzlich ist er wieder bester Laune. Wie viel Tausende von Tonnen wird dieser Kerl in der Vergangenheit schon nach China verschoben haben? Unserer Amtsleitung ist das schnuppe; solange sie keinen Ärger bekommt, darf da draußen jeder machen, was er will. Nun gut – für diesmal wenigstens ein Happy End?

Keineswegs. Jetzt kommt das Dilemma. Die Lebensmittelüberwachung ist – Sie werden sich erinnern – kommunal organisiert. Wir dürfen also nicht über die Stadtgrenzen hinaus tätig werden, die Knochenmühle jedoch liegt an der holländischen Grenze. Wir müssten den Kreis informieren, in dessen Verantwortungsbereich die Knochenmühle fällt, das aber ist unmöglich, weil wir inzwischen Freitagnachmittag haben und dort keiner mehr zu erreichen ist. Als der Lkw mit den Schweinepfoten vom Hof fährt, ahnen wir auch nicht, dass der Container jetzt in eben jenen Betrieb zurückgebracht wird, aus dem die Pfoten stammen. Ob der Fahrer anschließend tatsächlich zur Knochenmühle fährt, bleibt ungeklärt;

ich könnte mir vorstellen, dass die verdorbenen Pfoten auf Umwegen doch noch nach China gelangt sind.

Immerhin, die Ermittlungen in dieser Sache gehen noch eine Weile weiter. Sie ergeben: Die Schweinepfoten wurden als Abfall für zehn Cent das Kilo gekauft. In China bringt das Kilo Pfoten vier Euro sechzig. Ein Container fasst 27 Tonnen. Und jetzt rechnen Sie mal aus, was der Exporteur für diese Ladung ungenießbarer Schweinepfoten bekommen hätte … genau: 124.200 Euro. Ein Traumverdienst bei minimalem Risiko; die Chance, damit aufzufallen, tendiert im Jahr 2011 gegen null.

Es geht aber noch weiter. Für die Vermarktung in ein Nicht-EU-Land gibt es Subventionen aus einem Topf der Europäischen Union. Somit fallen nicht einmal Transportkosten an, weil der Steuerzahler sie übernimmt. Und schließlich stellten wir fest, dass der beanstandete Betrieb außerhalb der Stadt ein weiteres Kühlhaus angemietet hatte. Durch dieses Lager wurden im Jahr 2011 ebenfalls beinahe 100.000 Kilo Ware geschleust, ohne dass wir es gemerkt hätten, ohne dass wir es überhaupt hätten merken können, denn unsere Amtsbefugnis endet nun einmal an der Stadtgrenze.

Ich weiß natürlich nicht, wie viele Fälle dieser Art täglich und stündlich in Deutschland vorkommen. Niemand weiß das, weil es in aller Regel unbemerkt geschieht. Aber ich weiß, dass es in unserem Land 750 Kühlhäuser mit der Kapazität einer Lagerhalle gibt, davon rund 300 gewerblich betriebene, die zusammen ein gekühltes Volumen von 12,6 Millionen Kubikmetern aufweisen. Und ich weiß, dass diese Kühlhäuser alle von den Produktionsstätten getrennt strategisch klug verteilt am Rand von Autobahnen liegen. Kühlhäuser und

Produktionsstätten arbeiten natürlich untereinander zusammen, und was sich dort tagtäglich tut, entzieht sich jeder Überprüfung. Auch in Niedersachsen war der Schweinepfotenexporteur nur deshalb aufgefallen, weil sich ein Mitarbeiter schlecht behandelt gefühlt und seinem Rachewunsch nachgegeben hatte, als er sich an die Polizei wandte.

Und dabei gab es in diesem Betrieb einen Veterinär, permanent anwesend, dem Kontrollen jederzeit möglich gewesen wären! Der Mann besaß einen eigenen Schlüssel zum Betrieb, ein eigenes Büro auf dem Gelände, war durch EU-Recht dazu verpflichtet, regelmäßig die Keime auf den Arbeitsflächen zu prüfen, nahm seine Arbeit auch ernst, war tatsächlich jeden Tag zur Kontrolle im Betrieb, bekam aber nichts mit! Er war nicht einmal in der Lage, gammelige Schweinepfoten an der Farbe zu erkennen. Er wäre auch nie auf die Idee gekommen, dem Werk abends einen Besuch abzustatten und unbeobachtet seine Blicke schweifen zu lassen. Er wollte, um es kurz zu sagen, keinem wehtun. Deshalb übersah er auch geflissentlich die verdächtigen Container mit der chinesischen Versandadresse.

Fazit: Die Ämter decken in der Regel gar nichts auf. Das bleibt gekränkten Mitarbeitern, aufmerksamen Lkw-Fahrern und Journalisten, kurz, dem Kommissar Zufall überlassen. Wir Kontrolleure prüfen, ob Wände bis zur vorgeschriebenen Höhe gefliest, die Silikonfugen unbeschädigt und die Maschinen rostfrei sind, und während wir uns bücken, um uns ein Bild von der Beschaffenheit des Fußbodens zu machen, wird hinter unserem Rücken tonnenweise Gammel auf Lkw geladen. Übrigens: Es dauerte drei Jahre, bis gegen den Exporteur der Schweinepfoten Anklage erhoben wurde …

Wenn ich Ihnen im Folgenden eine Aufstellung der größten Fleischskandale seit dem Jahr 2000 liefere, stellt sich mithin die Frage: Worin besteht eigentlich in diesen Fällen der Skandal – genau besehen? In der Bedenkenlosigkeit der Täter? Ist es skandalös, einem schmutzigen Gewerbe nachzugehen, zu dem der Staat regelrecht einlädt? Darf man von krimineller Energie sprechen, wenn kaum ein Risiko besteht, mit seiner verwerflichen Tätigkeit aufzufallen, geschweige denn bestraft zu werden? Oder besteht der Skandal in Gesetzgebern und Überwachungsämtern, die schlicht und ergreifend ihre Arbeit verweigern? Die Antwort überlasse ich Ihnen – hier die versprochene Skandalchronik in Schlagzeilen.

Oktober 2000	Erster Fall von BSE bei deutscher Kuh festgestellt
Februar 2002	Verdorbenes Geflügelfleisch im Handel
März 2003	Zwanzig Tonnen mit Antibiotika belastete Putenbrust verarbeitet
Februar 2004	Überlagerte Fleischwaren umetikettiert verkauft
April 2004	Ungenießbares Wildfleisch entdeckt
März 2005	Zwanzig Tonnen mit Antibiotika belastete Putenbrust verarbeitet
Juni 2005	Rostocker Fleischwaren GmbH mit Gammelfleisch aufgefallen
Oktober 2005	Schlachtabfälle als Fleisch verkauft
Oktober 2005	Überlagertes Roastbeef und Puten-Hackfleisch umetikettiert
November 2005	Gammelfleisch aus Dänemark
Dezember 2005	Bayerns Behörden verteilen Gammelfleisch an Flüchtlinge

Dezember 2005	Überlagertes Fleisch, Wurst und Käse umetikettiert
Dezember 2005	Gammel-Spieße entdeckt
Januar 2006	Ungenießbares Wildfleisch entdeckt
Februar 2006	Schlachtabfälle als Fleisch verkauft
Juni 2006	Verdorbenes Geflügelfleisch verkauft
August 2006	Gammelfleisch entdeckt nach Razzia in Kühlhaus
September 2006	Gammelfleisch auch in Nordrhein-Westfalen entdeckt
September 2006	Dönergammel in Berlin
Oktober 2006	Gammelfleisch in Hamburg
Oktober 2006	Muffiges Fischfilet und Hähnchen mit Gefrierbrand in Bayern
November 2006	Gammelfleisch im türkischen Supermarkt
November 2006	Wieder Gammelfleisch in Bayern entdeckt
Dezember 2006	Schlachtabfälle als Fleisch verkauft
Dezember 2006	Ungenießbares Wildfleisch entdeckt
Dezember 2006	10.000 Würstchen auf Weihnachtsmarkt in Berlin beschlagnahmt
Februar 2007	Gammelfleisch aus Italien
April 2007	18 Tonnen Gammelfleisch in Brandenburg entdeckt
Mai 2007	Polizei stoppt Gammelfleisch-Transporter in Bayern
Juli 2007	Döner-Ekelfleisch in Berlin
Oktober 2007	Verdorbenes Putenfleisch im Handel
Januar 2008	Vergammelte Schweineköpfe zu Wurst verarbeitet
April 2008	Neuer Fleischskandal in Bayern
Oktober 2008	Gammelfleisch bei Razzia in Bayern gefunden

Juni 2010	Dioxin in Schweine- und Hühnerfutter
August 2010	Gammel-Döner in Braunschweig
März 2010	Antibiotika in Putenfleisch deutschlandweit
Oktober 2013	Der Pferdefleisch-Skandal
November 2013	Gammelfleisch – Verdacht auf Fleischskandal in Niedersachsen
November 2014	Gammelfleischskandal in Düsseldorf

Immerhin, einiges ist früher oder später doch aufgefallen. Im Hintergrund werden übrigens in den meisten Fällen Lebensmittelmakler gewirkt haben. Mag sein, dass an Gammelfleisch tatsächlich noch keiner gestorben ist, aber krank geworden sind mit Sicherheit viele – doch darüber gibt es keine Statistik.

24. Vier neue Episoden aus dem Leben eines Lebensmittelkontrolleurs

Erste Episode

Im Juli 2011 verabschiedet die EU die Lebensmittelinformations-Verordnung. Dieses Gesetz schreibt den Mitgliedsstaaten eine einheitliche Kennzeichnungspflicht vor, regelt unter anderem die Kennzeichnung von Lebensmittelimitaten und verlangt auch, dass Überwachungsämter die Vorkommnisse in ihrem Bereich dem Verbraucher übers Internet zugänglich machen. Eine gute Idee. Foodwatch macht die Probe aufs Exempel und ruft bei uns an: Man habe im Internet gesehen, dass die Wurst eines bestimmten Metzgers beanstandet worden sei, und bitte um genauere Informationen zu diesem Fall. Reaktion meines Chefs: »Diese Idioten kriegen von mir sowieso keine Antwort.«

Merke: Jeder Amtsleiter ist ein kleiner König. Bei Foodwatch handelt es sich um einen gemeinnützigen Verein, dem Verbraucherrechte und die Qualität von Lebensmitteln am Herzen liegen, ins Leben gerufen vom ehemaligen Greenpeace-Geschäftsführer Thilo Bode, und eigentlich sollte unser Amt in diesen Leuten natürliche Verbündete sehen. Keineswegs. Diese »Idioten« werden von uns gar nicht zur Kenntnis genommen; das ist die lästige Konkurrenz.

Zweite Episode

Als Lebensmittelkontrolleur bin ich auch für Kosmetik, Hemden, Uhrarmbänder, Brillengestelle, Autositze und Lenkräder zuständig – für alles eben, was mit dem Körper in Berührung kommt. Besonderen Spaß macht es, von Autoteilen Proben zu nehmen, weil Autoverkäufer so richtig arrogant sind. Ich betrete also ein Autohaus – mit Vorliebe die Niederlassung einer Luxusmarke – und sage: »Ich brauche eine Probe von diesem Lenkrad.« Der Verkäufer lacht bloß. Wenn ich dann sage: »Und jetzt holen Sie jemanden, der mir so ein Lenkrad abmontiert«, lacht er nicht mehr.

Oder im Sportartikelgeschäft. Ich verlange eine Probe von einer Turnhose. »Kriegen Sie bei mir nicht«, lautet die Antwort des Verkäufers. Ich bitte ihn, seinen Chef anzurufen, das macht er, kommt zurück und sagt: »Ich soll Ihnen die Hose geben.« Ich suche mir ein besonders gutes und entsprechend teures Exemplar aus – Proben müssen nicht bezahlt werden –, gehe mit meinen zwei Probenbeuteln zur Kasse und bitte um eine Schere. Entsetzen. »Warum denn das?« »Weil wir jetzt teilen. Ihr Chef bekommt die eine Hälfte der Turnhose und ich die andere« – der Mann könnte ja ein Gegengutachten in Auftrag geben. »Das heißt«, stöhnt der Verkäufer, »Sie könnten sich hier eine Jacke von Nike für tausend Euro nehmen und in Stücke schneiden?« Weil ich sehe, wie der Ärmste leidet, belasse ich es bei der Ermahnung: »Führen Sie mich nicht in Versuchung!«

Proben von Lenkrädern und Turnhosen nehmen ist eine schöne Abwechslung in einem Job, der einen gewöhnlich in schmuddelige Kneipen oder zu Containern mit vereiterten Schweinepfoten führt.

Dritte Episode

Vorweihnachtszeit. In diesen Tagen gehört es sich, die Kosmetikhersteller unter die Lupe zu nehmen und das teuerste Parfüm zu untersuchen, das gerade auf den Markt gekommen ist und entsprechend beworben wird. Im Labor benötigen sie allerdings für die Analyse nur ein Tröpfchen dieses Parfüms, und jetzt kommt es unter den Damen des Labors zu einem regelrechten Gerangel um den restlichen, immer noch ansehnlichen Inhalt der Flasche. Ich halte mich da raus. Mich interessiert nur das Untersuchungsergebnis.

Vierte Episode

In Niedersachsen gibt es einen Importeur von Schweine- und Schafsdärmen mit angeschlossener Wurstproduktion. Därme werden mittlerweile weltweit gehandelt, und er bezieht seine Därme hauptsächlich aus China, Pakistan und Ägypten. Im Werk werden sie gewässert, um sie geschmeidig zu machen, dann vermessen, gebündelt und verpackt.

Diese Firma fällt unter die Hygienevorschriften, was unter anderem heißt: Es darf keine Fliege eindringen, denn Fliegen bedeuten nach deutschem Hygieneverständnis den sicheren Tod. Also hat der Inhaber an allen Fenstern Fliegengitter anbringen lassen – so weit, so gut. Bei der Abnahme durch unser Amt entdeckt jemand allerdings einen Werkstattraum, in den man von der Produktion aus nur unter Mühen gelangt – man müsste zuvor das Lager für die Därme durchqueren sowie auch ein angeschlossenes Materiallager für Lkw-Teile –, und dort, in dieser Werkstatt, gibt es kein Fliegengitter am Fenster! Höchste Alarmstufe. Es könnte doch sein, dass eine Fliege mit Navigationsgerät in den Werkstattraum einfliegt, sich ihren Weg durch das Materiallager für Lkw-Teile bahnt und unaufhaltsam immer weiter vorarbeitet durch das Därmelager hindurch bis in die Produktion, und um diese Gefahr zu bannen, wird von unserem Amt ein weiteres Fliegengitter angeordnet, vor dem Fenster eben jener abgelegenen Werkstatt, die gerade noch rechtzeitig als Fliegeneinfallstor identifiziert werden konnte.

Eine Farce, wie sie nur eine deutsche Behörde aufführen kann, die bereits alles geregelt hat und jetzt befürchten muss, überflüssig zu sein. Merke: Eine Behörde in der Sinnkrise schreckt nicht einmal vor der Erfindung neuer Bedrohungen zurück.

25. Ich lande bei Günter Wallraff

Bald nach der Schweinepfotengeschichte stellte ich meine Arbeit im Amt für Lebensmittelüberwachung wegen erwiesener Sinnlosigkeit ein. An meinem letzten Tag im Büro las ich folgende Mitteilung im Jahresbericht des Amts für Verbraucherschutz und Lebensmittelüberwachung (Berlin-Brandenburg): »Im Rahmen der Untersuchungen können wir die Mitverwendung von sogenanntem gutem Separatorenfleisch nicht nachweisen. Dies kann nur durch die Vor-Ort-Überwachung festgestellt werden.« Mit anderen Worten: gar nicht. Schon deshalb nicht, weil ein Kontrolleur Separatorenfleisch auch dann nicht erkennen würde, wenn er davorstände. Und wieder knallen in der Industrie die Sektkorken.

Gibt es denn gar keine guten Nachrichten?

Ich befürchte, nein.

Werfen wir einen letzten Blick auf die letzten Reste des Fleischerhandwerks, bevor wir uns mit dem beschäftigen, was uns die Zukunft aller Voraussicht nach bringen wird. Die kleinen Metzger sind unsere einzige Hoffnung, aber es gibt kaum noch welche. Und das Schlimmste ist: Schätzungsweise zwei, allenfalls fünf Prozent der verbliebenen Metzger machen noch alles, was sie verkaufen, selbst, inklusive Schinken. Als

Kontrolleur habe ich es in Niedersachsen immer wieder erlebt: Man kommt in eine Fleischerei, will eine Leberwurstprobe nehmen und bekommt zu hören: »Die machen wir aber nicht selbst.« »Von wem ist sie dann?« »Von Zimmermann in Bochum.« Aha. Weiß der Kunde das? Warum werden zugekaufte Produkte nicht als solche gekennzeichnet?

Ganz einfach: Weil es der Gesetzgeber nicht verlangt. Dem Staat reicht es, wenn der Metzger den Preis seiner Waren auszeichnet. Mit anderen Worten: Kunden, die nach wie vor aus Überzeugung bei ihrem Metzger einkaufen, bekommen dort in vielen Fällen Waren angedreht, die anderswo her stammen – wenn sie Pech haben aus der Fabrik, wenn sie Glück haben von einem der wenigen Metzger, die ihre Wurst noch selbst herstellen und damit weitere Metzgereien beliefern. Wie lange diese letzten Standhaften durchhalten, ist ungewiss. Und was kommt dann?

Lassen Sie mich an dieser Stelle zwei kleine Geschichten erzählen. Die erste handelt von meinem englischen Nachbarn Keith. Der lud mich eines sonnigen Tages zum Grillen ein und bot mir ein echtes englisches Grillwürstchen an. Du lieber Schwan! Das schmeckte nach einer Mischung aus Tetrapak, in Spülwasser aufgeweicht, und Mülleimer ganz unten, das hing am Gaumen, das klebte an den Zähnen, es war furchtbar.

»Wo hast du denn die her?«

»Direkt aus England. Die schickt mir mein Vater.«

»Keith, möchtest du mal eine richtige Rostbratwurst probieren?«

Ja, das wollte er und fand sie auch besser als seine englische, doch ich befürchte: So sieht die Zukunft aus, so wird die Zukunft schmecken, so wie die englische Grillwurst meines Freundes Keith, weil man solche Würste nämlich noch billiger herstellen kann als alles, was wir bisher schon an deutschen Fabrikwürsten kennen.

Und die zweite Geschichte: Ein Wuppertaler Großhändler gibt mir eine türkische Wurst aus Rindfleisch, Suçuk genannt, mit auf den Weg. Daheim angekommen, beiße ich einmal hinein, greife zum Telefonhörer und rufe ihn an: »Sag mal, willst du mich vergiften? Das ist ja das Grauen. Das kannst du doch nicht als Wurst verkaufen ...!«

Das Dilemma ist nur: Ob er das kann, ist gar nicht mehr die Frage. Früher oder später wird er Würste dieser Art verkaufen müssen, weil die Metzger in unseren Städten demnächst in Ermangelung eigenen Nachwuchses aus Rumänien, aus Bulgarien oder der Türkei kommen werden, und dann werden wir gezwungen sein, das zu essen, was man anderswo unter Wurst versteht. Das heißt: Entweder wir bekommen vorgefertigte Lebensmittel vorgesetzt, die wir nur abzunicken haben, kilometerweit entfernt von der Qualität handgemachter Lebensmittel, oder aber wir greifen auf das zurück, was fernere Länder zu bieten haben, und Würste aus Schweinefleisch werden es beim türkischen Metzger jedenfalls nicht sein.

Nun ist es so: Wenn ich eine Zukunft, die uns englische Grillwürste, Suçuk und Industriewurst verheißt, nicht verlockend finde, so kalkuliere ich doch durchaus ein, dass alle diese Erzeugnisse sehr wohl ihre Liebhaber finden können. In meiner ablehnenden Reaktion macht sich vielmehr etwas Altertümliches bemerkbar, nämlich die Warenverliebtheit des traditionellen Metzgers, sein Qualitätsbewusstsein, seine

Berufsehre, sein Handwerkerstolz auf ein Produkt, das wirklich nach bestem Wissen und Gewissen unter seinen Händen entstanden ist. Wen wundert's? Ich bin gelernter Metzger. Und als solcher war mir nun, nach 43 Jahren, so ziemlich alles verleidet, was mit der Erzeugung von Lebensmitteln zu tun hatte sowie dem Versuch, dabei auf die Einhaltung gewisser Grundregeln zu dringen, Grundregeln gesetzlicher wie auch moralischer Art. Was blieb mir jetzt zu tun? Aufgeben und mich gänzlich zurückziehen kam für mich immer noch nicht infrage. In dieser Situation fiel mir Günter Wallraff ein.

Man kennt ihn. Wallraff hatte in den 60er-Jahren den investigativen Journalismus erfunden und diese Spielart der Berichterstattung durch seine Bücher populär gemacht, und nach wie vor gibt es ein Team Wallraff, das zusammen mit dem Meister und in seinem Sinne weiterarbeitet, Missstände aufdeckt und die Ergebnisse seiner Recherchen auf einem eigenen Sendeplatz bei einem Privatsender veröffentlicht. Ich wandte mich also an Wallraff, ohne genaue Vorstellungen von der Form einer möglichen Zusammenarbeit zu haben. 2013, noch im Amt, schickte ich ihm eine Mail und erzählte ihm von Vorkommnissen aus meinem Berufsalltag, die mir gegen den Strich gegangen waren. »Ich kann Sie so dicht wie nur irgend möglich an diese Verhältnisse heranführen«, schlug ich ihm vor, »und dann übernehmen Sie.« Postwendend schrieb Wallraff zurück: »Wir müssen uns treffen.«

Ich fuhr nach Köln, wir verstanden uns, Wallraff war interessiert, so stieß ich zu seinem Team. Sie wollten es wenigstens mit mir versuchen, sie hatten nämlich niemanden in ihren Reihen, der sich mit Lebensmitteln auskannte, und wann immer sie sich an meine ehemaligen Kollegen in den Überwachungsämtern gewandt hatten, waren deren Antworten eher einsilbig ausgefallen – man befand sich halt noch in Amt und Würden und hielt sich entsprechend zurück. Ich hingegen war aus dem Amt ausgeschieden, mit allem vertraut und zu allem bereit.

Die erste Bewährungsprobe wartete in Lüneburg auf mich. Dort arbeitete eine Mitarbeiterin aus Wallraffs Team in einer Großküche, durchschaute aus Mangel an Sachkenntnis aber nicht alle Vorgänge, und ich sollte ihre Beobachtungen vor der Kamera interpretieren und einordnen. Das tat ich zu Wallraffs Zufriedenheit, und von diesem Moment an zog ich mit seinem Team durch die Lande – was ich bis zum heutigen Tag mache.

Unserem ersten Großeinsatz lag die folgende Überlegung zugrunde: Jährlich verschwinden in der Bundesrepublik 70.000 Tonnen Separatorenfleisch, und keiner weiß wohin. Wahrscheinlich ist diese Zahl sogar zu tief gegriffen, vermutlich ist sie wesentlich höher, aber Sicherheit ist in diesem Bereich unmöglich zu gewinnen; zumindest aber könnten wir einmal kriminalistisch vorgehen und uns auf die Suche nach Hinweisen und Spuren begeben, Verdachtsmomenten nachgehen, Indizien sammeln. Wie? Durch eine agentenmäßige Nummer. Undercover. Wir würden à la Wallraff in die Fleisch-Szene einsickern, eine Scheinfirma gründen und uns eine wasserdichte Legende dazu ausdenken.

So kam die Bornstein & Novak LTD in die Welt. Ein riesiges Phantomwerk im rumänischen Alba Julia, das mit seinen Phantomprodukten auf den deutschen Markt drängt, um den hart umkämpften Billigmarkt zu erobern. Zu diesem

Zweck würden wir uns auf der Süddeutschen Fleischerfachmesse (SÜFFA) in Stuttgart mit einem eigenen Stand präsentieren und in aller Ruhe abwarten, wer bei uns auftaucht, wer mit uns ins Geschäft kommen will und was die anderen Firmen an Legalem und Illegalem zu bieten haben. Selbstverständlich wird unsere Tarnung perfekt sein müssen, denn wir begeben uns in die Höhle des Löwen – eine Messehalle voller Fleischer ist nicht der ideale Ort, um aufzufliegen.

Nun, eine Scheinfirma ist heute schnell gegründet. Als Erstes legen wir uns eine tolle Internetseite zu mit Bildern von unseren Anlagen und Innenansichten unserer Produktion, wo nicht einmal die Lkw-Züge mit der Aufschrift Bornstein & Novak fehlen, alle in Reih und Glied auf unserem Hof geparkt, alle flammend neu und alle in den Bornstein & Novak-Farben lackiert, rote Schrift auf grünem Grund. Dann werden Visitenkarten und Flyer gedruckt. Und schließlich braucht diese Firma einen Ansprechpartner in Deutschland mit fester Adresse und Telefonnummer. Da ich der Scheinfirmeninhaber bin, entscheiden wir uns für meine Adresse und meine Telefonnummer; so ist gewährleistet, dass eintreffende Post nicht zurückgeht – das darf ja auf keinen Fall passieren. Und als alles fertig ist, lassen wir uns einen Messestand bauen.

Es ist ein spezieller Messestand. Ein Messestand mit einem geheimen Hinterzimmer für die Bild- und Tontechnik. Es sollen ja alle Gespräche, die wir führen werden, aufgezeichnet werden, das heißt: Ich bin mit einer Knopfkamera ausgerüstet, die unauffällig im Hemd sitzt, und hinter der Wand behält unser Techniker einen Monitor im Auge – wird das Bild, das meine Kamera sendet, plötzlich schwarz, weil der Akku leer ist, muss der Techniker mir ein Zeichen geben; dann verlasse ich kurz den Verhandlungstisch – »Ich muss mal eben einen Schluck trinken« –, gehe nach hinten, tausche den Akku aus, komme zurück und setze mich wieder dazu.

Ich bin nämlich derjenige, der die Gespräche führen soll. In diesem Milieu kann sich nur jemand mit dem entsprechenden Fachwissen behaupten. Man stelle sich vor: Wir sind Bornstein & Novak. Wir kommen aus Rumänien. Wir produzieren 190 Tonnen Wurst am Tag. Wir wollen auf dieser Messe, wo wir auf ausgewiesene Experten treffen, gute Geschäfte machen. Hier wird ja alles verkauft, was Metzgereien und Fleischindustrie brauchen – Gewürze, Zusatzstoffe, Maschinen, Verpackungssysteme, eben alles – da braucht man einen, der sich nicht nur im Produktionsbereich, sondern auch im Einkauf auskennt. Gottlob werde ich einen Großbetrieb in der Hinterhand haben, den ich anrufen und fragen kann: »Hört mal, was zahlt ihr gerade für fettes Fleisch?« »85 Cent das Kilo.« Okay. Dann sind die 1,35 Euro, die mein Gesprächspartner gerade verlangt, also kein vernünftiger Preis …

Und dann: Meine Gesprächspartner dürfen nicht merken, dass ich sie aushorche. Die müssen mir den Großunternehmer abkaufen. Dazu gehört, dass ich die schmutzigen Tricks kenne; das erwarten sie, die kennt ja von denen jeder. Der heikelste Punkt ist unsere Heimatadresse, die rumänische Stadt Alba Julia. Rumänien ist in diesen Kreisen vertrautes Gelände; die meisten Großbetriebe lassen in Rumänien produzieren und kennen sich mit den Gepflogenheiten dort bestens aus – wenn ich denen Blödsinn erzähle, erfahre ich nichts mehr, und das wäre schlecht. Zum Glück kenne ich in Niedersachsen einen Rumänen, der früher in seiner Heimat als Veterinär gearbeitet hat. »Wie läuft das bei euch?«, habe ich ihn gefragt. »Welche Kontrollen gibt es? Wie hoch sind die Bestechungsgelder üblicherweise?«

Als es losgeht, ist im Prinzip alles geklärt. Abgesehen davon, dass unsere Firma gar nicht existiert, sind wir durch und durch seriös. Der Rest sind Kaltschnäuzigkeit und Menschenkenntnis. Natürlich ist am Anfang jeder misstrauisch – auch hier heißt das Spiel ja wieder: meine Geheimnisse gegen deine Geheimnisse –, aber bei allen Menschen gibt es einen Punkt, wo man den Hebel ansetzen kann; den einen muss man loben, den nächsten an die Brust drücken, den dritten unter Druck setzen, dann klappt das schon, und die Spielregeln der Branche kenne ich ja. Wie sich herausstellen wird, schippert man trotzdem ständig am Rande der Klippen. Oft genug bin ich kurz davor aufzufliegen. Entdeckt mein Gegenüber die Kamera? Wittert der andere, dass hier was nicht stimmt? Wir wissen ja vorher nie, mit wem wir es zu tun bekommen werden; für uns sieht es jedes Mal so aus, als wüchsen die jeweiligen Firmenvertreter aus dem Boden. Gelegentlich bricht mir der Schweiß aus, aber, um ein Ergebnis vorwegzunehmen: Es wird immer gut gehen.

Denn auf eins ist in dieser Branche Verlass: Gier frisst Hirn. Keiner wird bemerken, dass wir nicht ganz auf der Höhe sind, was die heutigen Zaubertricks angeht. Einige unserer Gesprächspartner sind zunächst vorsichtig – daran erkennt man die alten Hasen –, doch alle wollen sofort mit uns ins Geschäft kommen. Ein neuer Großbetrieb, der bequemen Umsatz verspricht, ist für sie ein Volltreffer, und dann lassen sie sich bereitwillig ausquetschen, dann öffnen sie die Büchse der Pandora, dann heißt es grundsätzlich: »Oh, da gibt es Möglichkeiten …« Das haben wir bald heraus, und schließlich –

wer uns den Rücken stärkt, ist kein Geringerer als Günter Wallraff persönlich. »Undercover zu arbeiten ist vor allem eine Frage der Nerven«, sagt er uns, bevor wir in die Schlacht ziehen. »Solange ihr in eurer Rolle die Ruhe bewahrt, kann nichts passieren, außer, dass sie euch für ausgemachte Deppen halten.«

Was er unerwähnt lässt: Acht Stunden zu lügen ist anstrengend. Wir sind abends fix und fertig. Wenn der Messebetrieb zu Ende ist, schalten wir die versteckten Kameras aus, gehen hinüber zum Stand der Firma Gewürz Müller, wo es die ganze Zeit über Freibier gibt, und genehmigen uns erst einmal ein paar Gläser Pils … Und damit kommen wir zu den Gesprächsprotokollen, die ich anhand der Filmaufzeichnungen während der SÜFFA 2014 angefertigt habe. Sie führen uns geradewegs in die Gegenwart.

26. Die SÜFFA-Gesprächsprotokolle (I)

Die Messe beginnt. Wir haben uns auf unserem Stand eingerichtet. Jetzt sitze ich mit meinem Kollegen vom Team Wallraff als Chef der rumänischen Firma Bornstein & Novak LTD am Tisch unseres Besprechungsraums und gehe noch einmal meine fiktive Einkaufsliste durch. Sie ist nicht von schlechten Eltern – von Farbstoffen über Phosphate bis Frischmacher steht alles drauf. Vieles davon ist in Deutschland nicht zugelassen, aber ich will ja herausfinden, wie weit mir die Firmenvertreter hier auf der Messe entgegenkommen, ob sie mir jeden Wunsch erfüllen oder dies und jenes doch zu gewagt finden, und vielleicht nähern wir uns auf diese Weise auch unserem eigentlichen Thema, dem Separatorenfleisch. Der erste Gast des Tages ist der Vertreter einer Gewürzfirma. Ich unterbreite ihm meine Wünsche und frage, ob er dies alles besorgen könne.

Die Gewürzfirma

Gast: Alles. Ich kann ja mal sagen, was wir so machen. Der Endverbraucher kennt uns durch den Ketchup. Da sind wir auch Marktführer. Wir sind ein klassisches Gewürzwerk und schon über hundert Jahre am Markt. Wir stehen für Qualität.

Natürlich haben wir mit unserer Abteilung auch ein Industriegeschäft, nicht nur ein Handwerksgeschäft. Unsere Abteilung beschäftigt sich mit dem Verkauf von Gewürzen, hauptsächlich industriell, in allen Bereichen. Die Gewürzsorte ist egal. Ob es jetzt Kräuterlikör ist oder Fisch in der Dose oder Käse oder Wurst, das ist vollkommen egal. Also müssen wir auch in jedem Bereich einen Techniker haben, der sich auskennt. Und den haben wir auch.

F. V. (Franz Voll): Wir brauchen zunächst mal die Gewürze, die man sowieso braucht. Das heißt für Kochbrühwurst, für Rohwurst. Dann brauchen wir zusätzlich Frischmacher, Acetate, alles das, was so auf dem Markt ist. Dann brauchen wir Kutterhilfsmittel mit erhöhtem Blindwert, wenn's geht.

Kutterhilfsmittel sind Wasserbinder. Und »erhöhter Blindwert« ist ein alter Ausdruck aus der Metzgersprache. Der Blindwert bezeichnet jene Menge an Phosphat, die man in eine Wurst einarbeiten kann, ohne dass sie sich im Labor mit Sicherheit feststellen lässt. Der Blindwert erlaubt dem Metzger also, auf die vorgeschriebene Kennzeichnung zu verzichten.

Gast: Das gibt es nicht, erhöhten Blindwert. Man kann sagen, wenn Sie bei der Erstanalyse mit einem pH-Wert von 7,3 reingehen, dann könnte man 0,2 Gramm aufs Kilo nehmen, also 0,02 Prozent. Da könnte man sagen, das kommt noch aus dem Fleisch heraus, weil das Fleisch natürliche Schwankungen hat.

Wir reden weiterhin über die Zugabe von Phosphat. Nach seiner Berechnung brauchen wir eine Zugabe von 0,2 Gramm Phosphat nicht anzugeben – »mit Phosphat« liest ja keiner gerne auf dem Etikett. Diese Menge bindet schon eine ordentliche Menge Wasser, aber ein Allergiker könnte damit Probleme bekommen. Ich bohre nach.

F. V.: Kartoffelmehl? Maismehl? Seid ihr dazu in der Lage?
Gast: Kann ich alles besorgen … Maismehl?
F. V.: Für die Frikadellen, dachte ich … wegen Gluten …
Gast: Ja gut, man kann ja auch Reis nehmen.
F. V.: Ja stimmt, wir könnten auch Reis nehmen …
Gast: Oder Verdickungsmittel, je nachdem … Ich kann Ihnen aber mal sagen, wie wir aufgestellt sind und was möglich ist … Im Handelsbereich arbeiten wir mit freien Mitarbeitern, die auf Provisionsbasis unterwegs sind. Im Industriebereich sieht es so aus: Da haben wir Technologen, Fleischtechniker oder nur so dumme Metzgermeister wie mich. Die aber trotzdem Ahnung haben. Ich bin allerdings nur Fachberater. Aber wir haben quer über Deutschland verteilt sieben Techniker, die die Industrie betreuen, und jeder hat einen anderen Schwerpunkt. Der eine kennt sich bei Brühwurst aus, der andere bei Fisch und Fleisch, und so ist das Ganze aufgebaut. Und wenn Sie jetzt sagen, da soll mal jemand vorbeikommen, es geht um die und die Thematik, dann suchen wir jemanden aus, der für Sie passt. Wenn wir nicht jemanden rausschicken, der sich exzellent damit auskennt, dann könnten Sie das natürlich auch mit jedem x-Beliebigen machen, aber das wollen wir nicht. Dann wird ein Termin vereinbart – das kriegt man relativ zeitnah hin –, und dann spricht man das im Einzelnen durch. Und dann macht man noch mal einen Termin zur Produktion.

Welch ein Service! Ich bekomme nicht nur alles, was das Herz begehrt, man stellt mir auch noch Experten zur Seite, die mir genau zeigen, wie ich mit diesem oder jenem Produkt umzugehen habe.

Gast: Also, die Gewürzindustrie funktioniert anders als andere Branchen … Das, was wir haben, kommt aus der ganzen Welt. Und wir müssen leider Bestände aufbauen. Wir haben in den letzten Jahren die Lagerbestände von 70 Millionen auf 400 Millionen hochziehen müssen, um die Kunden überhaupt laufend beliefern zu können. Ein aktuelles Beispiel: Aus Syrien kommen keine Zwiebeln mehr. Dann keine Pistazien aus dem Iran. Pfeffer aus der Mongolei gibt es gerade auch nicht, und Koriander aus der Ukraine momentan auch nicht, weil die alle augenblicklich was anderes zu tun haben.

Dann haben wir die Geschichte seit 2008 mit dem Zusammenbruch der Finanzmärkte. Dazu kommt: Indien ist leer gesaugt, die haben kein Wasser mehr, und genauso sieht es in Kalifornien aus. Das Klima spielt also auch mit, das treibt allgemein die Preise extrem nach oben, oder es gibt überhaupt keine Ware. Deswegen müssen wir die Bestände so hochreißen, um große Kunden weiter beliefern zu können, und auch, um die Preise stabil zu halten. Bei Rohgewürz ist es so, die werden in Dollar gehandelt. Jetzt haben wir zum Beispiel beim Pfeffer eine Preissteigerung im Vergleich von Februar 2013 zu 2014 von 58 Prozent bei weißem und von 52 Prozent bei schwarzem.

Er tut geradezu so, als ob die Inder ihr Land vertrocknen lassen würden, um ihn und seinesgleichen zu ärgern. Die Inder sind also schuld, wenn die Gewürzpreise steigen. Wir sollten auch im Gewürzbereich einmal über fairen Handel nachdenken …

Gast: Deswegen braucht man einen sehr feinfühligen Einkauf und Kontakte, um überhaupt an Ware ranzukommen.

Was er sagen will: In bestimmten Weltgegenden braucht man jemanden, der die Regierung besticht, um überhaupt noch an Gewürze zu kommen. In Afrika etwa kriegt man ohne Bestechung gar nichts aus dem Land.

Gast: Bei Rohgewürzen geht es nach Tagespreisen. Das eine Produkt kostet heute fünf Euro, morgen sieben Euro, übermorgen siebzehn Euro und dann wieder neun Euro. So ist das. Und bei Mischgewürz ist es so: Wenn man als Hersteller sechs Komponenten für eine Brühwurst zusammenstellt … mit sechs Komponenten kommt ihr eigentlich hin. Es ist in der Regel aber nicht so fein abgestimmt, und zum Zweiten habt ihr die Probleme mit den Preisen. Die Gewürzindustrie vermischt deshalb normalerweise zwanzig Artikel, erstens, um einen gewissen Geschmack zu garantieren, aber auch, um einen Puffer zu haben. Bei zwanzig Artikeln ist es tendenziell eben eher möglich, den Verlust von einem Gewürz auszugleichen …

Resümee

Es bestätigt sich in diesem Gespräch, was ich immer gesagt habe: Diese Firmen pflegen weltumspannende Handelsbeziehungen und Regierungskontakte; außerdem arbeiten sie auf höchstem technischen Niveau, mit Chemikern und Ingenieuren. Anschließend werden Firmen dieser Größenordnung vom Kontrolleur einer kommunalen Behörde mit seinem Köfferchen aufgesucht – was soll es für den in dieser Welt zu kontrollieren geben? Firmen wie diese drücken ihn nicht nur an die Wand, sie lachen ihn aus. Der Kontrolleur merkt natürlich auch selbst, dass er ihnen nicht gewachsen ist … Wie soll das funktionieren? Im Übrigen hat sich gezeigt: Man bekommt alles, was man will – Bedenken wurden nicht geäußert.

Unser nächster Gast ist ein besonders interessanter Kandidat. Er vertritt einen Großhersteller von Nahrungsergänzungsmitteln und Stabilisatoren, dessen Messestand uns schon aufgefallen ist. Sein Arbeitgeber wirbt unter anderem mit Pflanzenfasern, die sich zur Wasserbindung in der Wurst eignen. Wie sich zeigt, hat diese Firma aber noch sehr viel mehr auf Lager. Steigen wir gleich in unser Gespräch ein.

Der Stabilisatorenhersteller

F. V.: … und nun hat mir mein Kollege erzählt – da habe ich aber nur mit einem Ohr hingehört, weil wir heute den ganzen Morgen Verhandlungen haben –, dass Sie Veggiefett für Brühwurst anbieten. Wofür ist das gut?

Darauf fällt wirklich jeder herein: Tue so, als ob du keine Zeit hättest – das verleiht deiner Firma Gewicht. Natürlich nehme ich mir alle Zeit der Welt, der Mann soll ja auspacken, und im nächsten Moment packt er auch schon aus …

Gast: Dieses Produkt ersetzt Fett. In jede Wurst kommt ja Fett, und dieses Veggiefett hat eben den Vorteil, wie der Name schon sagt, dass es vegetarisch ist, also auch gut für Geflügel und dergleichen. Sie haben damit reduziertes Fett, das Sie verarbeiten können. Machen Sie das ruhig mal auf, ich lasse Ihnen auch noch ein Muster da.

Hier sind eben nur dreißig Prozent Fett drin. Es ist eine Mischung aus Wasser und Öl. Als Öl können Sie nehmen, was Sie möchten. Ob das jetzt Sonnenblumen- oder Rapsöl ist, das ist egal. Sie können es praktisch mitkuttern, für französische Mortadella, wo Sie die weißen Speckwürfelchen drin haben … Sie können es aber auch in eine Rohwurst einarbeiten, um da einen geringeren Fettgehalt zu erzielen. Und das ist ja ein interessantes Thema, das gilt also nicht nur für Blutwurst, sondern auch für Rohwurst. Ich lasse Ihnen noch die Spezifikationen zukommen.

Dieses Zeug kann man also genauso in Geflügelwurst wie in Schweinefleischwurst verarbeiten. Siebzig Prozent Wasser, dreißig Prozent Öl, eine Prise von seiner Chemiebombe, und man erhält etwas Speckartiges, Geschmackloses, das sich Veggiefett nennt und unüberbietbar billig ist.

Das Ungewöhnliche ist: Er will uns dieses Veggiefett gar nicht verkaufen, wie ich zunächst dachte. Er will uns einen Chemiecocktail andrehen, mit dem ich Veggiefett selbst herstellen und anstelle von Schweinefett einsetzen kann. Ich bin sprachlos. Wahrscheinlich ist das ganz einfach, und die Industrie verwendet sein Mittelchen schon längst … Als ich die Zutaten bemängele, antwortet er:

Gast: Sehen Sie, bei solchen Sachen ist das halt einfach drin. Hier steht es: Natrium, Kalzium, Eiweiß, Molkepulver, Phosphate – das ist eben drin, das lässt sich gar nicht vermeiden.

Und als ich immer noch Bedenken äußere, fällt des Metzgers Lieblingssatz.

Gast: Herr Voll, überlegen Sie mal … Normalerweise sind mindesten sechzig Prozent Wasser drin, die werden damit gebunden – und Wasser ist günstiger als das billigste Fleisch.
F. V.: Was machen Sie sonst noch?
Gast: Wir stabilisieren quasi alles. Also Lebensmittel jeder Art und Form. Nehmen wir nur mal Brühwurst. Auch da haben wir verschiedenste Rezepturen mit mehr Fetteinsatz, mit mehr Wassereinsatz, mit minderer Fleischqualität, gerade mal für den osteuropäischen Markt geeignet. Wir stabilisieren Ihnen alles. Wir haben auch fertige Rezepturen. An einer Art Wiener könnte ich Ihnen zeigen, wie wir eine Standardrezeptur machen, die wir dann entsprechend ändern, indem wir den Wasseranteil erhöhen oder die Fleischqualität heruntersetzen oder den Fettgehalt reduzieren. Wir machen Injektionen aller Art für Fleisch oder Schinken. Auch Pökelware, wo ja genauso Wert auf Wasserbindung gelegt wird.

Mit anderen Worten: Wir haben hier einen Zutatenhändler vor uns. Der Mann handelt gar nicht mit Gewürzen, er handelt mit

Chemie zur Ertragssteigerung und zur Verfälschung von Lebensmitteln. In diese Kategorie fallen im Grunde auch die Pflanzenfasern, mit denen seine Firma wirbt. Getrocknet sehen sie wie dünne Wollfäden aus; fügt man sie beim Fleischwurstmachen hinzu, saugen sie Flüssigkeit auf, und wieder kann man noch mehr Wasser in die Wurst kippen. Wenn man dann noch etwas Ingwer zugibt, kann man die Fasern in der Wurst jederzeit begründen – und kein Labor vermag einem etwas nachzuweisen. In diesem Fall könnte man immer sagen: »Tja, Leute, ist ja auch Ingwer drin …« Und sollte es trotzdem auffallen, wird das Bußgeld beim ersten Mal vielleicht 300 Euro betragen, der wirtschaftliche Vorteil aber bei 200.000 Euro liegen. Darum lohnen sich all diese Dinge wie Fasern, analoges Fett, Verdicker und Stabilisatoren.

F. V.: Was uns natürlich auch interessiert … Wir verarbeiten Separatorenfleisch, ist ja klar. Wir sind hier ja auf der Messe, wir können offen darüber reden. Für Geflügelfleisch haben wir zum Beispiel diesen Wasserstrahlseparator, aber da macht uns die Feuchtigkeit Probleme …

Das ist ein Versuchsballon. Ich will wissen, ob er sich mit der Fleischtechnik auskennt. Gott sei Dank nicht, denn ein Wasserstrahlseparator ist eine freie Erfindung, den gibt es nicht. Aber irgendwie muss ich das Gespräch auf Separatorenfleisch bringen – also versuche ich als Nächstes aus ihm herauszukitzeln, ob er auch ein Pulver zum Trocknen von Separatorenfleisch im Angebot hat.

Gast: Auch da gibt es Möglichkeiten.
F. V.: Es geht mir nur um die Konsistenz, es muss nicht schmecken. Aber dieses Geflügelfleisch, dieses Separatorenfleisch,

macht uns echte Kopfschmerzen. Wir lassen es schon auf Sieben liegen, sodass das Wasser abtropfen kann, aber du kriegst es einfach nicht richtig trocken.

Gast: Also, wir haben gerade eine Rezeptur für Separatorenfleisch erstellt. Das ist uns sehr gut gelungen. Da muss man dann mal gucken, wie hoch der Wasseranteil in Ihrem Fleisch ist. Das Einfachste wäre … Ich kann Ihnen nur im Augenblick nicht sagen, wie schnell es machbar ist. Am besten schicken Sie mir einfach mal einen Karton mit zehn Kilo Separatorenfleisch, sodass wir Ihr Fleisch vorliegen haben, und dann gucke ich, dass wir bei uns mal eine Musterproduktion machen. Anschließend vereinbaren wir einen Termin, und ich besuche Sie zu Hause in Königslutter.

Jetzt bin ich wirklich sprachlos. Wir haben den Jackpot gewonnen. Der Mann stabilisiert alles. Das heißt, er macht Wasser schnittfest. Die Industrie wird ihm die Hände küssen, denn Wasser ist gleichbedeutend mit barem Geld. Was kostet noch mal ein Kilo Wasser?

Gast: Und wie gesagt, wir stabilisieren, wir machen da alles. Nehmen Sie nur zum Beispiel das Fleisch vom Discounter, das ist auch mit einer Sache von uns initiiert. Einmal natürlich für Zartheit und dann für Farberhaltung.

Jetzt hat er unwissentlich mein Interesse geweckt. Er drückt sich etwas wirr aus, aber was er meint, liegt auf der Hand: Mindestens ein Handelsriese traktiert sein Fleisch mit einem Mittel, das Fleisch zarter und von der Farbe her attraktiver macht. Wir müssen sofort Fleisch dieses Discounters ins Labor bringen. Mal sehen, was wir finden.

Resümee

Von diesem Gespräch muss man sich erst einmal erholen. Ich habe mit einigem gerechnet, aber dass die Möglichkeiten tatsächlich unbegrenzt sind, war mir nicht bewusst. Hätte mein Lehrmeister in Essen über all diese Mittelchen verfügt, er hätte es zum hundertfachen Millionär gebracht. So hatte es nur zum zweifachen Millionär gereicht.

27. Die SÜFFA-Gesprächsprotokolle (II)

Nach den ersten Gesprächen sind wir schon schlauer. Mit dem Hersteller des Stabilisators werden wir in Kontakt bleiben; vom Erfindungsreichtum dieser Firma verspreche ich mir noch manche neue Erkenntnis. Jetzt aber setzen sich zwei eher zwielichtige Gestalten zu uns, nämlich die Vertreter einer Firma, die Arbeitskräfte verleiht. Wurst interessiert sie nur am Rande, wie sich schnell zeigt, ihr Hauptaugenmerk gilt rumänischen Arbeitssklaven. Da wir es jetzt mit mehreren Gesprächspartnern zu tun haben, werde ich sie nummerieren.

Der Dienstleister

Gast 1: Wir sind dabei, in Rumänien eine Firma aufzumachen. Damit die Leute dann auch in Deutschland arbeiten können.

F. V.: Damit man das schön über Werkverträge regeln kann …

Gast 2: Das wäre doch eine zusätzliche Verwertung von Ihrem Betrieb, Herr Voll. Keine uninteressante Geschichte.

Gast 1: Angefangen haben wir mit sechs Mann. Jetzt haben wir 450 Mann, 250 davon mit Niedriglohnsatz natürlich. So spare ich.

Ob sich Rumänien das so vorgestellt hat, als es in die EU eintrat? Die hochgelobte Freizügigkeit für Arbeitnehmer läuft in diesem Fall auf den Export von Lohnsklaven hinaus. Mir wird gerade richtig übel. Denn was meine Gesprächspartner mir sagen wollen, ist Folgendes: Alles schön und gut mit Ihrer Wurstproduktion, Herr Voll, aber viel interessanter ist etwas anderes: Wir machen einen Werkvertrag mit Ihnen, und dann vermitteln Sie uns Rumänen als billige Arbeitskräfte nach Deutschland …

Meine Aufgabe wäre also, eine Kooperation mit ihnen einzugehen, dann würden gleich 100.000 Euro auf dem Tisch liegen. Ich müsste diese Arbeiter in Rumänien nicht einmal selbst aussuchen, das würde deren Firma schon übernehmen – Hauptsache, sie können dem deutschen Arbeitsamt einen Werksvertrag mit einem rumänischen Unternehmen präsentieren und die Rumänen zum Niedrigstlohnsatz von 2,50 Euro einstellen. Offiziell wären diese Arbeiter dann bei Bornstein & Novak in Alba Julia beschäftigt und lediglich an unsere neuen Bekannten ausgeliehen, aber das ist natürlich geschwindelt.

Gast 2: Wir arbeiten mit ungefähr tausend Leuten hier in Deutschland, speziell an Füllaufträgen. Bei uns stehen ungefähr 150 Mann an Füllmaschinen … Viele sind Profis, die füllen über 800 Kilo täglich. Wir stehen unter Druck. Unser Potenzial ist unser Personal. Also Werkverträge. Aber wir suchen noch. Wir haben schon einen ungarischen Partner; einen rumänischen Partner haben wir auch, aber der ist schon ausgelastet …

Ich frage mich gerade, ob die irgendwann nach Afrika gehen und die Männer aus den Dörfern entführen werden. Ich sehe Segelschiffe und junge Männer in Ketten vor mir. Bei dieser Firma wird also Wurstbrei, der zuvor durch Deutschland kutschiert worden ist, in Därme gefüllt und gekocht, bevor er als fertige Wurst erneut auf die Reise geschickt wird.

Im nächsten Moment werde ich durch eine völlig unerwartete Frage aus meinen Gedanken gerissen.

Gast 2: Wie kommen Sie eigentlich nach Rumänien – fahren Sie mit dem Auto oder fliegen Sie?
F. V.: Nein, ich fliege wenig. Wenn ich fliege, sterbe ich unterwegs vor Angst. Ich hatte mal so schwarze Haare wie Sie – dreimal geflogen, und jetzt sind sie weiß. Also, ich fahre mit dem Auto.
Gast 2: Welcher Flughafen wäre denn dort?
F. V.: Das kann ich Ihnen nicht mal sagen. Weil ich nicht fliege. Ich fahre immer nach Navi. Das heißt, es fährt mich jemand, und ich sitze hinten drin und penne.

Jetzt bin ich gerade richtig ins Schwitzen gekommen. Ich weiß ja nichts über Alba Julia, ich weiß nicht einmal, ob ein Flugplatz in der Nähe ist, geschweige denn, wie man dort hinkäme. Das war knapp.

Gottlob, man wechselt das Thema. Jetzt geht es doch noch um Wurst.

Gast 2: Verstehe ich Sie richtig, Herr Voll – der Mann, der in Deutschland für Sie produzieren soll, der könnte auch Rework einbauen?

Unter Rework versteht man alles an Wurst, was alt, geplatzt, verdreckt oder gammelig ist, was eigentlich keiner mehr haben will, aber von ganz Cleveren weiterverarbeitet wird.

F. V.: Ja, wie Sie gerade gesagt haben. Wer wenig bezahlt, der kriegt natürlich auch Scheiße. Unter uns gesagt … Später reden wir anders.

Gast 2: Das ist interessant.

F. V.: Das kann ich mir vorstellen.

Dann erzählt er mir, dass wir von einer bestimmten Firma tonnenweise geplatzte, verschmutzte oder sonst wie beeinträchtigte Wurst haben könnten, die andernfalls auf der Müllkippe landen würde! Die bekämen wir sogar umsonst, vorausgesetzt, dass wir sie selbst abholen – es wäre eben auch der Firma damit gedient, wenn die Entsorgungskosten entfallen würden. Ich bin schon wieder sprachlos. Da versuchen sie, noch mit dem Müll, den sie durch die Gegend fahren, Geschäfte zu machen. Für Bornstein & Novak gleichwohl eine tolle Sache, weil man sich mit einer Tonne Rework eine Tonne Fleisch spart … und das Zeug obendrein umsonst bekommt.

Ein dritter Vertreter der Firma stößt zu uns.

Gast 1: Jetzt kommt noch eine rechte Hand. Wir überlegen uns gerade, bei einer rumänischen Firma mitzumachen – oder der Herr Voll bei uns. Hier in Deutschland haben wir einen langen Arm. Wir sind zwar nicht billig, aber wir haben die besseren Leute.

Jetzt wird es spannend, denn jetzt versucht man, uns in ein »Sklavengeschäft« zu verwickeln.

Gast 2: Der Kampf ist hart, aber wir haben das Know-how, und ich bin jetzt fast dreißig Jahre bei ihm. Wir sind eben spezialisiert. Wurstfüllen in Naturdarm ist in Deutschland ein Thema, und Personal wird immer mehr zum Thema.

Und schon trifft der nächste Mann ein. Offenbar hat sich auf der Messe herumgesprochen, dass da jemand aus Rumänien ist, der sich vorstellen könnte, bei schmutzigen Geschäften mitzumachen.

Gast 2: Gerd, der Herr Voll hat in Rumänien eine Wurstfabrik mit 190 Beschäftigten. Der macht alle drei Tage 160 Tonnen, Schinken und Lyoner. Und jetzt braucht er Einstiegsware im untersten Segment. Er sucht Partner. Entweder jemanden, der Kapazitäten hat, oder jemanden, der sagt: Ich liefere es dir nach deinen Vorgaben an die Rampe, mit Separatorenfleisch, unterste Preis-Einstiegsgrenze. Das ist das eine Thema. Das andere Thema wäre, wo ich und er mal drüber nachgedacht haben – wenn er Referenzen hat, vielleicht wäre es für uns von Vorteil, noch jemanden in Rumänien zu haben.
Gast 4: An Entsendung denke ich dabei eher weniger, weil die Entsendung an die Zweijahresfrist gekoppelt ist. Das heißt, wenn wir die Leute irgendwo zwei Jahre im Einsatz haben, dann ist mit deren Arbeitsplatz nichts mehr zu machen, dann musst du die einstellen. Wir reden ja eigentlich über Leihaufträge, und wenn es da eine Möglichkeit gäbe … Schlimmstenfalls kommen mal ein paar von uns runter und sehen nach dem Rechten.
Gast 1: Die Arbeiter könnte man doch für zwei Jahre entsenden, die würden dann ja auch gemanagt und niedrige Löhne kriegen. Aber eben nur alle zwei Jahre einmal.
Gast 3: Wir müssen trotzdem aufpassen. Sobald man in bestehende deutsche Arbeitsverhältnisse eingreift, hat man

Probleme mit den Behörden. Da müsste man sehr vorsichtig rangehen.

Ich will zum Abschluss kommen.

F. V.: Also, wir machen es so: Ich stelle Ihnen die Zahlen zusammen, was ich brauche, und wenn Sie sowieso rumreisen, können wir uns gerne in Königslutter treffen.
Gast 2: Sie müssen mir eben realistische Zahlen sagen. Damit ich dem Mann sagen kann, dass er einen Abnehmer hat, der Rework verarbeitet. Und mit Rework meine ich wirklich gebrochene Sachen. Mal gucken. Wenn er weiß: Ich muss so und so viele Tonnen nicht wegschmeißen, die werden da und da verarbeitet, dann ist das sicher ein Thema. Am deutschen Markt kriegst du das Zeug ja nur begrenzt los ...

Resümee

Das Gehörte muss man sich auf der Zunge zergehen lassen. Es gibt offenbar immer mehr südosteuropäische Leiharbeiter, die zu absoluten Niedriglöhnen in der Wurstproduktion eingesetzt werden – und zwar in völlig entflochtenen Konzernen. Es scheint inzwischen üblich zu sein, Wurstbrät ohne Hülle durch Deutschland zu fahren, in irgendeiner Füllstation durch Lohnsklaven in Därme füllen zu lassen, das Produkt dort zu kochen oder zu räuchern und als Wurst dann zum nächsten Werk zu karren, wo alles in Dosen oder Gläser oder in Vakuum verpackt wird. Ein flexibles System. Es wird immer da gefüllt, wo gerade Kapazitäten frei sind. Als

Produzent weiß ich also erst kurze Zeit vorher, in welchem Werk meine Ware weiterverarbeitet wird.

Für den Verbraucherschutz heißt das: Die Rückverfolgbarkeit von Fehlern im Produkt ist nicht möglich. Sollte ein Problem auftauchen, lässt sich unmöglich sagen, wer es verursacht hat. Also: Nicht nur Autos werden in verschiedenen Werken gebaut – sagen wir: die Motoren in Braunschweig, die Achsen in Salzgitter, der Rest in Wolfsburg – und später zusammengesetzt, genauso geht es mittlerweile im Lebensmittelbereich zu. Wir haben drei oder vier Werke, von denen jedes für einen Arbeitsgang zuständig ist, und am Ende kommt eine Wurst dabei heraus. Jeder macht nur noch, was er am besten kann oder am schnellsten hinkriegt, und dann reicht er das Produkt weiter.

Das hat natürlich nichts mehr mit Metzgerei zu tun. Zwischen der Wurst des Metzgers und diesen Würsten liegen Welten, sodass ich als Fleischer sagen würde: Verpasst dem Kind bitte einen anderen Namen. Nennt es Fabrikwurst. Oder Komponentenwurst. Aber wie ich die Lobbyisten der Fleischindustrie kenne, wird es wohl bei dem schönen, alten Namen »Wurst« bleiben.

Als Nächstes besucht uns der Vertreter einer großen deutschen Gewürzfirma. Sie war der erste Produzent, der fertige Gewürzmischungen auf den deutschen Markt brachte und damit die Entwicklung zum standardisierten Geschmack auslöste. Ich bin gespannt, wie diese alten Hasen reagieren, wenn ich ihnen meine Einkaufsliste präsentiere. Das Gespräch verläuft dann auch anders als die bisherigen. Der Vertreter hält sich bedeckt; er ist der einzige hier, dem die Aussicht auf schnelles

Geld nicht den Kopf verdreht. Als Chef von Bornstein & Novak enttäuscht er mich, als Mensch bin ich von ihm eher angetan.

Gewürze

Gast: Das ist kein Problem. Ascorbat – ja. Ascorbat können Sie haben. Ohne das geht's ja nicht. Sie können auch Phosphat verwenden, aber unter Frischhalter verstehe ich zum Beispiel Azetat oder Zitronensäure. Das wollen die Handelsketten aber nicht.

Phosphat ist ein Problem. Jeder benutzt es, folglich ist es auch in Waren, in denen man es nicht vermutet. Und nach neuesten medizinischen Erkenntnissen scheint Phosphat zu verschiedenen Erkrankungen zu führen.

F. V.: Hättet ihr zur Not aber da? Nicht, dass Sie mich falsch verstehen …

Gast: Ich sag mal einfach: Wir kennen den Markt … Aber ich weiß halt nicht, ob Sie die Leute da kennen. Also, Farbstoff, das ist so eine Sache. Wir machen auch eine vegetarische Wurst – das ist so ein Bereich, in dem jetzt einige was machen wollen –, und da ist man mit Farbstoffen einverstanden, da sieht man das nicht so eng, das ist ja keine Wurst, und da brauchen Sie auch Farbstoff, weil es sonst nicht wie Wurst aussieht.

Das ist eine kernige Aussage. Vegetariern kann man Farbstoffe zumuten, weil auch deren Wurst wie Fleischwurst aussehen soll …

Ich denke gerade an den vegetarischen Schinken-Spicker. Aber zu tieferen Einblicken lässt sich der Mann nicht hinreißen.

Resümee

Ich bin sicher, dass auch diese Gewürzfirma mehr zu bieten hat als die legalen Sachen. Aber deren Vertreter sind noch vom alten Schlag, die fallen nicht mit der Tür ins Haus, die sagen sich: Lasst uns mit Bornstein & Novak erst mal 100.000 Euro umsetzen, bevor wir ihnen unsere Geheimnisse anvertrauen.

Alles in allem war unser Auftritt auf der SÜFFA aber von Erfolg gekrönt. Wir sind nicht aufgeflogen, und dieser Umstand wird nach der Messe mit großer Erleichterung quittiert. Außerdem wissen wir jetzt, dass zwei Themen in aller Munde sind. Erstens die Wasserbindung in Schinken und Wurst, also jene Frage, die Metzger seit Jahrhunderten beschäftigt. Für dieses Problem scheint die chemische Industrie die endgültige Lösung gefunden zu haben: Stabilisatoren, die jede beliebige Menge Wasser in festen Stoff verwandeln. Und zweitens billiges Personal für die Fleischindustrie. Daran scheinen die Firmen unter Hochdruck zu arbeiten. Möglichkeiten gibt es …

28. Undercover unterwegs im Land der unbegrenzten Möglichkeiten

Die Methode Wallraff hat sich bewährt. Wir betreiben Lebensmittelüberwachung mit anderen Mitteln, und diese Spielart liegt mir. Man muss dazugehören, man muss Teil der Schweinebande sein, dann fließen die Informationen ganz von allein.

Drei Monate nach der Messe treffe ich mich in einer Gaststätte in Wuppertal mit einem Vertreter jener Firma, die mir seinerzeit besonders ans Herz gewachsen ist – ihre Stärke ist die Herstellung von Stabilisatoren. Der Mann hat Kostproben aus eigener Produktion und Rezepte mitgebracht. Er baut Würste vor uns auf, einige im Glas, einige unverpackt, als Anschauungsbeispiele für vier mögliche Qualitätskategorien: sein Standardwürstchen, dann ein Low-Fat-Würstchen, als drittes ein Billigwürstchen mit Separatorenfleisch und schließlich ein Würstchen mit extrem hohem Wasseranteil. Währenddessen überfliege ich die Liste mit Rezepturen: … hochwertige Qualität … (können wir nicht brauchen) … Wasseranteil 34,8 Prozent … (das ist beachtlich, dazu gehört Mut) … Magerfleisch, fettreiches Fleisch. Pasteurisiert mit Low-Fat. Würstchen mit minderer Fleischqualität … (das wäre wahrscheinlich das Preissegment, in das wir einsteigen wollen, aber wie klingt das: mindere Fleischqualität ...) Gut, ein erster Eindruck. Mein Gesprächspartner (im Folgenden Firma X genannt) kommt zur Sache.

Firma X: So, schauen Sie mal – wir kriegen auch noch andere Qualitäten hin. Aber das ist mal eine Auswahl an Rezepturen; die Würstchen dazu habe ich auch alle dabei. Vorneweg, wie Sie sehen, ein Standardwürstchen. Dann haben wir variiert, mal eine Low-Fat-Variante, mal eine mit erhöhtem Fett- oder mit erhöhtem Wasseranteil, dann aber auch mit minderem Fleischanteil, Separatorenfleisch – da geht es eben im Endeffekt hin.

Das hier maile ich Ihnen auch noch mal, das ist eine Rezeptur, die speziell für solche Länder gemacht worden ist – die hier zum Beispiel für Russland. Also mit Geflügelhaut und Geflügelfleisch ... billigste Schiene. Sehen Sie: fünfzig Prozent Geflügel-Separatorenfleisch, achtzehn Prozent Hühnerhaut, dann noch Schwarten, so um die zwanzig Prozent, und 28 Prozent Wasser. Und dann der Stabilisator, ist ja klar.

Mannomann, das ist mal ein Rezept. Wir werden in absehbarer Zeit Geflügelhaut essen. Eigentlich unvorstellbar, aber diese Leute würden es fertigbringen, eine Kletterpflanze zu quirlen, die grüne Farbe rauszuziehen und am Ende mit einem Produkt anzukommen, das doch wieder nach Fleischwurst schmeckt.

Firma X: Das ist doch, was Sie haben wollen, das geht doch so in die Richtung. Jetzt hat meine Kollegin die Liste mit den Spezifikationen nicht dabei. Na gut, da wäre natürlich ein bisschen was zu deklarieren, das ist bei der nächsten Wurst aber genauso. Gehen Sie mit dieser Rezeptur doch einfach mal hin und probieren das aus. Ich lasse Ihnen eine Mischung zukommen, ich lasse Ihnen auch die Rezeptur zukommen. Bei diesen Rezepturen – auch bei den Würstchen hier – muss man ganz klar sagen: Wir sind nicht für den Geschmack zuständig. Das schmeckt alles, aber Geschmack ist nicht unser Ding.

Da ist ein bisschen was zu deklarieren? Schön gesagt. Wenn wir eine solche Wurst herstellen würden, wären wir Ganoven, und er leistet Beihilfe dazu, weil er es uns ermöglicht. Wenn wir alles korrekt deklarieren würden, könnte man eine Packung mit hundert Würstchen mit dem Etikett einwickeln, so lang würde die Deklaration ausfallen. Dennoch bin ich fasziniert. Ich habe Würstchen in der Hand, die im Wesentlichen aus Separatorenfleisch, Hühnerhaut und Wasser bestehen – man sieht aber keinen Unterschied zu herkömmlicher Wurst.

F. V.: Also, der Geschmack, da muss man sowieso mal sehen, der ist ja von Land zu Land verschieden. Hier ein bisschen mehr Pfeffer, dort ein bisschen mehr Salz. Aber unser Denkansatz war ja: Es muss halten. Sonst nichts. Die Emulsion muss stehen.

Firma X: Das tut sie, denn dafür haben wir sie gemacht. So, das nächste Beispiel. Auch hier mal grade nicht an der Farbe stören. Das ist unser Standardwürstchen. Ich habe mal zwei Stück mitgebracht, dass Sie wirklich mal gucken können, in welche Richtung es geht. Weil Sie ja auch von Metro und so weiter sprachen. Die werden allerdings kaum die Deklarationen akzeptieren; das glaube ich nicht.

F. V.: Werden wir dann schon sehen. Wir bieten denen das so an, und dann gucken wir mal.

Firma X: Man kann das natürlich auch dementsprechend variieren, wobei – hier in dem Standardwürstchen ist zum Beispiel nichts drin. Das ist einfach ein klassisches, normales Würstchen. So, und was haben wir hier als Nächstes? Das ist das Low-Fat-Würstchen.

F. V.: Low-Fat heißt jetzt aber nicht, dass dieses vegetarische Fett drin ist?

Firma X: Nein, nein, nur drei Prozent. Aber Schweinefett haben wir reduziert. Hier haben Sie auch den hohen Wasseranteil, aber natürlich stabilisiert, mit der Bindung. Irgendwo müssen wir die Bindung ja herkriegen. Ohne das geht es einfach nicht. Also wie gesagt, die Farbe …

F. V.: Die Farbe einer geräucherten oder luftgetrockneten Wurst kriegen wir schon hin. Und dann haben wir noch die Würstchen mit dem erhöhten Wasseranteil …

Firma X: Sehen Sie, bei dem Standardwürstchen ist noch Flüssigkeit drin. Aber das hier, bei dem mit dem erhöhten Wasseranteil, das ist trocken. Da tritt kein Wasser aus. Sie haben also im Vergleich zu den Standardwürstchen noch weniger Flüssigkeit, die austritt, weil das eben dementsprechend abgebunden ist. Wir haben hier einen Wasseranteil von 34,9 Prozent, also noch mal zehn Prozent mehr als bei den anderen.

F. V.: Wie kriegt ihr das hin? Mit Fasern oder mit eurem Stabilisator?

Firma X: Diese Würstchen sind alle mit demselben Stabilisator gemacht. Nur immer in einer etwas anderen Dosierung.

Nach diesem Gespräch weiß ich nicht, was ich sagen soll. Wir hatten ihn gebeten, Proben mit 35 Prozent Fremdwasseranteil herzustellen, das haben sie in ihrer Firma geschafft, und obwohl dieses Produkt zu mehr als einem Drittel (!) aus Wasser besteht, sieht es aus wie Wurst und riecht auch so. Noch schlimmer: Es schmeckt sogar! Vor solchen Tricksern muss man schon fast den Hut ziehen. Abends mache ich meiner Frau diese Chemiewürste warm, ohne sie über deren Herkunft in Kenntnis zu setzen, und sie ist begeistert. Auch ich beiße mal rein. Sie sind etwas zu weich geraten, aber wie sie das mit den Gewürzen und Aromastoffen hinkriegen – allerhand.

Und jetzt überlege man sich: 35 Prozent Wasser, das sind bei einer Produktionsmenge von 200 Tonnen am Tag siebzig Tonnen Wasser, die anschließend zum Preis von Wurst verkauft werden! So lässt sich auf jeden Fall ein Wahnsinnsreibach machen. Immerhin – ich bin jetzt stolzer Besitzer eines Rezepts, das mich in die Lage versetzt, dieses Würstchen aus Separatorenfleisch nachzubauen. (Der Vertreter hatte mir sogar angeboten, nach Rumänien zu kommen und mir bei der Herstellung mit meinen eigenen Maschinen zu assistieren. Ich habe dankend abgelehnt.)

Was ich anschließend erlebe, übertrifft jedoch alles. Ich bin weiterhin undercover als Chef von Bornstein & Novak unterwegs und treffe mich diesmal mit einem Warenmakler (Wm) in Niedersachsen. Weil er mit mir ins Geschäft kommen möchte, erzählt er drauflos.

Wm: Rumänien, klar, kein Thema. Wir quatschen das alles noch schön durch. Ich liefere schon seit Jahren nach Rumänien. Die müssen allerdings Vorkasse leisten.

F. V.: Das ist normal, das haben uns alle gesagt.

Wm: Diverse Artikel, egal … Hähnchenfleisch zum Beispiel in Bader Qualität *(ein anderer Ausdruck für Separatorenfleisch)*, was für Chicken-Nuggets und Burger.

F. V.: Schön, brauchen wir.

Wm: Ja? Dann Schweinefleischabschnitte. Ich habe auch Hackfleisch. Originales Hackfleisch vom Hähnchen. Wird mit dem Messer von der Karkasse getrennt, dann hast du viel Knorpel dabei, dann wird die Ware durch den Wolf gedreht, mit Trennsatz, sodass die Knorpel und die Sehnen draußen bleiben, und dann ist das hundert Prozent Hackfleisch. Das habe ich von Pute und von Hähnchen, von beidem. Das ist natürlich geile Ware, weil du die nirgendwo deklarieren musst, ist ja Hackfleisch, hundert Prozent gewolfte Ware. Und die kannst du überall beimengen, überall. Dadurch senken die Firmen natürlich ihre Produktionskosten.

Rumänien machen ja viele. Ein englisches Unternehmen macht das genauso und produziert in Rumänien für den deutschen Markt. Das machen sie in Bulgarien genauso. Ich kenne auch Unternehmen, die hier in Westeuropa ihre Connections haben, aber in Rumänien oder Bulgarien produzieren … Das ist sicher ein Kostenfaktor.

Übrigens: Du bekommst eine deutsche EU-Nummer von mir. Die Ware geht dann halt so raus. Fast alles nackte Blöcke, TK-Ware auf Palette, gut gestretcht. Ich kann euch auch gleich den Namen von eurer Firma draufschreiben. Das ist also alles möglich.

Seine letzten Aussagen sind erklärungsbedürftig. Also: Früher musste man seine EU-Nummer bei einer staatlichen Stelle beantragen, heute verteilt sie der Makler – das nenne ich Service! Und was den Transport des Separatorenfleischs angeht: Da es sich dabei um minderwertigstes Zeug handelt, wird es lediglich in Blöcke gefroren und gar nicht weiter verpackt, sondern auf einer Kunststoffpalette aufgeschichtet und zum Schluss in Folie gewickelt.

Hier sind wir natürlich wieder bei der hochgelobten Rückverfolgbarkeit von Ware angelangt. Wie soll das in diesem System funktionieren? Der Makler kauft die Ware ja nicht, er handelt bloß mit ihr. Sobald unser Name draufsteht, wechselt sie aus den Händen des Vorbesitzers in unsere, und wir fahren damit lustig durch die Gegend – den möchte ich sehen, der jetzt noch etwas nachvollziehen kann.

Wm: Mir kann es ja egal sein. Ich meine, es stirbt ja keiner von dem Zeug.

Ein ganz wichtiges Argument! Auf meine Frage, ob er Separatorenfleisch auch an andere große Unternehmen liefert, nickt er.

Wm: Es tritt nur eben keiner breit …

Ey, weißt du, was passiert ist? Vor fast zehn Jahren? Der Klaus hatte einen großen Zerlegebetrieb bei Osnabrück. Ich habe damals jede Woche mit ihm telefoniert, weil er auch europaweit eingekauft hat, und dann haben wir immer unsere Preise verglichen. Und als der Klaus dann in seinem Familienbetrieb aufgehört hat, kommt er zu mir und fragt: Erwin, ich habe doch ein großes Programm – willst du das nicht auch vermarkten, zusätzlich zu deinem? Ich hab sogar alles digitalisiert … Ich sage: Warum nicht? Und der Klaus hatte auch MDM (Separatorenfleisch aus Rindfleisch, in der

EU verboten) in irgendeiner von seinen Produktionsstätten, was weiß ich wo.

Dieses Material hat er mir ebenfalls zur Verfügung gestellt, und das hatte ich jetzt die ganzen Jahre im Internet stehen. Habe ich mir überhaupt keinen Kopf drüber gemacht. Und plötzlich meldet sich die Staatsanwaltschaft bei mir – ich würde MDM anbieten! Wie?, sage ich. Nix da! Ich verkaufe das gar nicht … Aber Sie bieten es an, und das allein ist schon strafbar! Die sind dann sogar hierhergekommen, und da konnte ich denen beweisen: Von handeln kann gar keine Rede sein. Ich sage denen: Ich wusste das nicht. Jetzt, wo ich's weiß, nehme ich es sofort raus. Da meinte die Staatsanwaltschaft bloß: Alles in Ordnung. Seien Sie weiter glücklich …

F. V.: Ja, das liegt an dieser BSE-Verordnung.

Wm: Ich habe nichts verkauft … Und wenn ich es heute anbiete, schreibe ich rein: Export only.

Das Verbot, in Europa Separatorenfleisch aus Rinderresten herzustellen oder zu vertreiben, dient dem Gesundheitsschutz und ist der BSE-Seuche geschuldet. Damals sind Menschen gestorben. Gut, sagt mein Warenmakler, dann geht es eben in den Export – ob außerhalb Europas jemand krank wird, interessiert keinen; Geschäft ist Geschäft. Dabei kann kein Mensch garantieren, dass es nicht als Wurst zu uns zurückkommt, und die Prionen, die Creutzfeldt-Jakob auslösen, sterben erst bei 110 °C ab, Wurst wird aber höchstens bis auf 85 °C erhitzt.

Wm: Ich könnte dir Rinderkopffleisch besorgen, gewolft. Das ist alles sehnen- und knorpelfrei. Das merkt kein Mensch.

Bei Rinderkopffleisch sollte man sehr vorsichtig sein, denn seit BSE gilt das Fleisch von Rinderköpfen als Risikomaterial. Nur die Kaumuskulatur darf verwendet werden. Wenn mir aber jetzt ein unschlagbar günstiger Preis genannt wird, dann ist das Kopffleisch mit Sicherheit vom gesamten Kopf abgekratzt worden, und das ist EU-weit verboten.

Wir verfolgen das Thema Separatorenfleisch weiter.

Wm: Außerhalb der EU machen sie nicht so einen Aufstand. Aber auch in Deutschland gibt es Läden, die alles machen, und keiner sagt was. Wenn ich an Reinhard denke – der war ja mal Geschäftsführer von … wie heißt der Laden gleich, an der holländischen Grenze? Ein Riesenladen. Jedenfalls, Reinhard war da mal Geschäftsführer, aber als ich ihn kennengelernt habe, da war er noch ein kleines Licht, da war er Verkäufer. Gut, irgendwann gab es Stress bei ***, und er wurde gegangen. Daraufhin kam es zu einem Riesentheater, und später wollte Reinhard in einem Verfahren gegen *** aussagen. Ein paar Wochen vor der Verhandlung haben sie ihn in einem Hotel tot aufgefunden …

Als ich vor 25 Jahren angefangen habe, in Holland Geschäfte zu machen, haben sie mir gesagt, in Holland und in Belgien: Bei *** wird Geld gewaschen – also ganz vorsichtig sein. Und ein ehemals ganz großes Tier der Holländer im Fleischgeschäft – der hatte einen riesigen Konzern – sagte zu mir mal: Erwin, ein bisschen was weiß ich ja, aber wie das bei diesen Burschen abläuft, das kann ich dir beim besten Willen nicht erklären.

Da wagt ja keiner nachzufragen. Die haben überall ihre eigenen Leute sitzen, und die halten alle die Schnauze, das ist ganz klar. Es wird auch keiner wagen, sich mit *** anzulegen, weil – wenn du nur ein bisschen clever bist, dann weißt du, was hinter dem Vorhang gespielt wird, und sagst dir: so, okay, Maul halten …

Resümee

Ich kann's kurz machen: Wenn der Preis stimmt, besorgt der Warenmakler einem einfach alles. Ich hatte nichts anderes erwartet. Da jegliches Unrechtsbewusstsein fehlt, kann es zwischen Fleischindustrie und Warenmakler zu einer beglückenden Partnerschaft kommen.

29. Separatoren bei der Arbeit

Was haben wir bisher herausgefunden? Vor allem eines: dass Fleisch hoffnungslos überbewertet wird. Fleisch ist für die Wurstproduktion heute weitgehend bis vollständig entbehrlich. Alles, was man für eine Wurst braucht, sind Abfälle, Wasser und chemische Zusatzstoffe, insbesondere Stabilisatoren und Aromastoffe. Jetzt juckt es uns in den Fingern, diese Wurst des 21. Jahrhunderts nach einem Rezept aus dem Labor selbst herzustellen. Die Firma, die ich auf der Messe getroffen habe, hat mir ihren Stabilisator zugeschickt, und Separatorenfleisch habe ich mir durch einen alten Bekannten besorgen lassen. Der Block wiegt 25 Kilo und sieht aus wie gefrorenes Hackfleisch – ein Laie dürfte keinen Unterschied erkennen.

Was noch fehlt, ist eine Produktionsstätte. Der Idealfall wäre, wenn uns ein Obermeister der Fleischerinnung seinen Betrieb zur Verfügung stellen würde, dann könnten wir die ganze Reportage dort drehen, und der Chef der Innung könnte gleich vor der Kamera dazu Stellung nehmen. Es würde den kleinen Metzgern ja nützen, wenn man einmal veröffentlicht, woraus eine Industriewurst besteht.

Ich wende mich also an den Fleischerfachverband in Düsseldorf und spiele mit offenen Karten. Ich verheimliche am

Telefon nicht, dass wir vom Team Wallraff sind und vorhaben, Aufklärungsarbeit zu leisten – »Es wäre schön, wenn hinterher ein gestandener Metzgermeister dazu Stellung nehmen und seine ehrliche Meinung zu dieser Industriewurst äußern würde«. Die Reaktion des Verbandsvertreters ist stummes Entsetzen. Als hätte man in einem voll besetzten Saal eine unpassende Frage gestellt, und im nächsten Augenblick ist er leer, und die Türen sind aus den Angeln gerissen …

Als Nächstes rufe ich den Obermeister einer Innung in Nordrhein-Westfalen an. Diesmal melde ich mich als Franz Voll vom Nachtjournal bei RTL. Wir kennen uns von früher.

»Ach, der Herr Voll«, sagt er. »Was kann ich für Sie tun, Herr Voll?«

» Herr Meier, Sie vertreten doch die Metzgermeister. Da muss es für Sie doch ein Herzensanliegen sein, uns zu unterstützen. Wir drehen nämlich eine Reportage, bei der es um die Verarbeitung von Separatorenfleisch geht. Vielleicht können Sie als Innungsobermeister das kommentieren.«

Eine Pause entsteht.

»Also, Herr Voll«, lässt er sich dann vernehmen, »das ist sehr nett von Ihnen, aber wir haben gerade unseren Frieden mit den Großen geschlossen. Die lassen uns in Ruhe, und ich möchte jetzt nicht das wirklich gute Verhältnis verderben.«

Die alte Leier: Wenn wir die Industrie in Ruhe lassen, dann lässt sie uns auch in Frieden. Als ob die Industrie ruhen würde, bis nicht der letzte Fleischer aufgegeben hat … Aber der Herr Meier ist so verängstigt, dass er nichts davon hören will.

»Ich möchte Sie bitten, sich jemand anderen zu suchen. Versuchen Sie es mal beim Fleischerverband, die werden Ihnen weiterhelfen.«

Der Fleischerverband vertritt alle Fleischer, auch die Großindustrie. Als ich dort anrufe, heißt es: »Das ist ein sehr wichtiges Thema, aber leider sind unsere Führungskräfte derzeit sehr eingespannt. Versuchen Sie es doch bitte in einem Monat noch einmal.«

Man fasst es nicht. Hätte ich in den 70er-Jahren an das Herz eines Metzgermeisters appelliert, wäre er aufgesprungen und laut geworden – die waren ja alle cholerisch – und hätte gebrüllt: »Die machen wir fertig!« Aber heute … Die Innungsleute haben inzwischen so viel Prügel bezogen, dass sie beim kleinsten Windhauch die Luft anhalten und wegtauchen, nach dem Motto: Wenn die Industrie uns nicht sieht, dann tut sie uns nichts. Was nun?

Da stehen wir nun mit 25 Kilo Separatorenfleisch und dem besten Stabilisator der Welt, um eine Art Wurst zusammenzukleben, und keiner möchte dabei gewesen sein. Am Ende ist es mein alter Freund – derselbe, der früher selbst geschlachtet hat und kürzlich von einer großen Lebensmittelkette ruiniert worden ist –, der uns seinen Betrieb zur Verfügung stellt und auch zu einem Interview bereit ist. Wir fahren hin und ziehen, mit Kameras bewaffnet, in seine Wurstküche ein.

Hier aber zunächst das Originalrezept, ein Souvenir von der SÜFFA-Messe:

Magerfleisch	15 kg
Separatorenfleisch	25 kg
Fettreiches Fleisch	10 kg
Fettgewebe	13 kg
Wasser, zugesetzt	29,8 kg

Zutaten

Stabilisator	0,5 kg
Gewürz	0,4 kg
Nitrit-Pökelsalz	1,8 kg
Modifizierte Stärke	2 kg
Sojaeiweiß	2 kg
Phosphat	1,8 kg

Wir verändern die Gewichte so, dass wir auf 25 Kilo Wurst kommen, halten uns aber streng an die prozentuale Aufteilung. Und jetzt geht's los.

Zum Entsetzen meines Teams werfe ich alles in den Kutter – das aufgetaute Separatorenfleisch sieht tatsächlich wie frisch Erbrochenes aus, und der Stabilisator, ein weißes Pulver, stinkt nach Abwasserkanal –, werfe den Kutter an und füge später noch die Stärke hinzu. Mein Freund, der Metzgermeister, schaut ungläubig – der Inhalt des Kutters hat keinerlei Ähnlichkeit mit dem, was er bisher zum Wurstmachen verwendet hat, unsere Mischung schwimmt sozusagen im Kutter wie in einem Swimmingpool, doch nach einiger Zeit tritt eine Verwandlung ein: Der wässrige Brei nimmt das Aussehen von Wurstmasse an; man kann förmlich dabei zusehen, wie der Stabilisator seine Arbeit verrichtet, und man glaubt, einem Wunder beizuwohnen: Das Maschinengeräusch verändert sich, und das Schwappen und Gurgeln im Kutter schlägt in das Geräusch von Messern um, die etwas Festes zerteilen. »Das ist nicht wahr«, sagt mein Freund. »Guck dir das an. Jetzt kann man reingreifen – und hat Wurstmasse in der Hand …!«

Wir würzen die Masse und füllen sie dann in Därme. Das Ergebnis wird gekocht, und als ich schließlich die fertigen

Würste aus dem Kessel hole, will sie keiner probieren – ich beobachte angeekeltes Abwenden. Also muss ich mich opfern. Ich beiße rein, und – sie schmeckt. Es ist unglaublich, aber diese Fett-und-Wasser-Wurst schmeckt nach Fleisch. Daraufhin trauen sich auch die anderen, und selbst mein Freund, der Metzgermeister, findet am Geschmack nichts auszusetzen – »Kann man essen«, konstatiert er fassungslos. Nur beim Herstellungsprozess sollte man tunlichst nicht zugeschaut haben.

Was bleibt jetzt noch zu tun? Ich bringe unsere selbst gemachte Industriewurst in ein Labor, das schon so manche Probe in unsrem Auftrag untersucht hat. Das Ergebnis ist ein Schock: Das Separatorenfleisch in unserer Wurst ist nicht nachweisbar, und der Stabilisator fällt den Spürhunden vom Labor genauso wenig auf. Offenbar haben wir »gutes« Separatorenfleisch verarbeitet, solches, das kaum Knochensplitter enthält. Und jetzt würde ich mir gern diese Wundermaschine, die sich Separator nennt, einmal aus der Nähe ansehen.

Ich schlüpfe wieder in die Rolle des Chefs von Bornstein & Novak, nehme Kontakt zu einer Firma auf, die neben vielen anderen Produkten auch Separatorenfleisch macht, und bringe mich als Kunde ins Spiel. Man lädt uns zum Gespräch ein, der Seniorchef empfängt uns, und wir erfahren: Seine Firma verkauft Separatorenfleisch an die Großindustrie, die es zu Wiener Würstchen verarbeitet. »Wir liefern aber auch nach Italien. Da geht unser Produkt in die Nudelproduktion, vor allem in die Tortellini-Herstellung.« Aha.

Wie kommen wir jetzt in seine Produktionsräume? Wir wollen ja seine Maschinen und den gesamten Herstellungsprozess mit unseren versteckten Kameras filmen. Der Seniorchef ist von unserem Wunsch nicht begeistert, aber sein Junior hat gottlob keine Bedenken, und so sehe ich zum ersten Mal mit eigenen Augen einen Separator in Funktion.

Wer eine Höllenmaschine erwartet hat, wird enttäuscht. Der Vorgang des Separierens ist eher unspektakulär: Hähnchenknochen werden in einen Trichter geschüttet, zerkleinert und durch ein Sieb gedrückt, woraufhin ein zähflüssiger, blutiger Brei austritt, der durch ein Rohr in eine Kühlmaschine läuft. Dort wird er auf –22 °C tiefgefroren und anschließend verpackt und auf die Reise geschickt – vielleicht nach Italien, um irgendwann als Tortellinifüllung womöglich auf einem deutschen Teller zu landen. Der Kilopreis für sein Separatorenfleisch übrigens würde für uns bei 39 Cent liegen, eine Tonne würde sich demnach auf 390 Euro belaufen, da könnte man schon schwach werden.

Und jetzt der letzte Schritt, das letzte Puzzleteil in unserem großen Separatorenfleischgemälde. Wir wollen uns an einen Maschinenhersteller heranmachen und in Erfahrung bringen, welche Argumente er für den Einsatz von Separatoren anführt. Zufällig findet gerade die Anuga Tec in Köln statt, Treffpunkt aller Hersteller von Maschinen für die Lebensmittelindustrie, natürlich auch von Separatoren; also setzen wir uns in Bewegung, steuern den Messestand des Marktführers an und merken bald: Hier sind wir richtig.

Es sind französische Maschinen, französische Separatoren. Der Hersteller ist so freundlich, uns als Erstes einen Überblick über seine Kundschaft zu geben, und siehe da, seine Maschinen sind in ganz Deutschland im Einsatz, überall dort, wo Fleischwaren industriell produziert werden – alles, tatsächlich alles, was an Namenszügen auf den Etiketten im Wurstregal der Supermärkte prangt, kommt in seiner Aufzählung vor. Seltsam – offiziell verwendet keine dieser Firmen Separatorenfleisch. Sollen wir annehmen, dass sie Millionen Euro in solche Maschinen investieren, um anschließend damit Hundefutter zu produzieren?

Dann kommen wir zur Technik.

»Wir schalten zwei Maschinen hintereinander«, erklärt der Mann, der sich gerade unwissentlich um die Separatorenforschung verdient macht. »Das hat für Sie folgenden Vorteil: Die erste Maschine mit einer Ausbeute von 35 bis vierzig Prozent produziert völlig ohne Knochensplitter, und der Cadmiumgehalt liegt fast bei dem von Muskelfleisch. Dieses Produkt können Sie in jedes Erzeugnis einarbeiten, sogar in Hackfleisch. Das Produkt sieht ja auch aus wie Hackfleisch.

Dann leiten wir das übrig gebliebene Material der ersten Pressung in die zweite Maschine. Dort wird der letzte Rest von den Knochen abgepresst. Durch unsere guten Filter ist auch dieses Produkt jetzt noch so gut wie knochensplitterfrei. Nur der Kalziumgehalt geht in die Höhe, da wir ja Knochen zerreiben. Aber die EU hat den Grenzwert an Kalzium so großzügig festgelegt, dass wir immer noch nicht in den Bereich kommen, der beanstandet wird.

Dennoch«, fährt er fort, »muss ich Ihnen als Maschinenhersteller sagen, dass Sie Separatorenfleisch natürlich auf Ihrem Etikett kennzeichnen müssen, was keiner gerne macht. Das sage ich Ihnen auch nur, damit Sie mir hinterher nicht vorwerfen, ich hätte Sie im Unklaren gelassen. Ob Sie kennzeichnen oder nicht, liegt ganz bei Ihnen. Analytisch wird man Material aus der ersten Pressung niemals nachweisen können. Material aus der zweiten Pressung könnte nachgewiesen werden, aber auch dann sind Sie noch auf der sicheren Seite.«

Jetzt wissen wir's. Es wird also in zwei Schichten gepresst – in der ersten Maschine mit weniger Druck, und die zweite lässt es dann richtig krachen. Die erste liefert das sogenannte gute Separatorenfleisch, das man angeblich als Hackfleisch verkaufen kann, und die zweite zerreibt nur noch Knochen, liefert aber dennoch verwendbares Material, weil die EU beim zulässigen Kalziumgehalt beide Augen zugedrückt hat – man will ja der Industrie nicht im Wege stehen. Warum sollte ich unter diesen Umständen Separatorenfleisch kennzeichnen? Nachweisen lässt es sich nicht; und solange der zehnfache Kalziumgehalt des natürlichen Muskelfleischs erlaubt ist, kommt auch kein Argwohn auf.

Die Kölner Anuga Tec ist ein wahres Wunderland, stellen wir auf unserem anschließenden Streifzug durch die Messehallen fest. Ich glaube, nicht recht zu sehen, als wir am Stand eines Unternehmens vorüberkommen, das Wurstfüllmaschinen herstellt. Es genießt für seine Entwicklungsarbeit international höchstes Ansehen, und in diesem Moment, als wir vor der ausgestellten Füllmaschine stehen, gehen auch mir die Augen über. Was sehe ich?

Seit unserem Gespräch mit dem Separatoren-Hersteller geht mir nicht mehr aus dem Kopf, was er über die Ähnlichkeit mit Hackfleisch gesagt hat. Tatsächlich wirkt fertig abgepacktes Separatorenfleisch wie frisch durch den Wolf gedrehtes Rindfleisch. Jetzt begreife ich warum. Bisher hatte ich nur Abbildungen von dieser Technik gesehen, aber vorgeführt zu bekommen, wie eine solche Maschine arbeitet, ist etwas anderes.

Folgendes spielt sich vor meinen Augen ab: Die Separatorenfleischmasse, die optisch nichts mit durch den Wolf gedrehter Ware zu tun hat, wird in einen Wurstfüller gegeben. Der Wurstfüller presst die Masse durch eine simple Lochscheibe, und schon nimmt sie das Aussehen gewolften Hackfleischs an. Ich bin fasziniert. Was sich die Industrie alles einfallen lässt! Auch auf den Überwachungsämtern werden sie glauben, dass dieses Produkt direkt aus dem Fleischwolf kommt – vielleicht mit Ausnahme jener Ämter, zu deren Bezirk große Hackfleischproduktionen gehören.

Und damit beenden wir unsere Jagd auf Separatorenfleisch. Wir wissen jetzt, wie es hergestellt wird, wie es gehandelt wird und wer es verwendet – doch wo es genau landet, lässt sich anscheinend unmöglich klären. Einmal verarbeitet, löst es sich im nächsten Moment in Luft auf, ist jedenfalls spurlos verschwunden. In einer letzten, halbwegs verzweifelten Aktion schreiben wir alle großen Handelskonzerne wie Rewe und Edeka mit der Bitte um Stellungnahme an – vertreiben Sie Produkte, die Separatorenfleisch enthalten, ja oder nein? Natürlich nein. Die Antworten sind an Arroganz nicht zu überbieten. Ein Konzern schreibt zurück: »Na und? Das können Sie uns doch sowieso nicht nachweisen …«

Unser Resümee fällt folglich sehr ernüchternd aus. Sauber genug produziert, ist Separatorenfleisch unmöglich nachzuweisen, und dann stellt sich die Frage der Kennzeichnung gar nicht mehr. Mit anderen Worten: Der Zug ist abgefahren. Alle machen's, keiner gibt's zu, keiner findet's, Thema durch. Die Katze wird die Maus also nie fangen. Schon deshalb nicht, weil aus der Maus mittlerweile ein ausgewachsener Dinosaurier geworden ist und die Katze eine Katze geblieben ist.

Wie recht unser Verwaltungsfachmann damals auf der Akademie für öffentliche Gesundheit hatte mit seiner frustrierenden Offenbarung: Wenn man nicht daneben steht, hat man keine Chance, einen Verstoß aufzudecken … Und wie recht mit seinem väterlichen Ratschlag: »Wenn Sie etwas haben, was Sie analytisch nicht beweisen können, dann geben Sie es auf, der Sache hinterherzulaufen. Sie verschwenden Zeit, Sie verschwenden Geld, aber zu einem Ergebnis werden Sie niemals kommen.« Leider behält er damit das letzte Wort.

30. Können wir etwas bewirken?

Sie haben mich auf einem langen Weg begleitet. Seinen Anfang nahm dieser Weg am 1. August 1969, als ich in Essen meine Fleischerlehre antrat; sein Ende findet er mit dem Abschluss unserer Dreharbeiten am 11. April 2015. Von den ersten Seiten dieses Buchs bis zur letzten sind also fast 46 Jahre vergangen. In diesem Zeitraum hat die Lebensmittelherstellung dramatische, geradezu revolutionäre Veränderungen durchgemacht, und die Industrie wird auf ihrem Weg zu immer neuen Verfahren, zu immer künstlicheren Produkten keine Atempause einlegen. Aber wir sollten es tun und uns die Zeit für eine abschließende Bestandsaufnahme nehmen.

Ich gestehe: Als ich mich an den Rechner setzte, um zu einem Fazit zu kommen, drehte sich mir der Kopf. Ich ließ alle meine Erfahrungen noch einmal im Schnelldurchlauf Revue passieren – wo sollte ich anfangen, welche Lehren ziehen, was meinen Lesern raten? Am einfachsten wäre es gewesen, einen Schuldigen zu suchen und auf ihn einzuprügeln. Nach längerem Nachdenken aber musste ich mich selbst zur Vorsicht mahnen, denn – wer ist hier eigentlich der Schuldige? Die Industrie? Die Handelsketten? Die Werbung? Die Politik?

Die Veterinärämter? Die kleinen Metzger? Die Verbraucher? Die menschliche Natur? Niemand?

Ich neige zu der Ansicht: alle.

Wenn alle schuld sind, ist die Frage im Grunde genommen müßig. Dennoch – da man aus Fehlern lernen kann, will ich mir alle Akteure noch einmal einzeln vornehmen.

Die menschliche Natur – das sei vorweg eingeräumt – macht es uns Freunden guter Wurst, uns Verfechtern natürlicher Lebensmittel nicht leicht. Es ist ja alles andere als Zufall, dass unsere beiden gängigsten Glücksvorstellungen das Paradies und das Schlaraffenland sind – zwei Orte, an denen sowohl der Gierige als auch der Bequeme auf seine Kosten kommt. Paradies, das bedeutet: sich den Bauch vollschlagen, ohne einen Finger dafür krümmen zu müssen; Schlaraffenland bedeutet: sich den Bauch noch einmal vollschlagen, ohne einen Gedanken darauf zu verschwenden, woher die gebratenen Tauben beziehungsweise die aufgewärmten Wiener Würstchen kommen, die uns in den Mund fliegen. Nicht nur Gier, auch Bequemlichkeit frisst Hirn, und mit derartigen Visionen lässt sich fast jeder ködern. Daran wird sich auch nichts ändern, aber was alles Übrige angeht …

Beginnen wir mit den kleinen Metzgern. Sie fallen, zusammen mit den Verbrauchern, unter die Opfer jener Entwicklung, die ich aus eigener Erfahrung heraus beschrieben habe. Im rüden Stil eines Italowesterns könnte man sagen: Ihre Leichen pflastern unseren Weg. Wie bereits erwähnt: Von ehemals 400 Essener Metzgern sind 370 auf der Strecke geblieben, und von den verbliebenen dreißig bieten vielleicht noch fünf Waren aus – weitgehend – eigener Herstellung an; der Rest handelt mit zugekaufter Ware, teils industrieller Herkunft, teils einem selbst produzierenden Metzger abgekauft.

Und nach wie vor sind sie vom Aussterben bedroht. Ihr Pech ist, dass mit der Rettung der letzten Metzgereien keine Wahlen zu gewinnen sind – bei Großbetrieben hätte sich längst ein Bundeskanzler, ein Wirtschaftsminister mit dem Schlachtruf »Arbeitsplätze in Gefahr!« ins Gefecht geworfen und Einhalt geboten. Aber die Metzger sind, wie wir gesehen haben, keine unschuldigen Opfer. In unbegreiflicher Kurzsichtigkeit haben sie alles begrüßt und mitgemacht, was der Gewürzvertreter und seinesgleichen in Allianz mit dem technischen Fortschritt an Arbeitserleichterung einerseits und Ertragssteigerung andererseits in Aussicht gestellt haben – und heute ist auch der traditionelle Fleischer gezwungen, bei den Herstellern von Aromastoffen einzukaufen, weil er sonst nicht mehr konkurrenzfähig wäre.

Im entscheidenden Moment ging es auch den Fleischern nicht um die Wurst. Ich will ihr Verhalten nicht moralisch bewerten – das wäre so unsinnig wie anmaßend –, aber es drängt sich doch die ganz allgemeine Frage auf: Wieso opfern wir unter dem Beschuss mit Geld bereitwillig alles, worauf wir eben noch so stolz waren? Nun gut – was folgte, war ein gnadenloser Feldzug von Industrie und Handel (mit freundlicher Unterstützung der Politik) gegen das Handwerk, ein Vernichtungsfeldzug, in dem die Fleischer ihrem Gegner hoffnungslos unterlegen waren, und damit genug zu diesem Thema.

Zur Industrie ist schon viel gesagt worden, und es ließe sich noch sehr viel ergänzen. Hier haben wir jedenfalls den strahlenden Sieger mit der schmutzigen Weste. Die Trophäen dieses Siegs stehen in den Regalen aller Discounter und Supermärkte, sie liegen aber auch oft genug in den Verkaufstheken der Metzger aus, sie sind, kurz gesagt, allgegenwärtig. Wie lässt sich dieser Erfolg erklären?

So viel vorweg: Wenn ich jeden Respekt vor dem Lebensmittel als solchem verloren habe, wenn ich das, was uns zum Erhalt unseres Lebens und gleichzeitig zu unserem Genuss gegeben ist, mit demselben kalten Blick betrachte wie Plastikeimer und Schlüsselanhänger, dann hält mich nichts mehr auf, dann kann ich jedes Lebensmittel nach Belieben umbauen, frisieren, fälschen und durch Imitate ersetzen. Alles, was ich damit anstelle, wird dann ausschließlich im Namen des großen Götzen geschehen, der wie eine vergoldete Buddhafigur, wohlbeleibt und mit einem breiten Lachen, über allem thront und den Doppelnamen Umsatz & Gewinn führt. (Nun ja, wir reden ja auch von Aktiengesellschaften.)

Und diese Leute haben es, in enger Absprache mit dem Handel, geschafft, aus Schrott tatsächlich Gold zu machen, indem sie ein gigantisches Illusionstheater aufgezogen haben. Was sie produzieren und verkaufen, sind Erzeugnisse aus dem Labor, sind Imitate wie gefälschte Armani-Handtaschen oder nachgemachte Rolex-Uhren, sie haben mit Lebensmitteln im Allgemeinen und Wurst im Besonderen nichts mehr zu tun, aber wie Zauberkünstler verstehen sie es, billige Tricks so erscheinen zu lassen, als würden die Naturgesetze außer Kraft gesetzt. Und so präsentieren sie ihrem verblüfften Publikum eine Wurst aus Abfall und Wasser, die wie echte Wurst aussieht, wie echte Wurst riecht und wie echte Wurst schmeckt, im Grunde genommen ein Wunderding, das nicht einmal viel kostet. Und wir fallen drauf rein.

Alle diese Tricks sind erlaubt. Die Gesetze sind der Industrie auf den Leib geschnitten, und sollte einer wirklich mal zu weit gehen – wir haben in Deutschland kein Unternehmensstrafrecht. Wir können Unternehmen nicht haftbar machen, auch die Leiter von Unternehmen nicht, deshalb dürfen sich die Herrschaften ruhig erwischen lassen, Strafe droht ihnen keine.

Derzeit sieht es so aus, als wären wir ihnen ausgeliefert – zumal in Deutschland, das mit der Zeit zum Schlachthaus und zur Wurstzentrale Europas avanciert ist. Weil die Deutschen es am besten und am schnellsten und am saubersten können, werden bei uns auch viele Tiere für andere Mitgliedsstaaten der EU geschlachtet, und die Verantwortung für unsere Wurst liegt heute weitgehend in den Händen hochkarätiger Forscher, die sich immer neue, immer raffiniertere Verfahren und Mittelchen ausdenken, um Fleisch in der Wurst gänzlich überflüssig zu machen. In beiden Bereichen, Schlachten und Wurstproduktion, werden Milliarden verdient, und ein solcher Tsunami an Geld wird schwer aufzuhalten sein. So viel zur Industrie.

Und die Politik? Auch dazu ist eigentlich alles gesagt. Die Politik spielt das Spiel der Industrie mit. Vor allem die Europäische Union genehmigt Verfahren, Grenzwerte und Produkte, bei denen einem die Haare zu Berge stehen – überwiegend aus eilfertigem Entgegenkommen gegenüber der Industrie. Eine Politik, die dies alles legalisiert, trägt jedenfalls eine gehörige Mitschuld an den Verhältnissen im Lebensmittelbereich. Wobei ein zweiter Aspekt nicht unerwähnt bleiben soll: Alles in diesem Bereich ist absichtlich so kompliziert geregelt und so kraus formuliert, dass auch dem gutwilligsten Verbraucher die Lust vergeht, sich damit auseinanderzusetzen. Auf diese Art erziehen sich Politik und Industrie gemeinsam den entnervten, überdrüssigen und daher gleichgültigen Verbraucher.

Und die Behörden, die Lebensmittelüberwachung? Hoffnungslos überfordert, Sie haben es miterlebt. Eine Alibiveranstaltung. Es wird zu wenig und von den falschen Leuten geprüft, das Gesetz engt den Spielraum der Kontrolleure genauso gezielt ein wie die kommunale Struktur der Ämter, und Verstöße werden mit lächerlich harmlosen Bußgeldern geahndet. Dazu kommt die unsinnige Fixierung auf Hygiene, als wäre ein sauberer Betrieb mit dichten Silikonfugen und unbeschädigten Fliesen ein guter Betrieb. Jahrzehntelang hat man Rost und Schmutz und Temperaturen aufs Korn genommen, und was derweil in den Wurstkessel wanderte, wie es derweil um die Qualität der Erzeugnisse bestellt war, die zu Tausenden von Tonnen täglich die Großbetriebe verließen, das wurde ausgeblendet.

Niemand hat sich an diesem Irrweg gestört, weder die Ämter selbst noch die Politiker. Nicht verwunderlich, dass sich in Deutschland mittlerweile private Organisationen wie Foodwatch der eigentlichen Probleme annehmen – was den Behörden auch wieder nicht recht ist. Als Lebensmittelkontrolleur habe ich erlebt, wie Amtsleiter auf Anfragen von Foodwatch so patzig wie beleidigte Kleinkinder reagierten – nach dem Motto: Darum kümmern wir uns schon selbst, schließlich sind wir der Staat. Welches Bild dieser Staat abgibt – egal, unerheblich, interessiert doch keinen.

Wie wäre dem abzuhelfen? Hier mein Vorschlag: In einem europäischen Markt brauchen wir eine autonome, eine wirklich unabhängige europäische Kontrolle, eine europäische Gesundheitsüberwachung nach europäischem Recht. Wenn die Metro ihre Bihunsuppe in China kochen lässt, dann muss diese Suppe spätestens in Hamburg untersucht werden, auf jeden Fall, bevor sie den deutschen Verbraucher erreicht. Wenn ein hoher Prozentsatz unserer Wurst in einem durch und durch korrupten Land wie Rumänien hergestellt wird, dann muss es die Möglichkeit geben, mit einer EU-Behörde an Ort und Stelle nach dem Rechten zu sehen. Und wenn Gefahr im Verzug ist, muss diese Behörde sogar befugt sein, Schiffe auf dem Ozean zu stoppen.

Dafür braucht man Spezialisten in genügender Anzahl. Experten für jeden Lebensmittelbereich. Also Ingenieure und keine Meister, die schon nach wenigen Jahren in einer Behörde technisch nicht mehr im Bilde sind. Schließlich müssten die Betriebe beweisen, dass ihre Produkte unschädlich sind, bevor diese Produkte auf den Markt kommen. Aber ob wir das in Europa je hinkriegen …

Damit kommen wir zum letzten Kandidaten für die Schuld an der bedauerlichen Verfassung unserer Wurst, nämlich zum Verbraucher. Mithin zu uns allen, die wir uns irgendwie ernähren müssen und mehrheitlich ja auch sehr gerne zur Nahrungsaufnahme bereit sind. Dieser Verbraucher genießt in Deutschland einen schlechten Ruf. Er steht im Verdacht, für sein Essen nichts bezahlen zu wollen, also ausgerechnet da sparen zu wollen, wo der kultivierte Mensch nicht auf den Pfennig schaut, bei den Tafelfreuden – und solche Zeitgenossen, heißt es dann, müssten sich bitte schön nicht wundern, wenn sie mit Dreck gefüttert werden. Ist da etwas dran? Unbestritten dürfte sein: Wenn es den qualitätsbewussten, den genießerischen Lebensmittelkunden gäbe, wäre dieses Buch nie geschrieben worden, denn dieser Kunde würde Industrieware erst gar nicht kaufen.

Greifen wir also zunächst einmal auf die neuste Statistik zurück. Dort geht es um die Frage, wo die Deutschen ihre Lebensmittel kaufen, und selbstverständlich waren hier Mehrfachantworten zugelassen, denn kaum ein Mensch kauft ausschließlich beim Discounter oder nur auf dem Bauernmarkt. Hier also die Zahlen:

84 % aller Deutschen kaufen regelmäßig oder gelegentlich bei Discountern und in Super- bzw. Verbrauchermärkten
38 % aller Deutschen kaufen regelmäßig oder gelegentlich auf Wochenmärkten
17 % aller Deutschen kaufen regelmäßig oder gelegentlich in Bioläden oder sogenannten Tante-Emma-Läden (zu denen in diesem Fall auch Bäckereien und Fleischereien zählen)

Es hätte schlimmer kommen können. Immerhin, die überwältigende Mehrheit deckt sich mit Industrieware ein, und der niedrige Preis dürfte für diese Entscheidung neben dem überwältigenden Warenangebot eine Rolle spielen. Wir Deutsche stehen mit der Vorliebe fürs Preisgünstige aber nicht allein. Wer jemals bei Süderlügum über die dänische Grenze gefahren ist, der kennt die Supermärkte auf deutschem Boden, in denen Tausende von Dänen aus den grenznahen Ortschaften einkaufen. Der Faszination billiger Lebensmittel können auch andere nicht widerstehen.

Im Übrigen muss man sich Folgendes vor Augen führen:
1. Manch einer muss mit wenig Geld über die Runden kommen

und ist auf die günstigen Angebote der Supermärkte angewiesen. 2. Die meisten wissen schlechterdings nicht, welch miese Qualität sie sich bei den Großen für einen Euro weniger einhandeln. Und 3. Essen ist heute in vielen Kreisen Selbstdarstellung. Der junge Mann, der unentwegt Tiefkühlpizza konsumiert und daheim nicht mal mehr einen Esstisch stehen hat, vermittelt damit das Bild des dynamischen, erfolgshungrigen Karrieremenschen, der einfach keine Zeit für Nebensächlichkeiten wie Kochen und Essen hat – Vorbild: Silicon Valley. Gegen solche Trends ist kein Kraut gewachsen; man kann nur hoffen, dass sie wieder abflauen.

Lassen wir also die Verunglimpfung des deutschen Verbrauchers und wenden wir uns der entscheidenden Frage zu: Lässt sich die Entwicklung zu künstlichen Lebensmitteln noch aufhalten? Können wir als Käufer und Konsumenten etwas bewirken?

Ja.

Lässt sich.

Können wir.

Behaupte ich. Hoffe ich. Denn es gibt etwas, das die Großhersteller und Handelsketten mehr fürchten als alle Überwachungsämter und EU-Verordnungen: den wachen, den informierten, den neugierigen – mit einem Wort: den gefährlichen Verbraucher. Jenen Verbrauchertypus, den Politik und Industrie ständig im Munde führen und den keiner ernsthaft will. Machen wir uns also kundig. Wie dieses Buch hoffentlich gezeigt hat, gibt es viel über Lebensmittel zu wissen und mancherlei dabei zu bedenken. Und wenn Ihnen die Geduld für das Studium von Etiketten fehlt, dann fragen Sie nach. Informieren Sie sich im Internet. Gehen Sie mal wieder zu einem richtigen Metzger. Überprüfen Sie, ob er wirklich so teuer ist, wie Sie geglaubt haben. Und schwätzen Sie in einer stillen Stunde mal mit ihm, wenn im Laden gerade wenig los ist, seien Sie neugierig, wissbegierig und fragen Sie ihn aus – über die Herkunft seiner Waren, über die Schwierigkeiten, vor denen er als Metzger steht, über die Erfahrungen, die er im Lauf der Jahre als Metzger gemacht hat (und umschiffen Sie irgendwie das Kapitel Betriebsgeheimnisse).

Kurz gesagt: Bringen Sie für das, was Sie essen, Interesse auf. Nehmen Sie sich die nötige Zeit zum Hinschauen und Zuhören, weil Sie zu den Leuten gehören wollen, die es besser wissen als die Werbung. Vermutlich werden Sie dann im Supermarkt immer häufiger sagen: Das muss ich nicht essen, also kaufe ich es erst gar nicht. Und überlegen Sie sich: Wenn Sie für eine Packung Mortadella 59 Cent zahlen, dann haben Sie kein Geschäft gemacht, denn diese Mortadella ist auch nicht einen Cent mehr wert. Sie ist mit diesen 59 Cent völlig korrekt bezahlt, aus dem einfachen Grund, weil sie nur wertloses Zeug enthält. Und lassen Sie sich warnen: Vom selben Hersteller würden Sie auch dann keine bessere Qualität bekommen, wenn Sie bereit wären, für seine Mortadella drei Euro hinzulegen. Er würde Ihnen nämlich weiterhin den gleichen Dreck anbieten – und sich die restlichen zwei Euro einundvierzig dankbar in die eigene Tasche stecken.

Das Einzige, was die Lebensmittelindustrie nicht gebrauchen kann, ist der neugierige, der gut informierte und daher aufmerksame Kunde. Der Kunde, der seine Lebensmittel liebt. Diesem Verbraucher hat die Industrie nämlich nichts, gar nichts zu bieten; sie produziert ausschließlich für Schlafwandler, die beim Griff ins Supermarktregal kaum hingucken, niemals für

Wache und Wachsame. Und jetzt wird es für die Industrie kritisch. Denn wenn nur zwanzig Prozent ihrer Kunden aufwachen würden, dann würden zwanzig Prozent ihres Umsatzes wegbrechen. Sollte dieser Fall je eintreten, wäre die Industrie gezwungen, sich etwas Neues einfallen zu lassen, und wer weiß, vielleicht lässt dann eines wunderschönen Tages ein Lebensmittelkonzern in seiner Fernsehwerbung stolz verlauten: Neuerdings können wir Wurst mit richtigem Fleisch!

Mehr wollen wir doch gar nicht.

31. Liebeserklärung

Fleisch, ja oder nein? Die Frage stellt sich für mich nicht, weshalb ich sie gar nicht erst angeschnitten habe. Auf mich trifft der Satz zu: Fleisch ist mein Gemüse. Die Frage beschäftigt mich aber auch deshalb nicht, weil einer Umfrage zufolge mehr als zwei Drittel der 7,8 Millionen Vegetarier Deutschlands moralische oder emotionale Gründe für ihren Fleischverzicht angeben … Motive, die nicht in meine Zuständigkeit fallen.

Eins ist allerdings erwiesen: Vegetarier leben nicht gesünder. Eine britische Forschergruppe hat jüngst den Gesundheitszustand und die Lebenserwartung von 60.000 Menschen untersucht, von denen die Hälfte vegetarisch lebt, die andere dem Fleischgenuss zugetan ist, und keine signifikanten Unterschiede zwischen beiden Gruppen festgestellt. Überrascht hat mich dieses Ergebnis nicht, denn Fleisch ist ein wertvolles Nahrungsmittel; es ist ein vorzüglicher Eiweißlieferant, es enthält lebenswichtige Mineralstoffe wie Eisen, Zink und Selen – gut für die Blutbildung, gut für das Immunsystem –, und es wartet mit Vitaminen auf, die unerlässlich für den Energiestoffwechsel und die Bildung der roten Blutkörperchen sind. Wem es um die Gesundheit geht, der hat jedenfalls keinen Grund, auf Fleisch zu verzichten.

Nein, mit meinem Buch will ich Sie nicht vom Fleisch verzehrenden Saulus zum vegetarischen Paulus bekehren. Ich möchte damit nichts anderes erreichen als eine simple Änderung des Kaufverhaltens. Und was mich persönlich betrifft …

Ich werde auch in Zukunft Fleisch essen, und ich werde mein Fleisch auch weiterhin gelegentlich im Supermarkt kaufen. Bei Wurst bin ich wählerischer, da verlasse ich mich doch lieber auf den traditionellen Metzger. Alles aber, was ich zu Hause selbst machen kann, das mache ich auch selbst: den Bratenaufschnitt, den Lachsschinken und den rohen Schinken, die luftgetrocknete Wurst. Meine Eigenproduktion hat den zusätzlichen Vorteil, viel billiger als die billigste Ware beim Discounter zu sein. Und meinen Aufschnitt kaufe ich bei einem Bauern. Dessen Ware ist zwar etwas grober, sie sieht nicht so elegant aus wie das, was in der langen, schön ausgeleuchteten Fleischtheke des Supermarkts ausliegt, aber dafür habe ich die Gewissheit, bei diesem Bauern für mein Geld Fleisch zu bekommen und nicht Sojapampe mit Separatorenfleisch und Wasser. Und, wie gesagt – viel mehr verlangen wir ja nicht.

ENDE